JN232890

ロールシャッハ・テスト実施法

高橋雅春・高橋依子・西尾博行
著

金剛出版

まえがき

　心理臨床の場面で用いられるロールシャッハ・テストは，創始者のロールシャッハ（Rorschach, H.）が夭折したこともあり，理論的基礎や実施法や解釈法の異なる多くの学派が存在してきた。したがってロールシャッハ・テストという時，用いられる図版が同じである以外に，一定の実施法や解釈の仕方が存在するわけではない。しかし心理テストとしてロールシャッハ・テストを用いる研究者や臨床家が，このテストによってパーソナリティを理解しようとする場合，重点の置き方が違っていても，構造（形式）分析，内容分析，系列分析などを総合していることは否定できない。アメリカにおいても，さまざまなロールシャッハ・テストの学派が存在しているが，主な学派であるベック（Beck, S.），ヘルツ（Hertz, M.），ピオトロウスキー（Piotrowski, Z.），ラパポート（Rapaport, D.）とシェーファー（Schafer, R.），クロッパー（Klopfer, B.）の実施法や解釈法を実証的に検討したエクスナー（Exner, J.）は，包括システムによるロールシャッハ・テストを構築し，今日では，この方式が世界の臨床家や研究者の共通言語となりつつあるといえる。本書は，包括システムの解釈に先立つ実施法について解説するとともに，わが国の被検者の反応実例により，構造分析の基となる記号化の定義と基準を明確にしたものである。

　われわれは長年にわたり，健康な人々やさまざまな問題をもつ人々にロールシャッハ・テストを実施してきたが，1986年頃まではおもにクロッパーの方式に従い，「ロールシャッハ解釈法（1964）」「ロールシャッハ診断法Ⅰ・Ⅱ（1981）」も公刊した。われわれはロールシャッハ・テストの解釈が，臨床心理学の宿命ともいえるサイエンス（科学性・客観性）とアート（直観性・主観性）の統合を必要とすると感じながら，構造分析をサイエンス的アプローチと呼ぶとすれば，内容分析や系列分析は，よりアート的なアプローチであると考えている。そしてロールシャッハ・テストによって個々のクライエントのパーソナリティをより深く理解するには，サイエンス的アプローチの枠組みを基盤としながら，多くの臨床経験に基づくアート的アプローチが必要であると考えてきた。と同時に，このテストを臨床場面に役立てるためには，名人芸的な直観や，特別の理論による解釈だけではなく，一定の教育・訓練を受けた人なら誰もが，

臨床に役立つ最小限の水準までは，同じような解釈ができるべきだと思っている。われわれが包括システムによるロールシャッハ・テストを行い，これに引きつけられたのは，実証性を重視する包括システムが，われわれの考え方に近いからであった。そして，われわれがわが国の被検者に実施した結果を，「包括的システムによるロールシャッハ・テスト入門―基礎編（1994）」と「包括システムによる解釈入門（1998）」として公刊した。

　ところで包括システムは完成し固定した体系ではなく，新しい実証的根拠によって改善され，発展していく特徴がある。例えばコード化の信頼性に乏しいという理由で，CONFAB（作話反応：Confabulation，他技法での作話的全体反応：DW）のコードが除かれたり，新しく人間表象反応の変数が加えられたり，反応内容のカテゴリーの定義が変更されたり，また解釈を進める方法の修正が行われたりしてきている。そこでわれわれは1994年に公刊した書物を改訂する必要を感じるようになり，エクスナーの The Rorschach : A Comprehensive System Vol. 1 の第4版（2003）の基準に従い，わが国の被検者の反応を基にしたロールシャッハ・テストの実施からコード化（スコアリング），そして構造一覧表の作成までの過程を明らかにしようとした。したがって本書で述べる反応例や言語表現は，すべてわが国の被検者の反応に基づいている。ロールシャッハ・テストの結果を解釈するには，一定の実施法と正確なコード化が必要であり，これが適切に行われなければ，サイエンスとしての数量的な検討はもちろん，アートとしての解釈を進めることも困難であり，本書ではこの点を明らかにしたいと考えた。そのためにコード化の基準を詳細に解説し，多くの実例をあげた。

　なお本書で述べるロールシャッハ・テストの実施法やコード化は，現在の包括システムに従っているが，わが国の健常成人の反応について検討したところ，日米間の文化差から生じる形態水準・平凡反応・反応内容などについて，エクスナーの分類基準の一部を修正せざるを得ない部分があったので，これを明らかにしている。また特殊スコアの定義や実例も，日米間の言語構造や表現に違いがあり，わが国の健常成人，統合失調症者などの精神障害者，犯罪者，児童の反応を収集して分析し，わが国の被検者によりよく適用できるように配慮して示した。

　さらにエクスナーと同じように定義されたコードであっても，日米の被検者によって記述統計量がすべて合致するとはいえない。「包括的システムによる

ロールシャッハ・テスト入門─基礎編（1994）」では，わが国の健常成人220人（男女それぞれ110人）の資料に基づいた数値を示したが，本書では新しく健常成人180人の資料を加えた，健常成人400人（男女それぞれ200人）の記述統計に基づいている。しかし本書では最小限必要な数値のみをあげており，詳細な数値は，近く公刊する「ロールシャッハ・テスト解釈法」（仮題）で，解釈仮説とともに記載することにした。

本書がロールシャッハ・テストを臨床場面で用いるための基礎として，ロールシャッハ・テストを用いる臨床家や研究者，またこのテストを学ぼうとする学生にとって少しでも役に立てば幸いである。

なお本書の校正中，2006年2月20日にエクスナーが逝去された。1992年秋に金剛出版の田中春夫氏の援助により，京都嵐山で御会いして以来の交誼を思い，心から冥福を祈りたい。

本書の出版にあたり，金剛出版社長田中春夫氏と編集部の立石正信氏に，いろいろとお世話になったことに心から感謝したい。

2006年3月3日　高橋雅春

ロールシャッハ・テスト実施法＊目次

まえがき ………………………………………………………………………3

第1章　実施方法 ……………………………………………………11
　第1節　準備段階 ……………………………………………………12
　第2節　反応段階 ……………………………………………………14
　第3節　質問段階 ……………………………………………………20
　第4節　限界吟味段階 ………………………………………………29

第2章　反応領域 ……………………………………………………32
　第1節　反応領域のコード …………………………………………32
　第2節　各図版の例 …………………………………………………41

第3章　発達水準 ……………………………………………………60
　第1節　発達水準のコード …………………………………………60
　第2節　普通反応と漠然反応 ………………………………………61
　第3節　統合反応と準統合反応 ……………………………………64
　第4節　発達水準の留意点 …………………………………………65
　第5節　その他の留意点 ……………………………………………69
　第6節　事例 …………………………………………………………70

第4章　決定因子 ……………………………………………………74
　第1節　形態反応（Form：F） ……………………………………74
　第2節　運動反応（Movement） ……………………………………75
　第3節　色彩反応（Choromatic Color） ……………………………85
　第4節　無彩色反応（Achromatic Color） …………………………92
　第5節　濃淡反応（Shading） ………………………………………93
　第6節　形態立体反応（Form Dimension：FD） …………………97
　第7節　反射反応（Reflection：Fr, rF） …………………………98
　第8節　ペア反応（Pair：2） ………………………………………99
　第9節　事例 ………………………………………………………100

第5章　ブレンド・組織化活動・形態水準 ……………………………105

第1節　ブレンド反応（Blend Response：．）………………………105
第2節　組織化活動（Organizational Activity：Z）………………106
第3節　形態水準（Form Quality）…………………………………110

第6章　反応内容 ……………………………………………………121

第1節　反応内容（Content）の分類 ………………………………121
第2節　反応内容のコード ……………………………………………124
第3節　反応内容の定義 ………………………………………………124

第7章　平凡反応 ……………………………………………………143

第1節　平凡反応（Popular Response：P）と
　　　　共通反応（Common Response：C）……………………143
第2節　各図版のPとC …………………………………………………145

第8章　特殊スコア …………………………………………………150

第1節　認知機能の歪みの程度 ………………………………………151
第2節　特異な言語表現（Unusual Verbalization）………………152
第3節　不適切な結合（Inappropriate Combination）……………159
第4節　不適切な論理（Inappropriate Logic：ALOG）…………164
第5節　その他の特殊スコア …………………………………………166

第9章　構造一覧表の作成 …………………………………………178

第1節　コード化のチェック項目 ……………………………………178
第2節　構造一覧表上部の記入法 ……………………………………179
第3節　構造一覧表下部の記入法 ……………………………………182
第4節　構造一覧表の特殊指標 ………………………………………188

第10章　エクスナーと異なるコード ……………………………191

第1節　実施法 …………………………………………………………191
第2節　領域 ……………………………………………………………192
第3節　決定因子 ………………………………………………………193
第4節　形態水準 ………………………………………………………193
第5節　反応内容 ………………………………………………………194

第 6 節　平凡反応 …………………………………………………………196
第 7 節　特殊スコア ………………………………………………………199

付録 ……………………………………………………………………………201
 1　領域図 …………………………………………………………………202
 2　反応内容のコード例 …………………………………………………222
 3　ロールシャッハ・テスト記録用紙 …………………………………226

参考文献 …………………………………………………………………………230
索引 ………………………………………………………………………………232

ロールシャッハ・テスト実施法

第1章

実施方法

　本書はエクスナー（Exner, J.）に始まった包括システム（Comprehensive System）によるロールシャッハ・テストを，わが国の被検者に適用するために，実施法とコード化の基準を明確にしたものである。ロールシャッハ・テストでは，被検者が言葉で意味づけたインクブロットの領域が，全体ならW，部分ならD，内容が人間ならH，動物ならAなどと記号に置き換えて検討されてきた。従来，この記号をスコア，そして記号に置き換える過程をスコアリングと呼んでいたが，エクスナーはこうした記号をコード，反応を記号に置き換える過程をコード化と呼び，解釈過程で用いるHの個数，H%，孤立指標など，コードの頻度や計算された比率や指標をスコアやスコアリングと呼んで区別をしている。エクスナーの著書を読んでいると，両者をそれほど厳密に区別していない時もあるが，われわれも一応この分類に従い，従来スコアと呼ばれていたものをコードと呼ぶことにする。本書は，われわれがさまざまな状態にある幼児から成人までの多くの被検者に，ロールシャッハ・テストを実施してきた経験に基づき，現在，世界の共通言語となっている包括システムを，わが国で実際に使用できるようにするためのものである。そのため，できるだけエクスナーの包括システムに従い，文化を異にするわが国の被検者に適切だと考えられる包括システムの基準を明らかにした。したがってロールシャッハ・テストの実施法，コード化，整理法，解釈過程などは，基本的にエクスナーによる包括システムと同じである。しかし反応例のすべては，わが国の被検者の資料によっているし，基準値はわが国の被検者の反応に基づいている。

　これまでに発表された多くの研究やわれわれの経験によると，ロールシャッハ・テストを実施する際の状況，検査者の態度，教示，質問，座り方などが，被検者の反応数や反応特徴に影響してくることが知られている。したがって心理テストとして，ロールシャッハ・テストの結果を比較したり，解釈を正確に行うためには，一定の方式に従って実施することが必要である。ロールシャッハ・テストの実施法は，準備段階，反応段階，質問段階，限界吟味段階に分け

られる。次に述べる実施法は，包括システムに従っているが，われわれの経験から日本人に適切でない点を修正した部分は明示している。

第1節　準備段階

　ロールシャッハ・テストにかぎらず，心理テストを実施する検査者は，それが被検者に役立つように心がけねばならない。またロールシャッハ・テストを信頼性と妥当性のある心理テストとして臨床場面で役立たせるためには，検査者が任意の仕方でテストを実施すべきではなく，一定の方式に従って適切に行う必要がある。

1．場所

　ロールシャッハ・テストを行う部屋は，他の心理テストの実施時と同じように，採光がよく明るく静かであって，テスト中に検査者と被検者以外のほかの人が出入りしないようにしなければならない。さらに窓の外の風景に気を取られて，被検者がテストに注意を集中できなかったりしないように，あらかじめ机や座る椅子を適切に配置する必要などがある。

2．用具

　ロールシャッハ・テストの実施に必要な用具は次の通りである。

1）ロールシャッハ図版

　10枚の図版は被検者の手が届かず，検査者の手が容易に届く場所に，Ⅰ図を一番上にして，Ⅱ図，Ⅲ図と提示する順序に，裏返しに正しく積んで置く。なお図版の汚れはテストの結果に影響するので，汚れた図版を使わないようにしなければならない。

2）記録用紙

　反応を記録する記録用紙には，さまざまな様式があるが，エクスナーは反応を記録する形式が検査者によって違ってはならないと述べている。彼は 8.5×11 インチ（21.6×27.9 センチ）の用紙を用いるのが最も適切であると述べている。わが国では金剛出版から「ロールシャッハ包括システム構造一覧表記録用紙」が出版されている。われわれは反応段階と質問段階での記録を十分に取れるように，付録のようなA4判の記録用紙を使っている。なお記録用紙の領域図は，質問段階で用いるまで，被検者に見えないようにしなければならない。

3）秒針つきの腕時計

包括システムでは，反応までの時間を記録しないが，エクスナー自身，解釈にあたって始発反応時間がいちじるしく遅れた場合は解釈に留意することを述べている。そこで後述するように，われわれは図版への始発反応時間を従来通り記録するために，秒針つきの腕時計を使用している。しかし反応時間の測定が被検者に影響しないように，ストップ・ウォッチは使わないことにした。また，わざわざ腕時計を机の上に置いたりしないで，腕時計が被検者の視野に入らないように気をつけ，腕につけたままにして，それとなく始発反応時間を測定することにしている。

4）筆記用具

筆記用具は，鉛筆，ボールペンなど，検査者が使いなれたものを使用すればよい。ロールシャッハ・テストでは，被検者の反応や話したすべての内容を，逐語的に記録しなければならないので，予備の筆記用具を準備しておく必要がある。

3．座り方

包括システムの実施にあたり，検査者と被検者は，対面した座り方をしないで，2人が横に並んで座ってテストを行う。この座り方は検査者が被検者に与えがちな，不注意で不必要な非言語的手がかりを減らし，被検者が図版について話す反応の特徴を，検査者が十分に観察できるからである。検査者が被検者のどちら側に座るかは自由であるが，われわれは検査者が右利きの場合は，被検者の右側に座るようにしている。

4．教示

テストを実施するための準備が終わり，被検者が椅子に座ると，検査者は被検者の協力が得られるように，被検者の緊張や不安を和らげ，検査者との間にラポール（心のつながり）を形成しなければならない。検査者は被検者の状態に応じて，日常的な会話を少し行ってから，被検者の現在の状態をくわしく知るためであるとか，ほかの精神保健の専門家の依頼によって行うといった，心理テストを行う理由を簡単に説明し，必要ならテスト後や後日，結果を知らせると伝えた方がよい。そして「これからロールシャッハ・テストという心理テストをしたいと思います」と話す。

包括システムでは被検者にⅠ図を手渡しながら，ロールシャッハ（Rorschach, H.）と同じように，「これは何でしょうか」（What might this be?）というだけの教示を行い，被検者が「インクブロットです」と答えた場合には，「そうです。これはインクブロットのテストです。これが何に見えるかをいってください」と答えることにしている。

　われわれはこれまでの経験から，日本人にインクブロット（インクのしみ）という言葉がなじまないので，インクブロットのかわりに絵という言葉を使い，また10枚という言葉を入れて，次のような教示を行っている。すなわち「これから，あなたに10枚の絵を見せます。この絵を見て，何に見えるかをいってください」といって，テストへの心構えをさせる。ついでⅠ図を手渡しながら，「これは何に見えますか」と尋ねる。図版は被検者に手渡すが，手にもつことをためらう被検者には「手にもって見てください」といわねばならない。被検者が図版を受け取った後で，図版を机や膝の上に置いて眺めても，それ以上の注意はしないで，被検者の自由にさせる。

　「これは何に見えますか」という教示は重要であり，ほかの言葉をつけ加える必要はない。「これは何だと思いますか」「これは何のように思いますか」「絵を見て想像してください」などの教示は，知覚よりも連想や想像を暗示し，被検者にインクブロットから連想をするのだという構えを与えるので，行ってはならない。反応段階が始まってからでも，被検者が「想像を働かせるのですか」「イメージをいえばよいのですか」と尋ねた時は，「何に見えるかをいってください」と答えることが大切である。「喜びを伝える絵の感じです」「悲しみのようです」などという場合も，必要に応じて「なるほど。それで何に見えますか」の教示を繰り返す必要がある。なお教示において，インクブロットの作り方を話すことは，インクブロットの対称性に敏感になったりするので，作り方の説明をする必要はない。

第2節　反応段階

　反応段階は被検者に図版を見せて，反応を求める段階である。反応段階での検査者は，被検者が図版を見て答えた言語内容のすべてを，逐語的に記録用紙に記録する。これはインクブロットを見て答えた反応だけではなく，「わー，きれい」「反対に見てもよろしいか」「これまで先生はこのテストを何人ぐらいにされましたか」など，テスト中の被検者のすべての発言を記録する。さらに

発言だけでなく、テスト中の被検者の行動を観察し、「ため息をついた」「図版の裏を見た」「まったく図版を回転しなかった」「図版を規則的に（でたらめに）回転した」「指で図版に触れた」「答える時、ジェスチュアを伴った」など、テスト中のすべての行動を、できるだけ記録しておき、解釈に役立てるようにしなければならない。反応段階の検査者は、テストが順調に進み、必要がなければ沈黙しているべきであり、「そうですね」などの検査者の言葉や、うなずきなどの行動が、被検者に影響することを忘れてはならない。しかし検査者は被検者の質問には適切に答え、被検者を励ます必要もあるが、発言に気をつけ、誘導的にならないように十分注意すべきである。

1. 質問と答

反応段階での検査者は被検者にリードを取らせ、沈黙しているのが原則である。しかし反応段階で被検者が質問をした場合は、率直に、短く答え、人によってインクブロット（絵）への反応や答の仕方がさまざまであることを間接的に答えればよい。被検者がよく尋ねるのは、反応数、図版の回転の可否、インクブロットの領域（全体か部分か）の選択、答の正誤、所要時間などであり、通常、「何に見えるかは人によって違いますから、あなたが見えるように答えてください」という意味で答えればよい。例えば「反対に見てもよろしいか」に「思ったように見てください」、「全体を見るのですか」に「あなたが思ったように見てください」、「この答で正しいのですか」に「正しい答とか誤った答はありません」、「このような答でよろしいですか」に「あなたが見えたものなら何でもかまいません」、「どのぐらい見ているのですか」に「時間の制限はありません」、「テストの時間は長くなりますか」に「そんなにかかりません」などである。

2. 反応数

教示の段階で被検者が「いくつ答えればよいのですか」と尋ねたり、反応段階で「もっと答えるのですか」「いくつ答えるのですか」と質問したりすることがある。この場合は、Ⅰ図に反応する前なら「いろいろに見えます」と答えればよい。Ⅰ図に反応を1つ答えた後で、「いくつ答えるのですか」と尋ねた場合、われわれは「時間に制限はありません。ほかに何に見えますか」と答えている。被検者がⅠ図に2つ以上答えてから、このような質問をした場合は、

「あなたの思ったようにしてください」と答える。さらにⅠ図以後の図版で，被検者が同じような質問をした時も，やはり「あなたの思ったようにしてください」と答えればよい。

被検者がⅠ図に1つだけ反応して，答えるのをやめ，図版を検査者に返そうとした場合にかぎり，検査者は「もう少し時間をかけると，ほかにももっと見えると思います」とか，「時間に制限はありません。ほかに何か見えませんか」と被検者を励ます必要がある。この励ましによって，ほとんどの被検者は2つ以上答えるものである。ロールシャッハ・テストの解釈を有効に行うには，ある程度の反応数が必要であり，強制された印象を与えないように配慮しながら，答えようとする構えを被検者にもたせることが望ましい。また時には被検者が，答は1つだと思いこんでいることもあるので，見えたものはいくつでも答えてよいことを知らせるためでもある。したがって上述の「もっと見えると思います」という励ましにもかかわらず，被検者がどうしても1つだけしか答えない場合は，それ以上強制する必要はない。

なかにはⅠ図で2個以上答えてから，Ⅱ図・Ⅲ図と1個だけ答え，Ⅳ図も1個だけ答えて図版を返そうとする者もいるが，この場合，検査者は「ちょっと待ってください。まったく急ぎませんよ。時間はあります。ほかに何か見えませんか」という。この励まし方はⅠ図ほど直接的でなく，検査者が介入しなければ反応数が少なくなると思った時に行う。なお包括システムでは，実証的研究の結果，最低14個の反応がなければ解釈に妥当性がないことを明らかにしており，反応段階で13個以下の反応しか得られない場合は，他の心理テストを行うか，どうしてもロールシャッハ・テストを用いる必要があれば，質問段階に入らないで反応段階に戻り，もう一度実施しなおすようにと，エクスナーはいっている。しかしわれわれの臨床経験では，このような方法は検査者と被検者の関係をそこない，ほかの心理テストの実施にも悪影響を与えるので，われわれはテストをやり直す方法をとってはいない。またわれわれは，反応数が13以下の記録でも，解釈上役に立つ記録があるというワイナー（Weiner, I., 2003）の考えに賛成している。しかし本書の中の数値は，健常成人で反応数が14以上の記録に基づいている。

3．拒否

図版を見た被検者が「何も見えません」というのが拒否である。反応段階に

入る前に，検査者と被検者の間にラポールが形成されているなら，Ⅰ図の拒否は生じない。したがって反応の拒否がⅠ図で起こったり，上に述べたような励ましにもかかわらず，Ⅰ図に1個だけ答え，Ⅱ図の反応を拒否するのは，被検者がテストの目的を十分に理解していなかったり，検査者と被検者とのラポールが形成されていないことが多い。このような時は，もう一度話しあって初めからテストをしなおすことが望ましい。

またいくつかの図版に反応した後に拒否が生じた時も，エクスナーは拒否を認めないで，「時間をかけてください。急ぐことはありません。誰でも何か見えますから，もう少し見てください」と励まし，拒否することを認めない。しかし拒否をまったく認めないという検査者の態度は，13個以下の反応数の被検者に再度テストを行うのと同じように，被検者の警戒心や敵意を強め，ラポールを壊すおそれがある。したがって臨床場面で拒否が生じた場合，われわれは上述のように励まし，2～3分間図版を見せている。被検者がなおも拒否し続ける時は，これを受け入れ，その図版を渡してから終了するまでの時間を記録用紙に記録して，次の図版に移ることにしている。

4. 反応数が多い場合

被検者によっては，このテストに没頭し，強迫的に反応し続けることがある。このような場合，包括システムでは反応数に一定の制限を加えている。

反応数の制限を行うのは，被検者がⅠ図に5個反応して，さらに6個以上答えようとした場合だけである。もしⅠ図に5個以下の反応をした場合は，その後の図版でいくつ反応しても（例えばⅢ図で6個，Ⅹ図で8個答えるなど），何の制限も加えない。Ⅰ図に5個答え，さらに6個以上答えようとする被検者には，「これで結構です。次の絵を見てください」と検査者が介入して，Ⅰ図を終了とする。この被検者がⅡ図以降の図版にも引き続き6個以上答えようとする場合，検査者はその都度介入しなければならない。したがってこの被検者の場合，反応総数は50になる。しかしⅡ図以降の図版で5個以下の反応をした被検者の場合は，それ以後は何の介入も行わないので，理論的には反応総数が51以上ということも（実際にはめったに生じないが）あり得る。なお最近エクスナー（2003）は，例えば最初数枚の各図版に2～3の反応をしてから，次の図版から10個以上答え，あまりにも反応数が多くなりそうな場合，5個で「次に移りましょう」と図版を受け取ることも考えるべきだと述べている。

5．反応の記録
1）番号と時間

　反応の記録にあたっては，まず記録用紙（226頁付録参照）の図版の欄に，ローマ数字で図版の番号をⅠからⅩと記入する。次に反応段階と書かれた下の空欄に，始発反応時間，図版の位置，反応番号，反応という順序で記録していく。エクスナーは反応時間を記録していないが，われわれは始発反応時間が，気分の動揺，思考障害や知能の問題などを推定するのに有効だと考えているので，始発反応時間のみを記入し解釈の際の参考資料にしている。

　始発反応時間については，エクスナーの包括システム第1巻第2版（1986）で，始発反応時間の記録された反応が，第3版（1993）では始発反応時間が除かれている。彼は始発反応時間が有用であるというデータがないといいながらも，既述のように，いちじるしい遅れは解釈の際に留意すべきだと述べている。また包括システムに従いながらも始発反応時間を記録している海外の文献も見られる。われわれは始発反応時間を記入するが，拒否の場合以外，各図版の終了時間は記録していない。なお時間の記録にあたっては，被検者に時間を測定している印象を与えないように，ストップウォッチや時計を被検者の前に置かないで，検査者の腕時計の秒針をそれとなく見て記入すべきであり，おおざっぱな時間の記録でよい。したがって被検者が時間を気にする時は，腕時計を見ないようにして，検査者は心の中で数えた時間を記入しておく。

　反応番号は，反応が出現した順に，Ⅰ図からⅩ図まで，アラビア数字で1から連続した番号を記入し，図版ごとに番号を新しく1から記入しない（なお，図版に対する被検者の感想には反応番号をつけない）。

2）図版の位置

　図版の位置は，図版を回して縦にして答えた時はインクブロットの上部が左側になっている時は＜の記号，右側になっている時は＞の記号，逆に見て答えた時は∨の記号を記入し，正位置の時には何の記号も記入しない。また図版を回転した時は，◯を記入する。

　なお通常，人びとが人間や動物を知覚する時，頭が上にあって足は下にある状態を知覚し，インクブロットを正位置で見る場合も，反対にして見る場合も，自分が見ているインクブロットの上下の関係を意識し，頭部を上の方向に，足を下の方向に反応する。しかし時にインクブロットの下の方を「頭」，上方を「足」と意味づけ，「逆立ち」などの理由づけをしない被検者がいる。例えばⅡ

図D1（反応領域と領域番号のコード：第2章参照）を「人間」と答える多くの被検者は，Ⅱ図を反対にもって眺め（図版の位置の記号は∨である），Dd23を「頭」，D4やDd26の方向を「足」と見ている。しかし時に図版を正位置にしたまま（正位置であるから，図版の位置の記号はつけない），「人間」と答え，D2（Dd26）の方向を「頭」，Dd23の方向を「足」と見ないで，多くの人が図版を逆位置に見て答えるように，Dd23を「頭」，D4やDd26の方向を「足」と答え，「逆立ち」などと推敲しない被検者がいる。われわれの経験によると，わが国の被検者は図版をあまり回転しない者が多く，このような知覚の仕方が時どき生じる。これには何か特別な意味があるかも知れず，今後の検討課題としたい。

3）反応時間

既述のようにエクスナーと異なり，われわれは始発反応時間のみを記録している。始発反応時間とは，被検者に図版を渡してから反応が生じるまでの時間である。被検者のなかには，反応をする前に「これですか」「部分でもいいですか」「わぁー」「きれいな絵ですね」などの質問や感想を述べる者がいる。こうした質問や感想までの時間も，始発反応時間以外に記録できる場合は記録している。また既述のように，われわれはやむを得ない場合には被検者の拒否を認めているので，インクブロットを眺めていた時間を知るために，拒否図版にかぎり，「見えない」といった時間と，励ましても反応がなく，図版を見るのをやめた時間（終了時間）を記録している。

4）逐語的記録

反応は被検者が答えた通りに，逐語的に記録しなければならない。また，できるかぎり，被検者の質問，嘆声，身ぶり，態度なども記録することが望ましい。

反応の記録にあたっては，適当な略語（運動の身振りをした時に，Gestureの意味でGe，図版を触った時にTouchの意味でTouを使うなど）を用いてもよいが，個人的な略語を用いた場合には，ほかの人がその記録を読んで理解できるように，記録を清書して保存すべきである。テスト時の記録を清書することは，煩雑で時間を使うが，乱雑に書かれた記録は，自分が後日読みなおす時に読みにくい文字があったりするので，記録を清書することが望ましい。

時に被検者が非常に早口で長々と答え，反応を逐語的に記録するのが困難な時もある。このような場合，被検者の答を妨げるのではなく，「……とおっ

ゃいましたね。それから」という形で質問したり、「もう少しゆっくり話してくれませんか」などと要求すればよい。

さらに質問段階で検査者が質問したことや、それに対する答も正確に逐語的に記録することが必要である。逐語的記録は、被検者の反応を正確にコード化するために欠かせないものである。

第3節　質問段階

　質問段階は、被検者が10枚のすべての図版に答え終わってから、被検者が反応段階で知覚し言語化した答を明確にして、正確にコード化するための段階である。この段階は、反応段階で逐語的に記録された答によって、反応を構成する要素を検討し、次の9つのカテゴリーに該当する要素を明らかにしてコード化する。

領域　発達水準　決定因子　形態水準　ペア反応　内容　平凡反応　Zスコア　特殊スコア

すなわち
①インクブロットの領域のどこを意味づけたか。
②発達水準（発達の質）はどうか。
③決定因子は何か。
④形態水準（形態の質）はどうか。
⑤ペア反応であるか。
⑥どのような内容か。
⑦平凡反応か。
⑧Zスコアがつく答か。
⑨特殊スコアがつく答か。

について検討し、コード化に必要な質問を行う。ただし領域、発達水準、決定因子、内容の4つは、すべての反応にコードされ、後述の無形態反応（純粋色彩反応など）を除くほとんどすべての反応は形態水準のコード化が必要である。残りのペア反応、平凡反応、Zスコア、特殊スコアの4つは、コードされない反応もある。また運動反応については、積極的運動反応（a）と消極的運動反応（p）もコードされる。

　質問段階では最初の反応から反応をおってコード化のための質問を行うが、個々の反応について、上記のカテゴリーの順序で質問を進めるのではなく、反

応段階で明らかになっているカテゴリーの場合は，そのカテゴリーについての質問は不必要である。しかし被検者の多くは，反応段階においてコード化できるような十分な説明をしないので，適切な質問が必要となる。なお質問段階は，反応段階で被検者が答えたことを問題とするのであり，新しい反応を引き出すことを目的としていない。

1．教示

被検者が10枚の図版に答え終わると，検査者は「これで一応テストは終わりました」と告げて質問段階に入る。被検者が質問段階で何をするのかを理解し，協力する心構えをもてるように，検査者は適切な教示を行わねばならない。われわれは質問段階に移る前に被検者に次のような教示を行っている。「これから，もう一度この絵を見てもらいたいと思います。私もあなたが見られたのと同じように見たいので，あなたが話した答を繰り返します。あなたは，この絵のどこがそう見えたのか，どうしてそのように見えたのかを私に説明してください。いいですか」と教示する。そして被検者からの質問があれば，適切に答えねばならない。質問段階での質問に対し，被検者が不安になったり，「そう見えるだけです」「別に理由はありません」などと答えるのは，質問の前に適切な教示を行い，被検者の疑問に答えることでかなり防ぐことができる。教示によって被検者が質問段階の目的を理解した後，検査者は被検者にⅠ図を手渡し，「先ほど，あなたはこの絵で……といわれました。私も同じように見たいので，私にも見える（分かる）ように教えて（説明して）ください」といって，最初の反応を逐語的に読んで質問を始めていく。このように第2反応以下についても順次行っていく。

2．リードと非指示的質問

反応段階では被検者がリードをとって答えるのに対し，質問段階ではコード化のために検査者と被検者が反応を共有するのであり，被検者よりも検査者の質問が多くなる。また質問段階の所要時間は反応段階よりも長くなりがちである。検査者はコード化に必要な言語的情報を得ることを意識して質問をすべきであり，検査者が被検者の答を理解できないまま，いいかげんに質問を終えてはならない。しかし質問をするといっても，「チョウと見たのはこの部分ですか」「色彩からそう見えたのですか」など直接的あるいは指示的な質問をして，

被検者に特定の構えや方向性を与えてはならない。

　質問は反応段階で被検者が知覚し答えた時の状態を自発的に述べるように，「……といわれたのは，この絵のどこを見たのですか」「ここが，どうして……に見えたのですか」などの非指示的な質問によって，被検者が自発的に答えるようにしなければならない。

　被検者の反応を逐語的に繰り返して尋ねても，表現力の低い被検者や反抗的な被検者の中には，とくに決定因子の質問に対し，「そう見えるだけです」としか答えない者がいる。この場合も質問段階の教示を繰り返し，「あなたにそう見えるのは分かります。それを私にも分かるように説明してください。この絵のどういう点から（どういう特徴というとインクブロットの性質に注目しすぎるので，どういう所から，どうして，なぜといった方がよい），そう見えたのかを教えてほしいのです」と尋ね，被検者の知覚の仕方についての情報を得ることが大切である。

3．反応の忘却と修正

　検査者が被検者の反応段階での答を繰り返して尋ねても，「忘れました」とか「そんなことはいってはいません」とか「今見るとそうは見えません」など，反応を忘却したといったり，反応を否定する者もいる。包括システムでは，反応段階で被検者が知覚した答をコード化するので，このような場合，検査者は「時間をかけると思い出すものです。急ぎませんから思い出してください」とか，「たしかにそう答えられましたよ。見つけるようにしてくれませんか」などといって，被検者が思い出すように求める。このように求めると，忘却した答を思い出したといって答える者もいるが，想起するように固執しすぎると，被検者とのラポールを壊すこともあるので，われわれは次の方法をとっている。

　①被検者が「そんなことはいっていません」と否定したり，「忘れました」と答えた場合，「たしかにそういわれましたよ。ここに書いてあります。急ぎませんから思い出してください」と想起のための時間を与える。しかし「どうしても思い出せません」といって，答えたことを否定し続ける時は，やむを得ないので，領域をDd（ただし反応段階において被検者の反応領域が明らかな場合は，その領域を採用する），推論される決定因子のコードをつけ，形態水準はマイナス反応（−）とし，内容も推論してコー

ドする。
② 被検者が「今見るとそうは見えません」と反応を取り消した場合,「なるほど，今は見えないのですね。でも先ほどは見えましたね。それについて説明してくれませんか」と尋ね，反応段階の答によってコード化を行う。
③ これに関連するが，被検者が「反応段階で，そのように答えていない」と，単に否定するのではなく，「先ほどは……といいましたが，それよりも……です」とか「先ほど……といいましたが，そうではなく……です」とか，「そんなことをいいましたか，そうではなく……といったはずです」など，反応段階の答と異なる答をする被検者がいる。この場合，反応段階で知覚されたものをコード化するのが原則であるから，「今見ると……に見えるのですね。でも先ほどは……といわれましたから，それについて説明してください」といって，反応段階での答をコード化する。しかしそれでも「いや，先ほどの答は間違って答えたのです」などといって，反応段階の答と形態などもまったく異なる答をする被検者がいる。例えばIII図D9を反応段階で「サル」と答え，質問段階で「サルとはいっていません。人間です」と答えた場合は，言い間違いとして特殊スコアのDV（第8章参照）もコードする。しかし「先ほどサルといいましたが，今見るとサルというよりも人間の方が似ています」とか「チョウといいましたが，ガの方が適しています」など，最初の答を否定していない時は，言い間違いではないのでDVをコードしない。反応のコードは，反応段階のものにする。
④ 被検者によっては反応段階で「チョウ，いやコウモリです」と，自分の答をただちに自発的に修正することがある。また同じ図版で他の反応をした後に，「先ほど，深海魚といいましたが，違っていました。アメーバです」のように自発的に修正することもある。このように被検者が反応段階において，自発的に反応を修正した場合は，DVをコードしないで，修正した反応をコードする。解釈においては，このような修正も配慮するために，DVをコードしなくても，被検者が自発的に修正したことを記録しておかねばならない。
⑤ また被検者が反応段階で「……にも……にも見えます」「……か……のどちらかに見えます」と答えた時は，質問段階でどちらに見えるかを確かめる。被検者がどちらにも見えるといえば，どちらの答も反応としてコード

化し，どちらか一方がよりよく見えるといえば，その反応のみをコード化する。

4. 質問段階での反応

被検者によっては，質問段階において，反応段階で答えなかった新しい反応をすることがある。この場合，包括システムでは反応を記録用紙に記録し，解釈の参考とはするが，質問段階で生じた反応をコード化することはしない。この点は付加記号や副分類を用いるクロッパー（Klopfer, B.）などの方式と異なっている。

包括システムによるロールシャッハ・テストの解釈は，コード化に基づく構造（形式）分析だけによるのではなく，内容分析や系列分析の結果をも総合するのであり，コード化されていない記録も解釈に用いられる。後述するように，ある反応が形態色彩反応か色彩形態反応か，材質反応か形態反応かなど，決定因子をコード化する際，あるコードに記号化できると明確に断言できない場合も生じる。このような場合，心理臨床家として気がかりなものであるが，ほかの手がかりや反応の一貫性に基づいてコード化せざるを得ないこともある。大切なことは，そのことを記録にとどめ，解釈に役立てることである。

5. 感想と反応

質問段階での検査者は，被検者の話したことをすべて記録するが，「これも左右対称ですね」「わー，きれいな色」「邪悪の象徴のよう」など，被検者の発言がコード化される反応なのか，感想や説明であって反応としてコード化されない表現なのかが明確でない時がある。この場合は被検者がいったことを逐語的に読み，「ほかで答えられたように，答としていわれたのですか，それとも感想ですか」と尋ねる。被検者が感想や説明として述べたのであればコード化せず，構造（形式）分析の際の反応数の中には算入しない。

6. コード化のための質問

コード化は，既述のように，個々の反応について領域・発達水準・決定因子……という順序に従ってコード化を進めるのではない。反応の中には，反応段階で領域と内容などが明らかになるなど，いくつかのカテゴリーについては質問を必要としないものがある。

例えば被検者が「この絵全体がコウモリに見えます」とか「黄色の花。スイートピーそっくりの形ですね」などと答える場合がある。このような場合，わざわざ質問をしなくても，前者は領域をW（全体反応），後者は決定因子をFC（形態色彩反応）とコードできる。しかし多くの答は質問段階での質問が必要となる。質問段階で適切な質問をするためには，検査者は質問段階で自分が何を行っているのかを意識し，コードの意味を正しく理解していなければならない。この点については第2章以下で述べるが，ここでは原則的な質問の仕方を述べる。

　コード化とは，被検者の知覚体験を記号に置き換えることであり，同じ対象を答えても，インクブロットのどの部分をどのように知覚したのかは，被検者によって異なることを念頭におかねばならない。そして検査者が被検者の知覚体験をコード化するのは，基本的に被検者自身の言語表現によらざるを得ない。しかし被検者の言語表現力や，被検者が知覚体験を意識する程度が異なるために，被検者の言語表現が被検者の知覚体験をつねに明確に示しているとはいえない。また反応の中には，多くの被検者に共通した一般的な知覚体験があり，通常の場合ならこのようにコードできるはずだという反応もある。しかしどのような場合でも，コード化は個々の被検者の言語表現を手がかりにして行わねばならない。多くの被検者の知覚体験の一般傾向に基づいて機械的にコードしたり，検査者が被検者の反応過程を論理的に推論してコードすべきではない。例えばある被検者が色彩図版に「花」と答えた場合，この被検者が色彩を知覚している可能性はきわめて高いが，反応段階で被検者が「赤い花」と答えたり，質問段階での間接的な質問によって被検者が色彩に言及しないかぎり，機械的にこれを色彩反応とコード化することはできない。

　ロールシャッハ・テストの解釈は，単にコードに基づく構造分析だけではなく，系列分析や内容分析にもよるし，コード化の過程で解釈のための何らかの手がかりを得ることもあるので，質問段階はコード化が唯一の目的ではない。しかし実証的な構造分析を行うためには，できるだけ正確なコード化が必要であり，明確にコードできない場合は，そのことを記録にとどめ，解釈にあたって考慮すべきである。

　以上のように質問段階はコード化を正確にするための段階であり，9つのカテゴリーに配慮しながら，少なくとも領域，決定因子，反応内容の情報を確実に得ることが必要である。

1）領域についての質問

通常，被検者はインクブロットのどの部分が何に見えたかを説明するので，領域のコード化は比較的容易である。領域が明白でない時，「あなたが見ている所が，どこか分かりません。私にも分かるように教えてください」と尋ねると，多くの被検者は反応に用いた領域を言葉で説明したり，インクブロットの特定領域を指で囲ったりするので，それに従ってコード化すればよい。それとともに記録用紙の領域図に，被検者が答えた領域の輪郭をできるだけ正確に記録し，それに反応番号を記入する。被検者が反応にインクブロットの全体を用いている時は，例えば第3番目の反応が全体反応なら，3－Wのように全体のコードであるWを反応番号とともに記入する。なお領域図には，被検者が反応について説明して明確にした特徴も記入する。例えば「人間」と答えて，顔，目，胴体，腕，足などを説明した時は，インクブロットのどの部分を見ているのかが後で分かるように，領域図に名称を記入することが大切である。とくに通常の見方と異なる場合，正確に記録することを忘れてはならない。また「真ん中に女の人がいて，その周りで2人の魔女が踊っている」のように，反応にいくつかの独立した対象が含まれている時も，領域図で分かるように特徴を記入すべきである。

領域についての質問を行っても，被検者があいまいにしか答えられず，コードできない場合は，被検者が答えた言葉を使って，「足といわれたのはどこですか」「滝といわれたのはどこですか」「ボールはどこですか」などの質問をして，領域を確かめればよい。また「最初に見た時のように指で周りをなぞってください」と要求することも考えられるが，後述するように空白反応（S）を含む可能性のある反応のこともあり，われわれは原則として「指で囲む」という指示をしないようにしている。被検者が知覚した領域を自発的に指でなぞるのでなければ，検査者が積極的に要求すべきではなく，できるだけ言葉で答えさせる方がよい。よほどの場合は指で囲ませてもよいが，その必要があるのはまれである。なおこの時，被検者が鉛筆などを使って図版を汚さないように留意しなければならない。指で囲ませてもあいまいな場合，最後の手段として被検者自身に，見た部分を領域図に書かせてもよいが，このようなことが生じるのはさらにまれである。

2）決定因子についての質問

被検者の反応の知覚は，形態，運動，色彩，濃淡のいずれかか，その組合せ

（ブレンド）によって行われるので，これらの因子のどれが答の形成に重要かを明らかにする必要がある。決定因子のコード化を適切に行うために，検査者はコードの意味を十分に理解し，被検者の発言を注意深く検討し，反応がどの決定因子によって生じたのかを確かめねばならない。形態が使用されたかどうかはすべての反応で問題になり，人間や動物を答えた時には運動を知覚している可能性があり，被検者が意味づけたインクブロットの領域に色彩や濃淡があれば，これらが反応の形成に影響している可能性がある。決定因子のコード化は，このテストのコード化の過程で最も困難であり，検査者は図版の性質を考え，答えられた対象の性質を考え，あらゆる可能性を配慮しながら，被検者の答と発言と行動を注意深く検討し，反応がどの決定因子によって生じたのかを確実にしなければならない。

　決定因子が明白でない場合の最も標準的な質問は，「どうして……に見えたのですか。もう少しくわしく説明してください」とか「私にも分かるように，なぜそう見えるかを説明してくれませんか」という非指示的な質問である。また「この絵のどういう点から，そう見えたのですか」「この絵のどんな所（点）から……と見えたのですか」も非誘導的な質問として用いられる。なお「この絵のどのような特徴から……と見えたのですか」の質問は，インクブロットの性質に注意を向けすぎるので，なるべく用いない方がよい。

　また被検者の答の中には，「花」「血」「毛皮」「彫刻」「岩」「きれい」「汚い」など，何らかの決定因子の存在を暗示する言葉がある。これをキーワードといい，質問によってどのような決定因子が含まれているかを確かめねばならない。反応段階の答にキーワードがあれば，必ず質問をしなければならない。キーワードが説明されていない時は，「……といわれたのはなぜですか」「どうして……といわれたのですか」「この絵がなぜ……と見えるのですか」と質問する。例えばⅣ図全体を「大男」と答え，質問段階で被検者が「大男が立っている」といった場合，機械的に人間運動反応とコード化するだけでは十分ではない。「大男」というキーワードは，足が大きくて頭が小さいという被検者の知覚から見上げるような「大男」と見たのなら，FD（形態立体反応）となるし，この図版がもつ濃淡による距離感から「大男」と知覚したのなら，FV（形態展望反応）となる可能性がある。したがって「どうして大男と答えられたのですか」という質問が必要である。

　なお決定因子のコード化にあたり，検査者は自分自身が知覚するのと同じよ

うに，被検者も知覚しているだろうと推論してはならない。例えば被検者がⅧ図 D2 を「美しい花」と答えた時，Ⅷ図が色彩図版であり，「美しい」という言葉は色彩を含んでいる可能性が高いが，ただちに色彩を含んでいるとはいえない。この場合，検査者自身も色彩を知覚しているから被検者も同じだろうと推論すべきではない。検査者は「美しい」というキーワードを取り上げ，「美しいといわれたのはどうしてですか」と質問しなければならない。これに対し被検者が「赤くて美しい花でしょう」と答えたなら，明らかに色彩が決定因子に含まれている。しかし「丸くバランスがとれた形が美しいです」と答え，色彩にまったく言及しない時は，色彩ではなく形態を決定因子としてコードする。なお反応には一貫性の原則があり，他の色彩図版で「花」と答え，色彩に言及している場合は，色彩反応とコード化できる可能性が大きいが，これについては後述する。

　上記のような決定因子の存在を暗示するキーワードは，反応段階だけではなく，質問段階でも生じ，質問段階における検査者の質問への答がキーワードとなることもある。このようなキーワードについて質問をするかどうかは，質問段階の初めの方で自発的に生じたキーワードであれば，必ず質問する必要がある。しかし質問段階で検査者が多くの質問をした後に生じたキーワードは，反応段階の知覚ではない可能性が大きいので慎重に行うべきである。エクスナーは「キーワードについて質問するかどうかは，その反応がどの程度自発的に出現したかによるし，反応段階での答にその特徴があったと検査者が確信できる程度による。……質問するかどうかに迷うなら質問した方がよい。それをコード化するかどうかは検査者が決定すればよい」という意味のことを述べている。

　また「人が2人向かいあっている」「2人が向きあっている」「羽を広げたチョウ」など，位置関係から論理的に答えられた F（形態反応）なのか，対象の運動を知覚した M や FM や m（運動反応）かどうかを確かめるには，「……といわれましたね。それについてもう少しくわしく説明してください」「……といわれたのはどうしてですか」「あなたが見られたように私も見たいので説明してください」などと尋ねる。この答え方によって，被検者が運動を知覚しているかどうかを確かめる必要がある。このような質問によっても決定因子が明確にならない時，「向かいあっている」「向きあっている」は，「2人いる」「こちらとこちらに人がいる」と異なるし，「羽を広げたチョウ」は単に「チョ

ウ」という答と異なるので，後述するように，われわれは運動反応としてp（消極的運動反応）をコードしている。

3) 反応内容についての質問

反応にどのような内容が含まれているかは，通常，反応段階での言葉に示されているし，質問段階で明らかになるので，コードの意味を理解していれば，とくに質問しなくても容易にコードできる。しかし人間や動物の反応内容で，被検者が知覚した対象が全身なのか，体の一部分なのかが不明瞭な時は，「もう少しくわしく話してください」と間接的な質問を行って確かめねばならない。また答に含まれる反応内容はすべてコード化しなければならない。

4) 不適切な質問

質問段階はコード化を目的とする非指示的な質問を行う段階であり，誘導的な質問を行ってはならない。例えば「色からそう見えたのですか」「濃淡がなくてもそう見えますか」「何かしているようですか」とか，色彩が決定因子となっているかどうかを確かめるために色彩図版と無彩色の領域図を並べて，「どちらが花に見えますか」と尋ねて理由を聞くようなことをしてはならない。

また「その人は男ですか。女ですか」「毛皮の表ですか裏ですか」「何の動物ですか」「泣いているようといわれましたが，なぜ泣いているのでしょうか」などの質問は，臨床的に役立つように思えても，包括システムでのコード化には不必要な質問であり，質問段階で行うべきではない。包括システムではこのような質問を行わないが，臨床場面においてどうしても必要と思われる時は，次の限界吟味段階で行うべきである。

第4節　限界吟味段階

心理臨床家がロールシャッハ・テストを個々のクライエントに実施し，クライエントのパーソナリティをよりよく理解したり，治療計画を立てたり，治療過程や予後について予測を行ったりするためには，コード化のための質問だけでは十分でないと感じることがある。また検査者が反応をコードしても，被検者の知覚を正確にコード化できただろうかという疑問が残ることもある。このような場合は，質問段階のすべてを終えてから限界吟味段階に入り，自由に直接的な質問を行うことが考えられる。ただし質問段階の質問によって決められたコードを，限界吟味段階の質問によって変更してはならない。また臨床場面では，治療経過の評価などの目的で，ロールシャッハ・テストを再度実施する

こともあり，その場合には限界吟味段階での質問が影響するので，限界吟味段階への導入はなるべく避けるべきである。

1．限界吟味

被検者がP（平凡反応：第7章参照）をまったく答えなかったり，1個か2個しか答えない時は，被検者の知覚にいちじるしい歪みがあるのか，答を選択する際，ありふれた反応だと思って答えなかったのかを区別するために，限界吟味を行うことが考えられる。このためには限界吟味段階で，被検者にⅢ図かⅧ図を見せて，「この絵に（Ⅲ図なら人間，Ⅷ図なら動物）を見る人がいますが，あなたも見えますか」と質問すればよい。この時，被検者に平凡反応の領域を示してはならない。それでも見えないという被検者は，なんらかの心理的な問題をもつことが多いようである。また「見えてはいたが，いわなかった」という被検者や，「最初見た時は見えなかったが，そういわれると，たしかに見える」と答える被検者もいる。前者はこのテストを独創力や想像力を見るテストと思っていることが多く，後者の場合は知覚の仕方が多くの人に比べて多少異なることが多い。

2．図版のイメージについての質問

ロールシャッハ・テストを用いるわが国の心理臨床家の多くは，質問段階終了後にすべての図版を並べて「最も好きな図版」と「最も嫌いな図版」を選ばせて，その理由を尋ねたり，「父親イメージを表す図版」「母親イメージを表す図版」「自己イメージを表す図版」などを選ばせて理由を尋ねたりする。このような方法は人間と答えた時に「男か女か」を尋ねたり，「花」や「動物」と答えた時にその種類を尋ねるのと同じように，クライエントを理解する手がかりになることもある。包括システムではこのような方法を用いていないが，どうしても必要な場合は限界吟味段階において行うことも考えられる。

3．直接的な質問

反応に運動，色彩，濃淡の決定因子がまったく見られなかったり，これらの決定因子が含まれていそうな答で，被検者がそれに言及しない時，限界吟味段階における直接的な質問によって確かめることも可能である。例えば色彩図版に「花」と答えながら色彩に言及しない場合，「この絵で花といわれましたが，

色は関係していませんでしたか」と尋ねることもできよう。そして「関係している」と答えても、既述のようにコードを修正してはならないが、「初めから気づいていましたか。私が尋ねてから見えたのですか」などの質問により、情報を多くすることはできる。

　限界吟味段階であっても、原則としてこのような直接的な質問は行うべきではないが、ロールシャッハ・テストになれていない心理臨床家が、このテストを経験するために、身近な知人を被検者とする場合、限界吟味段階で、個々の反応について直接的な質問を行うことが、このテストの特徴を理解するのに役立つことは多い。

　これまで述べたようにロールシャッハ・テストのコード化は、被検者が反応段階で知覚し言語化した対象の知覚過程を、おもに被検者の言語表現によって正確に記号化することである。しかしインクブロットへの答は、被検者が自分の知覚した対象を正確に認知した後に、言葉で答えているとはかぎらず、対象を漠然と捉えていることも多い。したがって質問段階でのこまかい質問が、被検者の本来の知覚過程に影響し、歪めてしまうこともある。被検者が答を形成する知覚過程を正確に言葉で表現しているかどうかの決定は、必ずしも容易ではなく、ロールシャッハ・テストのコード化の問題点である。しかし反応段階での知覚過程を少しでも正確にとらえてコード化する努力が必要であり、そのために非指示的な質問や許容できる質問の範囲を規定しておく必要がある。そうでなければコード化された変数を比較検討しても意味がないからである。ただし、臨床場面におけるロールシャッハ・テストの解釈は、客観化されたコードによる構造分析のみによっているのではない。

第2章 反応領域

第1節　反応領域のコード

表2−1　反応領域のコード

コード	定義	基準
W	全体反応 (Whole Response)	インクブロット全体を反応に用い，インクブロットのどの部分も除かず用いた反応。
D	一般部分反応 (Common Detail Response)	多くの人がよく用いるインクブロットの領域であり，領域図にDと規定されている領域を用いた反応。
Dd	特殊部分反応 (Unusual Detail Response)	めったに用いられないインクブロットの領域であり，領域図にDdと規定されているか，領域図に示された領域以外の領域を用いた反応。
S	空白反応 (Space Response)	白い空間領域を反応に用いた反応。(WS, DS, DdSのように，必ず他の領域のコードとともに用いられる)。

　包括システムで反応した領域を表すコードは，W（全体反応），D（一般部分反応），Dd（特殊部分反応）の3つ以外に，S（空白反応）がある。ロールシャッハ（Rorschach, H.）がⅢ図で外側の赤色部を除いた反応もWとしたことから，クロッパー（Klopfer, B.）はインクブロットの2/3以上を用いた反応をW（切断全体反応）と定義しているが，包括システムではこのコードを用いない。これはエクスナー（Exner, J., 1997）の実証的研究から，Wのコード化に関する評定者間の信頼性が低く，解釈上WはDdと大差がないことに由来している。またSは単独のコードとしては用いず，W，D，Ddの領域コードとともに，WS，DS，DdSの形で使われる。なお包括システムでは副分類（付加記号）を用いないので，1つの反応の領域に関しては，W，D，Dd，WS，DS，DdSという6つの領域コードの中の1つだけをコードする。

　領域のコード化は，インクブロットのどの領域を用いたかによって行われる。例えばⅡ図下方黒色領域の片方（D1）を「イヌ」と答えた時は，付録1の領

域図によってD1であり，両方の黒色領域を「2匹のイヌ」と答えた時はD1ではなくD6とコードする。領域のコードの次の数字は，ベック（Beck, S.）が出現頻度の順につけた領域番号であり，わが国の被検者の出現頻度は必ずしもそれに該当しない。したがってこの数字はロールシャッハ・テストを使用する人が互いにコミュニケーションを行ったり，研究するのに便利であるが，構造分析による解釈上は，D1もD6もDという点では同じ意味である。反応段階で被検者が反応に用いたインクブロットの領域が不明確な場合，質問段階で「……といわれたのは，この絵のどこがそう見えたのですか」と尋ねることで，領域のコード化は比較的容易に行われる。既述のように初めから「……に見えた所を指で囲んでください」という教示はしない方がよい。

　反応段階でインクブロットを見る時，被検者は自分が知覚した対象とインクブロットの領域とを厳密に合致させないで，インクブロットの領域をおおまかに用いることが多い。したがって質問段階で，領域について過度に細かく質問をしたり，「絵のどの場所を見て……と見たのか，その周り（輪郭）を囲んでください」と指で厳密になぞらせようとすると，Ddの領域となりやすいので注意すべきである。

1. 全体反応（Whole Response：W）

　反応段階や質問段階で，被検者が「この絵全体」「全部です」「絵の全体が……に見える」など，インクブロットの全体を意味づけたと答えた反応をWとコードする。被検者の中には「絵の全体です」とか「これ」と答え，指でインクブロットの輪郭を大まかになぞり，意図しないでブロットのごく一部を囲まないことがある。このような場合もWとコードする。しかし被検者の答や観察された行動から，被検者が自発的・意図的にインクブロットの一部を除いたことが明確であれば，Wとはコードしない。

　すなわち反応段階で，被検者が「ここを除いて」とインクブロットの一部分を除いて意味づけたり，質問段階で自発的に「ここは関係ありません」と述べる場合，領域のコードは，D，Dd，DSまたはDdSとなる。しかしWの場合，あまり細かく質問すると，Ddの領域となりやすいので注意しなければならない。なおWのコード化にあたり，コンピュータに入力する必要上，われわれはWとWSには1という番号を付加し，W1とWS1とコードしている。

　いずれにせよロールシャッハ・テストを実施する検査者は，被検者がインク

ブロットの全体を用いようと意図しているのか，一部分を除いて意味づけようとしているのかに注意しなければならない。例えばⅠ図の左右突出領域（Dd34），Ⅱ図やⅢ図の赤色領域（D2，D3），Ⅲ図の下方黒色領域（D7），Ⅳ図の中央下の突出領域（D1）や左右の突出領域（D4），Ⅴ図の中央上の領域（D6）や下の領域（D9），Ⅵ図の上の領域（D3），Ⅶ図の下の領域（D4），Ⅷ図の左右の領域（D1），Ⅸ図の下の領域（D6），Ⅹ図の左右上の領域（D1）や下方左右の領域（D13）などを意図的に除いているかどうかに注目しなければならない。これらの領域を意図的に除いている時はWとコードしないが，過度に厳密に考える必要はなく，反応の説明を聞く時，Wかそうでないかは明瞭になるものである。しかしWかどうかがあいまいな時は，「私にも分かるように説明してください」「どこ（どの場所）がそう見えたのか，話してくれませんか（言葉で説明してくれませんか）」と被検者に尋ね，「これ全体」と答えた時はWとコードし，「この出っぱった所以外全部」などと答えた場合はWとコードしない。

　なおⅥ図全体に触れながら，「これをもちあげて立体的にするとクマの形になる」など動作を伴って答えるのも，被検者がインクブロットの全体を知覚しているからWとコードする。またⅡ図を「オーストラリア」と答え，真ん中の空白領域（DS7）を除いて反応するように，空白のあるインクブロットの全体を意味づけ，内部の空白領域を取り上げない時も，Wとコードする。

2．一般部分反応（Common Detail Response : D）

　Wでない領域に反応した被検者が，付録1の領域図（エクスナーが用いている領域図であり，ベックの領域図に近い）に示されたDの領域を意味づけた反応は，D（一般部分反応）とコードし，D5などと領域番号も記入する。エクスナーは，ベックの用いた領域の区分を基にして，実証的研究を行い，出現頻度が5％以上のものをDとして残し，5％未満のものは除いた。なお領域の番号はベックによる出現頻度の順となっている。しかしわが国の被検者の場合，Dの選ばれる出現率が領域図のDの番号順に多いとはいえない。また包括システムではDd99となるⅢ図D1の下方領域を区切った領域など，日本人に出現頻度が高く，Dとした方が適切と思われる領域も見られる。しかしわれわれは包括システムの考え方やコードに，できるだけ従いたいと考え，Dの領域や領域番号はそのまま用いている。

Wの領域と同じように，被検者の反応内容に対応するインクブロットの領域が，領域図のD領域と多少異なっている場合も，あまり厳密に考えないでDとコードしてよい。例えばわが国の被検者の中には，Ⅰ図左右の上部で領域図のD7領域よりも下の方までを入れて「鳥」「イヌの顔」，Ⅱ図D6に下方赤色部分（D3）を入れて「クマが2匹」，Ⅳ図上部左右（D4）の突出部分のみを「ヘビ」，下方左右（D6）の上のラインをもう少し上の方まであげたり，下の方まで下げたりして「靴」，中央上部（D3）をもう少し大きく見て「ケイトウの花」などと答える者が多い。これらはすべてDdではなくDとコードする。

反応をDとコードするのは，付録1の領域図にあげた領域以外に存在しない。また包括システムでは，2つのDを結合して意味づけた出現頻度の高い領域として，Ⅱ図のD1とD1の領域の反応をD6，Ⅷ図のD4とD5の領域の反応をD8，Ⅸ図のD1とD1の領域の反応をD11など，いくつかの領域を指定している。したがって，例えば被検者がⅨ図の中央緑の部分を「チョウ」と答えた時は，D1+D1の領域であるがD11とコードすればよい。しかし被検者によっては領域図に掲載されていない仕方で，2つ以上のDを結合するなど，いくつかの領域を結合して意味づけた反応をすることがあるが，これについては後述する。

3. 特殊部分反応（Unusual Detail Response ： Dd）

インクブロットに意味づけた対象の領域がWでもDでもない時は，領域の大きさに関係なく，Ddをコードする。包括システムでは，このDdの領域が付録1の領域図に記載されている場合は，Ddとコードするとともに該当する領域番号をつける。番号のつけられたDdの領域は，ほとんど1～2％の被検者が選択している領域となっている。そして領域番号のついていないDdはすべてDd99とコードする。しかしわれわれの資料によると，包括システムで領域番号がなくDd99とコードされるDdの中に，わが国の被検者の2％以上が同じ内容（1つの対象）を意味づけ，後述する形態水準が，出現頻度の高い普通反応（o）となる領域があるので，われわれはこれらにDd40台の領域番号を与えることにした。これは包括システムのDdの基準の変更ではなく，このテストを用いる研究者や臨床家のコミュニケーションを容易にするために，便宜上用いているだけである。しかし今後の研究によって，これらのDdがD

（一般部分反応）となる可能性も考えられる。これらは次の Dd であり，付録1の領域図には，われわれが付加した Dd 領域と領域番号も記入してある。

Ⅰ図　　Dd40　：インクブロットの上方 1/3 の領域（「コウモリ」と答える者が多い）

Ⅲ図　　Dd40　：インクブロットの下方 1/2 の領域（D7 と D5 と Dd30 の領域をまとめ，D7 を目や頭，D5 を手や足，Dd30 を体の輪郭と見て虫の上半身と答える被検者が多い。なお同時に「カマキリの上半身，白い所は胴体」など空白領域も使用すれば DdS40 とコードする）

　　　　DdS41：インクブロットの D2 を除き D3 を含んだ全領域（つまり全体領域から左右の赤色領域だけを除いた領域である）。とくに出現頻度が高いのは，Dd32 を目，D3 を鼻，左右 DdS23 をつないで口と見た「顔」という答と，「花瓶」や「壷」と答え，D3 を「模様」と見る反応である。また「赤いリボン（D3）をつけたカエルの上半身」といって，左右 Dd32 を指でつないだ答も DdS41 となる。

Ⅵ図　　Dd40　：インクブロットの Dd23 と Dd26 の左右を結合した領域（「イタチの頭」「ネコの頭」など，ひげのある動物の頭を見る被検者が多い）

　　　　Dd41　：D1 の中央部分の色彩がやや薄くなった領域（「キウイ」「スイカ」「リンゴ」など果物の断面と答える被検者が多い）

Ⅷ図　　Dd40　：インクブロットの左右の D1 と D2 を結合した領域（「花」「花火」などと答える被検者が多い）

Ⅸ図　　Dd40　：インクブロットの D11 と D6 を結合した領域（「緑の葉のついた赤カブ」「ラデイッシュ」などと答える被検者が多い）

Ⅹ図　　Dd40　：インクブロットの D1 と D12 を結合した領域（「大きな爪のあるカニ」「シオマネキ」などと答える被検者が多い。なお既述のように D1 を「クモ」，D12 を「はさみ」と知覚し，2 つの領域を「クモがはさみをもっている」と答えた場合は，Dd40 ではなく，D1 とコードする）

　　　　Dd41　：インクブロットの Dd21 と D6 を結合した領域（「2 人が踊

っている」「2人が手をつないでいる」などと答える被検者が多い。

　　DdS42：インクブロットのDdS22のD6から下方の部分だけ（「顔」と答える被検者が多い）

さらにDdについては次の点に注意すべきである。
① Dの半分を用い、その半分の領域がDと記載されていない場合はDdとコードする。例えばⅧ図中央青色部分（D5）を「チョウ」と答えた場合はD5とコードするし、同じ領域を「青色の旗が2つ」と答えた時も、用いられた領域が領域図に存在するので、内容に関係なくD5とコードする。しかしこの領域の半分だけを意味づけて「旗」というのはDd99とコードする。また同じⅧ図中央上部の青色部分（D4）を「富士山」や「2匹のザリガニ」と意味づけるのはDとなるが、この半分だけを1匹の「ザリガニ」や「オオカミ」と意味づけるのは領域番号も記されているので、Dd99ではなく、Dd31とコードする。
② Wの半分を用い、それが領域図に示されていない領域もDdである。例えばⅡ図全体を「2人の人間」、Ⅴ図全体を「2羽の鳥」と答える時はWとコードするが、Ⅱ図の左右片方の領域を「人間」や「鳥」と答えたり、Ⅴ図を反対に見て、片方を「鳥」と答えるのはDd99とコードする。

4. 空白反応（Space Response：S）

インクブロットそのものではなく、インクブロット内外の白い空白領域を意味づけたり、反応にインクブロットと空白領域を結合したりする時、S（空白反応）をコードする。包括システムでは、Sを単独でコード化することはなく、WS, DS, DdSのどれかを用いる。われわれが空白反応としてSをコードするのは、被検者が白い空白領域に対し、「ロケット」「目」「洞穴」「穴があいている」「口」や、白色を伴って「この白い所が白磁」「おしろいを塗った顔」などと言語化して答えた時である。被検者が空白領域に気づいていても、それを意味づけないで、インクブロットの色彩領域や灰色領域として意味づけた時はSをコードしない。例えばⅠ図Dd27を「盾」、Ⅵ図Dd32を「サツマイモ」と答えるのは、Sではなく付録1の領域図によってDdとコードされる。

しかしこの2つの領域や、Ⅲ図Dd21、Ⅶ図D3、Ⅹ図D8などの内部にある小さな領域は、他の灰色領域よりも薄いので、被検者がこれを空白領域と知

覚して反応することがある。例えば「白いバックル（Ⅰ図Dd27)」「魚の頭（Ⅲ図Dd21)。ここが白い目（内部の薄い灰色領域)」「西洋の幽霊（Ⅵ図Dd41)。ここは白い目（Dd32)」「鬼の顔（Ⅶ図D3)。白目をむいた目（内部の薄い灰色領域)」「妖怪（Ⅹ図D8)。この白い所が目（内部の薄い所)」のような反応である。このような領域に，被検者が白い対象を知覚したと自発的に答えた場合は，例外としてDSあるいはDdSをコードする。

通常の空白反応のコード化に問題は少ないが，包括システムの領域図にはDにもDSにもコードできる領域がⅧ図とⅨ図に見られる。この空白領域は上記の灰色領域と同じように，明確な空白領域ではなく，薄い色彩も存在するために，反応をどちらにコードすべきかの問題が生じる。この点に関してわれわれは次のようにコード化している。

①Ⅷ図のD3は空白部分と色彩部分の区別がかなり明白であるため，D3とDS3のコードの決定はそれほど困難ではない。例えば「肋骨」など，この領域内部の色彩部分を意味づけた反応はD3である。他方「人の顔」など空白領域の輪郭に重点をおいて，「人の顔の形をしていて，ここ（この領域の上の方の薄い青色部分）に目が見える」というのは，DS3である。また「ウシの顔。かっこうが似ている」のように，この空白領域を意味づけた反応もDS3である。被検者が「この白い所が谷」などと答えるのも，DS3である。

②Ⅸ図のDd22の内部には小さい空白部分があり，この空白部分に言及するかどうかによってDd22かDdS22となる。この領域には「顔」や「果物の断面」という反応が生じるが，多くの被検者は「怪獣の顔。この白い所。目がここにあるでしょう」と空白部分を指さしたり，「柿を切った所。白いのが種子」「石灯籠。真ん中に穴があいている」のように空白部分を指摘するので，DdS22となる。しかし「刀のつば。こんな楕円形みたいでしょう」などと輪郭だけを説明し，空白領域にまったく言及しなければDd22とコードする。

③Ⅸ図のD8領域の下方は茶色，上方は薄い青色からなり，領域のほとんど全部が色彩領域であり，上方の一部が空白部分である。したがってⅨ図のこの領域は，被検者の言語表現なしには明白な空白反応と断定できず，「ウマの顔」などと答えた被検者が「この白い所が……」といわないかぎりD8とコードする。しかし同じ「ウマの顔」でも，この領域の下方の小

さい空白部分（DdS23）を「この穴がウマの鼻」と見る場合は DS8 となる。さらにこの鼻の部分に言及しなくても「この白い所がウシの顔に見える」と答えた時は DS8 とコードする。

5．複数の領域を結合した反応

　被検者の多くの反応は，W と，領域表に示された領域（D，Dd，DS，DdSなど）に意味づけた反応である。しかしⅡ図で「森（D6）の中に湖（DS5）があって，向こうの方にお城（D4）が見える」というように，いくつかの領域を結合した反応もかなり生じる。次にそのコード化を述べることにしたい。

1）いくつかの D 領域を関連づけた反応

　2つ以上の D 領域を結合して関連づけ，それぞれの D に別々の独立した対象を見ている場合は，1個の D と領域番号をコードし，後述の DQ（発達水準）を o（普通反応）ではなく，関連性を表す +（統合反応）とコードする。例えばⅡ図を横に見て「イヌ（D1）が靴（D2）をくわえている」と答えたり，Ⅷ図を「2匹の虫（左右 D1）が花（D2）の蜜を吸っている」と答えるのは，2つ以上の領域が統合された1つの反応としてコードする。前者は D1+D2 の領域が，後者は D1+D1+D2 の領域が，それぞれ本来の意味をもちながら相互に関連づけられ，まとまった1つの反応を形成している。この場合の D の領域番号は，それを構成する D の中で重要な概念の D の領域番号を用い，重要性を決定しにくい時は，最も大きい領域や最初に出現した領域の番号を用いるので，前者は D1，後者は D2 となる。またⅩ図で「シカ（D7）と，イモ虫（D9）と，イヌ（D2）」と答えた場合は，D7，D9，D2 をそれぞれ DQ が o の別個の反応としてコードする。しかし，これを「イモ虫を食べているシカとイヌ」と答えた場合は，大きい領域の番号の D9 を DQ の + とともにコードする。ただし出現頻度を示す領域番号は，解釈上とくに大きな意味はないので，番号にこだわる必要はない。また統合された反応の DQ+ には Z スコアがつけられるが，これらは後の章で述べる。

2）いくつかの D 領域を結合して1つの新しい概念を形成する反応

　2つ以上の D 領域を統合し，新しい概念を形成する場合は Dd とコードし，DQ には + のコードを用いない。例えばⅩ図で「クモ（D1）が，たいまつ（D12）をもって走っている」と答えた場合，関連性のある反応として D+1 とコードされる。しかし時に，「ここ（D1 と D12 を囲む）がカニ。大きな爪のカニ」と答えたり，「これ（D1 と D12 を囲んで）はシオマネキというカニで

す」と答えたりする被検者が見られる。これは D1 と D12 の領域を統合して新しい概念を形成しているので，D1 とか D12 とはコードしないで，Dd99（この領域は日本人に多いので，われわれは Dd40 とコードしている）とコードし，DQ は + ではなく o となる。また Ⅷ 図を上下逆にして，左右 D1 と D2 を囲み，既述の「2 匹の虫が花の蜜を吸っている」という関連性のある反応ではなく，「アヤメの花」「ブルドッグの顔」「噴水」など 1 つの概念を答えることがある。これはいくつかの D 領域を結合して新しい 1 つの概念を形成しているから，Dd99（この領域も日本人に多いので，われわれは Dd40 とコードしている）とする。なおこの反応の発達水準は「アヤメの花」「ブルドッグの顔」は o であり，「噴水」は v（漠然反応）となる。

3）D 領域と Dd 領域を関連づけた反応

前述のように，D と D を関連づけた反応は D とコードするが，D と Dd が関連づけられた時は Dd とコードする。例えば Ⅹ 図中央青色領域を「ブラジャー」と答えるのは D6 であり，この部分の半分だけを「人間」と見るのは Dd99 である。そして赤色部分（D9）とこの D6 の半分を結びつけて「岩の上を人が歩いている」と関連づけた反応は Dd99 とコードし，DQ が + となる。

4）S を他の領域と結合あるいは関連づけた反応

多くの S（DS や DdS）はインクブロットに囲まれて存在している。被検者が反応する時，これらを独立した領域として意味づけないで，他の領域と結合させたり，関連づける場合がある。例えば Ⅰ 図を「チョウ（W），この 4 つの白い所（DdS26）は模様」と答えたり，Ⅱ 図を「こんもり茂った森（D6）の中に湖（DS5）があって，向こうに塔（D4）がある」と答えるなどである。このようにある領域内部に存在する DS や DdS を，それを含む W や D と関連づけた反応は，WS や DS とコードする。これに関連するが，Ⅰ 図 W を「枯れ葉」と答え，「まわりがぼろぼろで，ここら（DdS26）に穴があいている」と自発的に説明するのは WS であるが，「枯れ葉」と答え，ブロット内部の空白領域に言及しない時は W のみをコードする。同じように Ⅱ 図 D6 を「オーストラリア」と答え，「真ん中に大きな湖のあるオーストラリア」と説明すれば DS6 とコードするが，DS5 に言及しない時は D6 のみをコードする。既述のように Ⅸ 図 D8 は DS8 ともコードされ，「燃える火（左右 D3）の間からこっちを向いているウマの顔（D8）」など，周りのインクブロットを意味づけ，それとの関係で反応している場合は，空白反応の可能性が高いが，「白い所が

ウマの顔」と答えた場合にのみ DS8 をコードする。またⅡ図中央空白領域の「鳥」は DS5 とコードするが，D4 内部中央下方の薄い灰色部分（Dd99）までを含めて「くちばしのある鳥」と意味づけた場合は，DdS99 とコードされる。

さらに S と他の領域とを結合したり関連づけた反応として「顔」や「花瓶」の反応がある。これらについては，次の各図版の例を参照されたい。

第2節　各図版の例

既述の事項と重複する所もあるが，次に各図版ごとの領域について留意すべき点と，いくつかの事例をあげる。各事例のコードは，後述するすべてのコード化を示した。なお事例の質問段階での被検者の説明は省略してある。

Ⅰ図

① Ⅰ図の「2人の人」「2匹のイヌ」のように反応し，D2 を「人間」や「イヌ」と意味づけている場合は D2 がコード化される。しかし「2人の人が手をつないでいる」とか「背中あわせになっている2匹のイヌ」と答え，漠然と全体を意味づける被検者もかなりいる。このような時，被検者は全体を意味づけていると考えられ，後述の発達水準は + であるが，D+2 とコードしないで W+1 とコード化する。日本人は領域をあいまいに言語化したり，領域をおおざっぱに指で囲むことが多いので，検査者としては，被検者の知覚の仕方がどちらなのかに注意しなければならない。そして W か D2 かが明確でない場合，質問段階で「あなたが見た人間2人（動物2匹）について，私にも分かるように説明してください」あるいは「人間2人（動物2匹）はどこを見られたのですか」と尋ねなければならない。

② わが国の被検者は上方の左右に突出した部分（D7）を「イヌの顔」などと見る時，領域図に記載された部分よりも，もう少し広い領域を用いることが多い。これに関しては既述のように，記載された領域より多少広かったり狭かったりしても，領域図に記載された領域と番号を用いる。

③ 領域図に示したように，われわれはインクブロットの上方1/3の領域を Dd40 とコードしている。ここに「コウモリ」と答えるなどは出現頻度が高く，形態水準（第5章参照）が o（普通反応）となる。

④ D1 は，中央上方突出部の左右の片方の領域を意味づけた場合である。例

えば片方を「手」「金のシャチホコ」「角」「帽子」というのはD1である。左右を同時に「チョキをしている2人の手」「魚の尾が2つ」と反応した時もD1であり，ペア反応(2)がコードされる。

⑤ Dd22はD1と異なり，中央上方丸い突出部の左右両方の領域を同時に意味づけた時であり，「唇」「カエルの目」「昆虫の口」などである。片方だけを「丘」などと意味づけた時もDdであるが，Dd99とコードする。

⑥ インクブロット内部の4つの空白部分のどれか1つの領域だけを，「コサックの兵隊」「三角形」などと答えた場合はDdS99とコードする。

⑦ 既述のようにDd27は薄い灰色領域であり，「ここが白い虫」というように，自発的に白い領域と知覚して反応した場合は，Dd27ではなくDdS27とコードする。

事例

① 「両側に女の人が2人いて，いっしょに踊っている」
 D+2 Mao (2) H 4.0 COP,GHR

② 「全体がチョウ，鱗粉が外に散らばっている」
 W+1 mpo A C 6.0

③ 「キツネの顔。全体がキツネの顔のよう。目があって（DdS30），下が口（DdS29をつなぐ）。耳，口がとがっている」
 WSo1 Fo Ad C 3.5

④ 「人間ですね。ここが胴体（D4）で，足（Dd31）があって，この上の白い所（DdS32）を丸く取ると（D4の上部の空白領域を人の顔のように丸く指で囲む）顔になるから。人間ですね」
 DdS+99 F- H 3.5 PHR

⑤ 「クジラが泳いでいる」（中央突出部のDd22の1つを頭，D1を尾と見ている）
 Ddo99 FMa- A

Ⅱ図

① 繰り返し述べるが領域図の領域に厳密に従う必要はなく，領域の多少の広狭は許容される。したがってD1とD6に関しては，赤色部分D3（かその一部）の領域が入っていてもいなくても，D1あるいはD6とコードする。また中央上部を「灯台」と「鉄塔」という場合では領域の範囲が多少

異なるが，どちらの反応もD4とコードする。
② 下方の黒色部分の片方だけを「クマ」というのはD1であるが，左右を意味づけて「2匹のクマ」と答えるのは，D6とコードする。ただし解釈上いずれもDであり，既述のように，過度に領域番号にこだわる必要はない。
③ D2とD3を「ここにもここにも赤い血」と答える場合，それぞれが1つの対象であり，多くの場合は，Dv2　CFo（2）Bl とDv3　CFo　Bl と，2つの反応としてコードする。しかし被検者がこの3つの領域をまとめて「動物の血が流れている」と見ているのなら，Ddv99　CF.mpo　Blとコードする。
④ DS5とD6に独立した対象を見て，関連づけ，「神殿が森に囲まれている」「森と湖」「岩と海」「洞窟から見た空」などDS5とD6を結合した答は，複数の領域を結合した反応であり，統合反応となり，通常DS5をコードする。他方，「こわれて穴の開いたドーナツ」「白い模様のある虫」など，よりD6を重視した反応はそれぞれDS+6，DSo6とコードする。既述のように領域番号は出現頻度によって定められ，研究者が領域についてコミュニケーションをする時の手段となっているので，DS5かDS6かを厳密に考える必要はなく，解釈の段階で考慮すればよい。

事例
① 「女の子2人がセッセッセをしている」（インクブロット全体）
　W+1　Mao（2）H　P　4.5　COP,GHR
② 「地面の水たまり」（中央空白部DS5を「水たまり」と見て，その周りの黒色部分を任意に区切り，地面からくぼんだ水たまりと答える）
　DdSv/+99　VFu　Na　4.5
③ 「こんもり茂った森の間に道があって，道の向こうの方に塔のある建物が見える」（D6を森，DS5を道，D4を建物と見ている）
　DS+5　FD.VFu　Ls,Id　4.5
④ 「2匹のゾウが赤いボールに乗って曲芸をしている」（上方赤色部分D2の2つの領域を除く）
　D+6　FMa.FCo（2）A,Id　P　3.0　COP,GHR
⑤ 「天井からコードでぶら下がっている電灯」（DS5を「電灯」と見て，D4内部垂直の黒いライン（Dd99）をコードという）

DdS+99　mpo　Sc　4.5

Ⅲ図

①Ⅲ図の黒色部分を「人間2人」や「2人が何かをしている」という反応はよく生じるP（平凡反応）である。この場合，D7を「火鉢」「荷物」「壺」などと見て，これを含めている時はD1とペア反応をコードする。しかしD7を含まないで「2人が挨拶している」「ダンスしている2人」などと答える時はD9とペア反応をコードする。また「女の人（D9）がハンドバッグ（Dd31）を持っている」と述べ，D9の領域とDd31を結合した場合は，Dd31でも間違いではないが，Dd99とコードする。被検者によってはD7の領域を明確に意識しないで，D1領域を漠然ととらえて「人間が2人」と答えることもあるが，この場合は被検者の知覚に従ってD1とペア反応をコードする。包括システムでは知覚された対象を関連づけて組織化した場合Zスコアを用いるが，対象が互いに接触しているかどうかによって数値が異なる。したがって被検者の答がD1やD9あるいはDd99なのかを理解するようにし，「見られた人間について，私にも分かるように，もう少しくわしく説明してください」と尋ねることも必要である。

②わが国の被検者はⅢ図のインクブロット領域の中央から上とD3を無視して，D5（手や足）とD7（2つの目や頭）とDd30あたりを含めた下方領域（胴体）を「昆虫の上半身」「カニ」などと答えることが多いので，われわれはこの領域をDd99ではなく，Dd40とコードしている。この場合，「クモ」「カエル」「カマキリ」などと答えた被検者が，反応段階では「頭」や「上半身」の言葉を省略していることが多い。被検者が体の全体か上半身のいずれを知覚したかは重要であり，内容のコードでA（動物全体反応）かAd（動物部分反応）かを正確にコードするためにも，検査者はこの領域と反応の傾向を理解しておき，「あなたが見たように私も見たいので，説明してください」と尋ねることが望ましい。さらにDd40の領域に関連し，「この白い所が胴体」など被検者が空白領域を言語化したり，言語化しないで空白領域を自発的に指で囲んだ場合はSがコードされてDdS40となる。ただし統合反応としてZスコアを与えるのは「白い所」とか「白い胴体」と言語化した時だけである。

③「動物」や「昆虫」と答える被検者の中には，赤色領域（左右D2とD3）

を除いた領域を意味づける者も多い。この時，被検者が単に「手（D5），胴体（Dd35 を漠然と示す）」と説明するだけなら D1 をコードする。しかし「ここ（DdS24）が胴体」「こっちが胴体の下の方」と言語化したり，指でこの領域を囲めば DS1 のコードを用いる。なお統合反応として Z スコアを与えるのは，前述のように「白い所が胴体」「胸が白い」のように空白領域（DdS24）が胴体であることを明確に言語化した場合である。

④またわが国の被検者は，左右 D2 を除いたインクブロット領域のすべてを意味づけようとすることが多いので，われわれはこれを DdS41 とコードしている。例えば DdS24 に言及したり，左右 Dd32 の上を指で結び「背中に模様（D3）のある虫」「赤いリボン（D3）をつけたカエル」「カニ。ここは甲羅の模様（D3）。この赤い（左右 D2）のは関係ない」などである。DdS41 の反応において，空白部分との統合を言語化すれば Z スコアが与えられる。

⑤Ⅲ図は X 図と同じように「顔」の内容が生じやすい。「顔」は「毛髪」「目」「鼻」「口」などの図の部分と，それらの地となる空白領域からできている。Ⅲ図のように大きな空白領域のある図版に「顔」と答え，顔を構成する部分を指摘する場合は S がコードされる可能性が大きい。したがって顔を構成する部分を囲んだり，「顔」と答えてから，構成する部分を説明したり，「白い所が顔」「隈取りをした顔」などと反応する場合は S をコードする。しかし「顔」と答えずに，「目」「鼻」「口」のように顔の構成部分だけを述べる場合は S をコードしない。繰り返すが，われわれがⅢ図と X 図などで，S と他のインクブロット領域との統合された反応として Z スコアを与えるのは，「白い顔」「この白い部分は顔」など空白領域への言及が明確に行われた場合のみであり，S を指で囲んだだけの場合は Z スコアをコードしない。

⑥Ⅲ図の「（人間や動物の）顔」の構成部分としては，「ここが目（Dd32），これが鼻（D3），ここが口（左右 Dd30 をつないだ空白領域：DdS99）」と知覚する者が多い。被検者が「ここ（D2）は朱色の隈取りです」「ここ（D2）が角だからウシの顔」など全体を意味づけたり，D2 に言及しないで「この絵全部です」とか，指で全体を囲んだ場合は WS とコードする。被検者によっては「ここ（D2）は関係ありません」といって D2 を除いた「顔」を答えたり，指で囲む者もいる。この場合は DdS41 がコードさ

れる。なお同じ領域に「顔」と答えても，D2 や Dd27 や Dd21 の一部を「目」と意味づけたり，D8 に囲まれた空白部分を「口」と答えたりする者もいる。これらは形態水準の問題として後述する。

⑦「顔」と同じ領域を「花瓶」や「壺」などの「容器」と答える被検者も多い。「容器」の場合も被検者がどの領域を意味づけたかによって，WS，DS，DdS などがコードされる。例えば「花瓶」と答え，指で D1 をなぞる場合は D1 を，内部の空白領域の形をなぞる場合は DdS24 を，左右 Dd32 の上部を「ここも線でつながっていると想像して」といったり指でつないだり，「花瓶は中があいているでしょう」と説明し，D3 を無視しているなら DS1 をコードする。しかし同じように説明し，「チョウの模様の壺」など D3 に言及すれば DdS41 をコードする。壺に関して，「白い所も含みます」「白磁の壺です」などと答えた時は，統合した S として Z スコアを与える。ロールシャッハ・テストの解釈は構造分析だけではないので，先にも述べたように過度にコード化にこだわる必要はない。しかし同じように知覚された反応のコード化が検査者によって異なると，構造分析が恣意的になされる危険があるので，コード化の基準をできるだけ統一することが望ましいといえる。

事例

①「アフリカの原住民の儀式。左右に黒人がいて，首が長くてコイ族というのかなあ。太鼓を叩いている。赤いのはかがり火で，赤く燃え上がっている」

W+1　Ma.CF.mao　(2)　H,Ay,Mu,Fi　P　5.5　COP,GHR

②「赤いチョウネクタイ。襟元，白いカッターシャツを着ている」（D3 をチョウネクタイ，DdS24 を白いカッターシャツ，Dd35 内部を任意に区切って襟元という）

DdS+99　FC.FC'o　Cg　4.5

被検者によっては，白いカッターシャツといわず，赤いチョウネクタイと襟元だけに言及する者もあり，この場合は Dd+99　FCo　Cg　4.0 となる。この辺りの領域を「ネクタイと上半身の服装」と答える者は多く，Dd35 と DdS24 と D3 を意味づけたり，漠然と W として答える者もいる。

③「シャチ。シャチは背中が黒くて腹が白いから」（Dd21 と DdS23 と Dd31 の領域を囲み，Dd21 内部の色の薄い部分を「目」と見る）

DdSo99　FC'－　A　4.5

④「花瓶。側面から見た形が似ている。この赤い所がチョウの模様」（左右のD2を除きD1の輪郭をなぞり，さらに上部Dd32の両方の間に線を引き，花瓶の形を示し，D3を赤いチョウの模様という）

　　DdS+41　FCu　Hh,A,Art　4.5

⑤「女の人がハンドバッグを持って，こっちとこっちにいる」（D9が女の人，Dd31がハンドバッグ）

　　Dd+99　Mpo　(2)　H,Id　P　4.0　GHR

Ⅳ図

① 被検者の中には「大男」「木」「イノシシの顔」などと答え，「絵の全部がそうです」といいながら，左右のD2の一部分や中央D1の一部分を意図しないで漠然と除き，インクブロットのほとんど全体を指で囲む者がいる。この場合はWのコードとするが，明らかに意図してD1を除いている時は，D7とコードする。

② また左右上方部分（D4）を「踊り子」としてD4よりやや広く使っても，「ヘビ」としてD4の領域よりやや狭く使ってもD4とコードする。

③ D3（中央上部）も上と同じであり，「鉄兜」はD3と同じ領域を意味づけることが多いが，これよりもやや広い領域を見て「花」「カメの甲羅」などと答える場合も，「クルミの実」としてD3よりやや狭い領域を使っていても，D3とする。しかし中央上方部分の狭い領域（Dd30）だけを「イチョウの葉」「アサガオ」「虫の口」「釘」などと答えるのはDd30である。

④ D3よりもかなり広い領域，すなわちDd25の領域を含めて「頭巾をつけた天狗の顔」「耳のあるタヌキの顔」というのはDd99である。ただしDd25が示す領域だけを用いて「眉毛と目がある顔」「女性性器」というのはDd25である。さらに先に述べた「天狗の顔」や「タヌキの顔」から中央上部（D3）を用いず，Dd25に左右の領域（濃淡のやや薄い部分など）を含めて「サルの顔」「ひげを生やした武士の顔」などと答えるのも，Dd99である。一般的にいって，Ⅳ図中央上方部の「花」はD3，「顔」はD3あるいはDd99の可能性が高い。

⑤ D1の下方左右の黒くなった小さい部分を「この黒くなった所が目」と答える領域のコードはDd99である。

事例

① 「巨人がでーんと寝ころんでいる。足がこっちにあって大きく，頭は向こうの方にあるから小さい」(D6 ド方を「大きな足」，D3 を「小さい顔」という)

　Wo1　Mp.FDo　(H)　P　2.0　GHR

② 「靴が1足かかっている。真中のがコートかけのような棒で，左右に靴がぶらさがっている」(反応段階で「コートかけのような棒」といいながらD5を指で囲み，また「ここに1足靴がぶらさがっている」といいながら，インクブロットの左右を指でなぞる)

　W+1　mpu　(2)　Cg,Id　4.0

③ 「人がリュウに乗っている」(D7を人と見て，D1をリュウの顔と答える)

　W+1　Mpo　H,(Ad)　P　4.0　FABCOM,PHR

④ 「肺のレントゲン写真」(D1領域を「端が白く薄くなって，あちらこちらが黒く濃くなっていて，レントゲン写真みたい。何となく肺のように見えた」

　Do1　FY−　Xy

⑤ (＜)「横にしてみると，ここが怪獣の上半身に見える。左の方を見て，大きい口をあけてほえているよう」(Dd32の領域)

　Ddo32　FMau　(Ad)

V図

① D10の「ウシの脚」などよりも広い領域を，「ワニの頭」などと答える時もD10とコードする。

② 中央下方部分を「鳥の脚」「毛抜き」と見るのはD9であり，「ヘビ」「ツルの頭」(どちらも反対の位置から見た反応)などと，片方だけを見るのはDd32である。また中央上方部分を「触角」と見るのはDd34であり，「ナメクジ」「指」「棒」などと片方だけを見るのはDd31とコードする。

③ 中央上部を「カタツムリの頭」「鬼の顔」など，Dd34を入れて見るのは，領域図に示されているようにD6とコードされる。そして最上部のDd34を除いて「顔」「面」などと見るのはDd30とコードする。

④ V図を反対に見て，全体の中央から縦に分割し，片方だけを反対の位置で

見て「クジャクが歩いている」（Dd32 をクジャクの首, D4 を羽）というのは, Dd99 である。しかし全体を逆位置で見て「2 羽のハクチョウが互いによってきている」と答えるのは, インクブロット全体を意味づけているから W とコードされる。

事例

① 「踊り子が大きな羽の衣装を着て, 頭に飾りをつけて踊っている」（D7 を踊り子, 左右の D4 を羽の形の衣装, Dd34 を飾りという）
　　W+1　Mao　H,Cg,Art　2.5　GHR

② 「枯葉」（インクブロットを任意に区切り, ふちが切れているから枯葉と答える）
　　Ddv99　Fu　Bt　MOR

③ 「噴火山。噴火している所」（全体を山のかっこうと見ながら, Dd31 を噴きだしている火と説明する）
　　Wv/+1　mau　Ls,Ex　2.5

④ 「2 匹の動物が真中で衝突して, ぐちゃっとくずれた所」（2 匹の動物が走ってきてぶつかっている）
　　W+1　FMau　(2)　A　2.5　MOR

⑤ 「この白い所がネズミのしっぽに見える」（DdS29 の領域を示す）
　　DdSo29　F−　Ad

Ⅵ図

① D1 の領域は上部 D3 を除いた下方全部の領域への反応も, 上部 D8 を除いた下方全部の領域への反応も含んでいる。

② Dd23 の領域は中央先端部分のみであり, その下の左右の細い線は Dd26 である。したがってこの細い線を除いた先端部分だけを「カメ（モグラ）の頭」というなどは Dd23 である。そして細い線の部分だけを「ネコのひげ」と答えるのは Dd26 とコードする。

③ 被検者の中に Dd23 と Dd26 の領域をまとめて, ひげのある「動物の頭（イタチ・ネコなど）」を答える者が 2 ％以上見られるので, われわれはこの領域を Dd40 とコードしている。

④ D1 の中央部分の色彩がやや薄くなった領域を「キウイ」「スイカ」「リンゴ」など果物の断面を答える被検者も 2 ％以上見られるので（高橋・高

橋・西尾, 2002), この領域はDd99ではなく, Dd41とコードしている。

⑤まれにDd22の左右をつないで(したがってD6の一部も含まれる), 例えば「カニ」などと意味づけることがあり, この場合はDd99とコードする。

事例

① 「三味線。こんな形です」(領域全体を囲む)
　Wo1　Fo　Mu　P　2.5

② 「ここがモミジの天ぷらのよう。モミジの形をしていて, 色合いが天ぷらの衣のよう」(下方全部D1の領域を示す)
　Do1　FTo　Fd

③ (<)「軍艦が海上で砲撃していて, 砲弾が落ちて水煙があがっている。それが海に映っている」
　W+1　ma.Fru　Sc,Ex,Na　2.5　AG

④ 「頭に葉で飾った冠をのせた天狗の顔」(中央から分割した半分を示す)
　Dd+99　Fu　(Hd),Art,Bt　2.5　GHR

⑤ 「この真ん中の辺りが果物を切った所。この辺, 色に濃い所や薄い所があって色具合がキウイを切った感じ。黒いのは種のようです」
　Do41　YFo　Fd

Ⅶ図

① Wとして「人間2人」の運動を答える被検者は多いが, 左右の片方のみを「人間」「動物」と見る被検者は少なく, この領域だけを意味づけた場合, Dd22がコードされる。

② わが国の被検者はインクブロット全体を漠然と知覚する傾向があり, Ⅶ図で「人間2人」と答え,「絵の全体」といいながら, 左右2人の人間の下半身を明確に知覚しないことが多い。すなわちD1やD9に顔を見て, Dd21を手, D3を胴体と知覚し, Dd23を漠然と下半身やスカートと答える。しかし「全体」と答えた被検者が積極的に人間の身体の一部分(上半身)といわないかぎり, この内容をHとコードする。また「人間2人」を左右のD2の領域に答える被検者は, Wに「人間2人」と答える被検者よりも, 領域を概念に厳密に合致させようとしている。しかしD2の「人間」の場合も,「上半身」や「胸像」のように明確な知覚をしている被

検者と，「人間」の全体を漠然と見ている被検者がいるので，D2 の人間の内容のコードは被検者の言語表現によって H か Hd とコードされる。検査者としては過度の質問をすべきではないが，W と D2 の「人間」の反応には，このような差違のあることを意識しておくことが望ましい。

③ Dd23 と D3 を結合して「イヌ」「ウサギ」などと答える領域は，Dd99 とコードする。

④ Ⅶ図の中央空白部分（DS7）を「白い所が壺」「ここが花瓶」と答える被検者は多く，DS7 とコードする。また「全体が器」と答えたり，「茶碗。こうなった所が」といってインクブロットの外側の輪郭を辿り，中央空白部の上部を指でつなぐ被検者もいる。この場合は WS がコードされる。しかし時に，「花瓶」と答え，「こうなった所が」とインクブロットの左右 D3 辺りから下方だけの輪郭を示す被検者がいる。この場合は，「どこが花瓶ですか。私にも分かるように説明してください」と尋ね，対象を知覚した領域を確かめ，WS か DS か，あるいは Dd99 かをコードすべきである。

事例

① （∨）「カエルの死骸。この辺り（DS7）が体。両方（左右 D1）に足があって。形が整っていないから死骸と思った」（逆位置にして指で全体を囲む）
　WSo1　F−　A　4.0　MOR

② 「大陸と海の地図。これが地図（W）で，周りの白い所全部が海だから」
　WSv/+1　Fu　Ge　4.0

③ 「人形とオルゴール」（左右の D2 が人形，D4 がオルゴールの台）
　W+1　Fo　(2)　H,Art,Mu　2.5　GHR

④ 「鬼の面。角があって，ここが目で鼻で口」（D3 領域について説明する）
　Do3　Fo　Ma,(Hd)　GHR

⑤ 「この白い部分の下の所が，ボルトのかっこうしている」（DS10 の領域について説明する）
　DSo10　Fu　Sc

Ⅷ図

① 「3 匹のチョウ」「火山」「ピエロの顔。帽子（D4），目（D5），赤い唇

（Dd33），衿の飾り（D7）」などと答えるなど，左右の赤色部分（D1）を除いた領域を用いるのは D6 である。

② 既述のように，D4 の半分を「ザリガニ」「オオカミ」などと意味づけるのは Dd31 である。しかしこの左右を含んだ領域を「2匹のザリガニ」「2匹のオオカミ」と答えた時は，D4 とコードしペア反応もコードする。

③ また D2 と左右 D1 の3つの領域を結合して「花」と答える被検者は多く，2％以上になるので，われわれはこの領域を Dd99 ではなく Dd40 とコードしている。この領域には「花火」や「イヌの顔」という1つの対象の知覚が生じたりする。ただし D2 と2つの D1 の領域に別々の内容を知覚し，「怪物が2匹の動物をもって飛びあがっている」などと答えるのは D2 とコードし，接触している領域を統合した Z スコアを与える。

④ 図版を横に見て，「全体が，岩の上をライオンが歩いているのが水に映っている」という答は W である。しかし横に見て，インクブロットの半分の領域を「岩の上をライオンが歩いている」と答えるのは，D1 領域と Dd 領域の結合であるから Dd99 とコードする。

⑤ 既述の空白領域（D3）に関して，この真中の青色部分を「ムカデ」「魚の骨」などというのは，空白部分を考慮していないので D3 とコードする。しかし「悪魔の口」「洞窟」「谷」などは，空白部分を意味づけているので，DS3 とコードする。また「ヘビの腹部の模様」「のどの奥」などは，空白部分と色彩部分とを含んでいるので，この場合も DS3 とコードする。

⑥ D5 と D2 を「ここ（D5）が服で，ここ（D2）がスカート」と意味づけた時は，2つの領域に別個の対象を知覚しているが，ワンピースと見る答は Dd99 がコードされる。

⑦ D2 を「2匹のイヌがもたれあっている」というのは D2 であるが，半分を「イヌ」と見るのは Dd99 である。

⑧ D4 と D5 を囲み「デビルマンの顔」と見るなどは D8 とコードする。その時，D4 と D5 の間の中央の横の空白部分の左右を「これが目」と答えれば，DS8 とコードする。

事例

① 「ヨーロッパ中世の王家の盾。ライオンが両方から山に登っているような盾があるでしょう。華やかな模様の盾です」（全体を示し，D1 をライオン。D4 を山という。「華やかな」というキーワードについて質問すると，

「構図が複雑で緑の山などいろいろな色彩を使ってあるから」と答えた)

W+1　FMp.FCo　(2)　Ay,A,Ls　P　4.5

②「仮面ライダーの顔」(全体で，D5を四角いような目，色がついているからという)

Wo1　FCo　(Hd),Sc　4.5　GHR

③「全体がおみこしの飾り」(全体がやぐらの形をしていて華やかな色だからと答える)

Wo1　FCu　Art　4.5

④「ネズミが歩いて落ちそうになっていて，人が手をさしのべている」(D1を「ネズミ」と見てDd22を「人の手」と答えている)

Dd+99　FMp.Mao　A,Hd　P　3.0　FABCOM,PHR

⑤「跳び箱などを跳ぶ人。足を開いている姿」(D4の左右の端を開いた足と説明する)

Do4　Mau　H　GHR

Ⅸ図

①中央緑色部分の片方を「人の顔」というのはD1であり，DdS29を「目」と見ればDS1をコードし，緑色の領域すべてを見て「チョウ」と答える時はD11とコードする。

②上方左右オレンジ色のD3とD11(中央緑色部分)を「花。花びらと葉」「鬼の顔」「燃える火と煙の間に見えるウシの顔」と答えるなど，D6(下方赤色部分)を除いた領域全部を意味づけるのはD2とコードする。この場合，「花」のように中央上部の薄い青色部分(D8)を漠然と含めている時と，「上が角で，下の方が鬼の顔」といい，D8を除いている場合とがある。

③上方左右のD3をリュウ，D1を雲と見て「2匹の白い目のリュウが雲に乗っている」と答えたり，D3をニンジン，D1を葉と見て「葉のついたニンジンが2本」と答えるなど，明らかにD8を含んでいない時は，2つのD12としてDS12またはD12とペア反応(2)をコードする。

④D11とD6を結合して「赤カブと葉」と答える者は，2つ以上の領域を1つの対象として知覚しており，このように答える被検者数は2％以上見られるので，われわれはこの領域をDd40とコードしている。Dd40には

「野菜」「果物」「地図」などの反応も生じる。しかしこの領域を1つの特殊部分反応としてではなく，反対にして「火山の噴火」などと2つの対象を見るのは，D6 か D11 のいずれかにコードする。すなわち噴火を重視していれば D6 を，緑の山を重視していれば D11 をコードし，領域が接触した Z スコアを与える。

⑤既述のように中央茶色部分を「楕円形の刀のつば」と答え，DdS23 を無視しているのは，Dd22 とコードする。またこの部分を「リンゴを半分に切った断面」という時などは，被検者にどのように見ているかの説明を求め，「断面」とのみいう時は Dd22 とコードし，空白領域を「種」と言語化する時は，DdS22 とコードする。なおこの小さい空白部分だけを「動物の鼻」というのは，領域図に従い DdS23 とコードする。

⑥既述のように中央上部の薄い青色部分 (D8) に，「動物の顔」「ギター」「花瓶」「電球」などを答えるのは，色彩のある領域への反応として D8 をコードする。「城のある風景」や図版を反対に見て「滝のある渓谷」といったり，図版を横に見て真中の細い茶色と青色部分 (D5) の上部を島と見て，「海上の島に雲が近づいてきている」なども D8 とコードされる。しかし同じ反応をしていても被検者が，「この白い所が……です」と説明して空白領域を意味づけている時は DS8 をコードする。また「花瓶」と答え，「とっくりの形の花瓶。水が入っていて，上の方は入っていない。水が青くて，入っていない所は白くなっている」は DS8 である。

⑦図版を横にして，D3 と D1 を結合して「ウマに乗っている人」という領域は D12 とコードする。

⑧D6 と D5 の領域に「噴水」，あるいは図版を反対にして D3 と左右 D1 を除いて「原爆の雲」と答えるのは D9 とコードする。

⑨左右の D3 と中央茶色部分 (Dd22) と空白部分 (DdS22) を「トナカイの顔」と答える領域は DdS99 である。

⑩D6 の半分だけを「胎児」などと答えた場合は，Dd99 をコードする。

⑪D8 を「カブト虫」といって「これ (Dd34) が角で，この白い所のかっこうがカブト虫の体」というのは DdS99 である。

⑫「ウシの顔」と答える多くの被検者は，D8 (DS8) の領域を知覚することが多い。しかし中には左右の D3 領域と Dd22 (DdS22) の領域を含めて「ウシの顔」と答え，D3 を耳，DdS22 を鼻と見たりする。この場合は

Dd99 あるいは DdS99 がコードされる。

⑬ D1 の領域を「人の顔」や「動物の顔」という答は多いが，被検者によって知覚の仕方が異なり，おおむね次の4つの型があり，出現頻度によって形態水準は o と u に分けられる。①正位置で眺め，DdS29 を目，Dd24 を鼻と見る場合（o），②横の位置にして眺め，Dd31 の辺りを鼻，Dd24 辺りを頭，口を D9 の方向に見る場合（u），③正位置で眺め，中央 D5 の方向を鼻と見る場合（ブタの顔など）（u），④逆位置で眺め，Dd24 を鼻と上顎辺り，DdS29 を口と見る場合（u）。

事例

① （＜）「この茶色の所，ワニの頭。ここに目があるし，ワニは茶色です」（Dd33 の領域をワニの頭。黒い小さな所を目という）
　　Ddo33　FCo　Ad

② 「イカ」（DdS23 を目，D5 をイカの骨，骨の周りを任意に区切って，この透明な所がイカの体と説明する）
　　DdSo99　FV　A,An　5.0

③ 「ロケットが飛びたって煙があがっている」（D5 をロケットが飛んでいく軌跡，発射した時の赤い噴煙が D6，その周りの緑やピンク色の所は，煙がただよっている。筆で塗ったような濃淡が煙の感じと説明する）
　　Wv/+1　ma.YF.CFu　Sc,Fi　5.5

④ 「洋ラン。断面図。これ（D5）がめしべ，ここ（D3）がランの形の花で，花の下（D1）に葉がある。全体にランの花のようにきれいな色をしている」
　　Do2　FCo　Bt,Art

⑤ 「ウサギが緑の草の向こうから見ている」（D11 を草，DdS23 をウサギの目と知覚し，D8 の青い領域の中で D5 を除いて左右を漠然とウサギの耳と見ている）
　　DdS+99　FMp.CF.FDu　Ad,Bt　5.0

X図

① X図に「たくさんの動物（人間，細菌）」「虫がいっぱいいる」などと答える被検者は，インクブロット全体を知覚しているので，通常 W とコードされる。なお動物や虫などが集まっていると相互関係を述べた時は W+

を，単にいろいろな虫がいると知覚し，相互関係についてまったく触れない時は Wo をコードする。また左右の D9 を「2 人の踊り」と見て，「2 人が踊っていて，まわりにたくさんの人が集まって踊っている」と答えるのも W+ とコードされる。同じように「全部が動物。これが鳥，これがクモ，これがライオン，……たくさんの動物が集まってきている」と答えたり，「お祭り，たくさんの人が踊っている」と答えてインクブロット全体を指で囲む場合も，W をコードし，相互関係の有無によって発達水準が異なってくる。

② 左右の D9 と D6 をまとめて「羽織」「じんべさん」などというのは，3 つの領域を結合して 1 つの対象を見ているので Dd99 とコードする。

③ 真中の青色部分を「眼鏡」と答えるのは D6 であり，図版を反対に見て「2 人が手をつないでいる」というのも D6 でありペア反応がコードされる。しかし，この半分だけを「人間」と見るのは Dd99 とコードする。

④ 図版を横にして，D9 を「山の尾根」，D6 の半分を「人間」，D2 を「動物」と見て，「尾根の上を人間と動物が走っている」というのは，人間の領域が Dd であるから Dd99 とコードする。この場合人間を意味づけないで「尾根の上を動物が走っている」と答えた場合は，Dd が含まれていないので D9 をコードする。

⑤ D1 と D12 を「クモ（D1）がたいまつ（D12）をもって走っている」と答えるのは，2 つの D 領域に別個の対象を見て統合しているので，領域のコードは D となり，領域番号は重要な概念のクモの領域となるので，D1 をコードする。しかし同じ領域を「カニ。大きなはさみ（D12）のあるカニ（D1）」「シオマネキ」などというのは，1 つの対象を見ているので Dd99 となる。しかしわれわれの資料からみて，この特殊部分反応の出現頻度は 2 ％以上であるので領域番号を Dd40 とコードしている。

⑥ 同じように Dd99 をコードすべき特殊部分反応の中で，われわれの資料から出現頻度が高い領域として，Dd21 と D6 を関連させて「2 人が手をつないでいる」という反応があり，既述のように Dd41 のコードを用いている。

⑦ DdS22 の中央青色の D6 から下の領域を意味づけるのは，DdS99 あるいは Dd99 の領域番号をつけるべきであるが，わが国の被検者でこの空白領域を「顔」と答える者は 2 ％以上に達する。したがって，われわれはこの

反応をDdS42（空白領域を用いない時はDd42）とコードしている。

⑧中央上部の灰色部分（D14）にD8の上方部分のごく一部（Dd）を加え，「葉が4つある木」「顔の長い人。目と耳がある」は，厳密にはDdのコードに該当するが，Dの領域を厳密に限定しないという立場から，われわれはD14とコードしている。

⑨X図はⅢ図と同じように大きな空白領域があり，この領域に関連して「顔」の内容が生じやすく，正位置と逆位置で「人（および人間類似）の顔」，逆位置で「動物の顔」と答える被検者が多い。X図の「顔」もⅢ図と同じように，「毛髪」「目」「口」「ひげ」など顔を構成する部分を説明したり，「これが顔」といって指でインクブロット中央部を漠然と囲んだり，中央空白部の下方をつないだりする被検者が多い。これらはすべてDdS22の領域コードがつけられる。しかしZスコアを与えるのは，空白領域を使用したと明白に言語化した反応だけである。

（1）正位置の「顔」の多くはDdS22の領域であり，D11を「冠」「帽子」，D9の左右を「毛髪」，D6あるいはD2を「目」（時には「眼鏡」），D10を「ひげ」と知覚している。しかしD11の領域を明白に指で除いて指示したり，「ここは関係がない」などと明白に言語化された「顔」はDdS99とコードする。

（2）D11を明確に除外しないで，あいまいにD11を指で囲んだり，D11を除くといわない時は，領域の質問をあまり厳格に行わないという原則に従って，われわれはDdS22とコードしている。

（3）DdS22の「顔」の「目」をどこに見るかは被検者によって異なり，（a）大多数の者はD2を「目」と知覚するが，（b）D6を「目」と知覚する被検者もかなり多く，どちらも出現頻度が高いので，われわれは（a）と（b）の顔の形態水準をoとしている。しかし（c）D6とD9の間の空白領域を「目」と答える被検者も存在する。この場合は出現頻度が低いために，形態水準をuとしている。

（4）逆位置の「顔」のほとんどはDdS22とコードされる反応であり，内容として「人の顔」以外に「動物の顔」がよく生じる。逆位置の「顔」の場合も正位置の「顔」と同様に，D11の領域を明確に除去した場合はDdS99とコードする。被検者の中には逆位置の「顔」で，D10を「緑の隈取り」，D2を「目」，D5を「鼻」，D6を「口ひげ」，D9を

「毛髪」，D11 を「あごひげ」というように答える者もいる。

（5）逆位置の「顔」の「目」は正位置の場合と同じように，D2 を「目」と見る者が最も多く，D6 を「目」や「眼鏡」と見る者もかなりいる。なお逆位置の場合，D3 を「口」と答える者が最も多い。逆位置の「顔」の形態水準は o である。

（6）また DdS22 の D6 から下方部分のみを「顔」と答え，D2 を「目」，D5 を「鼻」，D10 を「ひげ」，D9 の下方部分を「毛髪」と見る被検者も多く，上述のようにこの「顔」の領域をわれわれは DdS42 とコードしている。

（7）X図の「顔」に関しては，空白領域を明白に言語化して，「白い顔」とか「歌舞伎の顔。隈取りをして，おしろいを塗って顔が白い」などと述べない時は，Ⅲ図の「顔」と同様にZスコアをコードしない。

⑩図版を反対に見て DdS22 の領域を「顔」と知覚しないで，空白領域を無視して左右の D9 を「花びら」，D10 を「おしべ」，D3 を「めしべ」，D11 を「がく」と答えたり，「花束」「花の断面図」「風景」などと答えた反応について，DdS30 が含まれていないので，われわれは Dd22 をコードしている。

⑪図版を反対に見て「燃える聖火」と答え，D11 を「聖火台」，左右 D9 を「火」と説明したり，横に見て「火炎放射器から吹き出る炎」と答え，D11 を「火炎放射器」，左右 D9 を「炎」と説明するのは，左右の D9 をまとめて火や炎と見ているので，火・炎の領域が Dd となり，この 2 つの反応の領域はいずれも Dd21 とコードされる。

事例

① 「木の枝とつぼみ」（D7 を茶色の枝，D15 の黄色の部分をつぼみといい，つぼみの下を萼と説明する）

　Ddo99　FCu　Bt

② 「人の顔」（D6 から下の部分を見て，D2 を目で Dd33 を瞳，D5 を鼻，D10 をひげと見ている）

　DdSo42　Fo　Hd　PHR

③ 「たくさんの虫が集まってきている」（「これ（D1）がクモみたいだし，全体にいろいろな虫がたくさん集まって動いている」と答える）

　W+1　FMao　A　5.5

これに類似した反応として、「カニ（D1），カエル（D7），魚（D13）……。動物の集まりです」といくつかの領域を動物と意味づけ，残りも動物と答えた場合も W とコードする。

④（∨）「がけに咲いている花と木」（D9 を赤っぽいがけ，D1 と D12 をまとめて 1 つの青色の花，D7 と D15 を 1 本の木といい，花と木はそれぞれ Dd のコードとなる）

Dd+99　CF　Ls　4.0

⑤「はっきりしないが，頭に飾りをつけ，赤い派手な衣装を着て，青いベルトをしめたチアガールのよう。両手に青のポンポンをもって踊っている」（D11 を飾り，左右 D9 を衣装，左右 D1 を青のポンポン。D6 をベルトという。空白領域に言及しないので空白の Z スコアはつけないで，接触の Z スコアをつける）

DdS+ 99　FC.Mau　H,Cg,Art　4.0　GHR

第3章

発達水準

第1節 発達水準のコード

表3-1 発達水準のコード

コード	定義	基準
o	普通反応 (Ordinary Response)	1つの対象を知覚した反応であり，対象が自然な状態で一定の輪郭をもつ形態を有しているか，特定の形態を必要とするように推敲された反応。
+	統合反応 (Synthesized Response)	2つ以上の対象を別個に述べて関連づけた反応であり，少なくとも1つの対象が特定の形態をもつか，特定の形態を必要とするように推敲された反応。
v	漠然反応 (Vague Response)	1つの対象を知覚した反応であり，その対象が不定形（一定の輪郭や形態をもたない）か，特定の形態を必要とするような推敲がなされていない反応。
v/+	準統合反応 (Synthesized Response)	2つ以上の対象を別個に述べて関連づけた反応であるが，すべての反応が不定形（特定の形態をもたない）か，どの対象も形態を必要とするような推敲がなされていない反応。

　被検者がインクブロットの刺激を構造化する方法は，「インク」「雲」のように一定の形態を必要としない（不定形の）対象を意味づける，単純で未分化な認知から，「人間」「オオカミ」のように，自然な状態で一定の輪郭をもつ形態の対象を意味づけたり，「火を噴きながら宇宙船が暗い宇宙を飛んでいく」のように対象間の相互関係を見出す認知の仕方へ発達していくと考えられる。そこで包括システムでは，発達水準（DQ：Developmental Quality）という対象の認知の質を表すコードで，対象の形の明細化と統合の仕方を表し，上記のコードを用いている。DQの出現頻度は，DQo（普通反応）が最も高く，DQ+（統合反応），DQv（漠然反応），DQv/+（準統合反応）の順となっている。

　DQとして用いられるoのコードは形態水準（Form Quality）でも用いられるが，互いに無関係である。DQ（発達水準）のoは被検者が特定の形態を必要とする（Special Form Demand）対象を知覚したことを表している。他方，

FQ（形態水準）の o は知覚された対象の形態が，インクブロットの領域が有する形態と合致しているかどうかのコードである。したがって「イヌ」という反応は，発達水準として DQo とコードされるが，インクブロットのどの領域を意味づけたかによって，形態水準は FQo（普通反応）にも FQu（稀少反応）にも FQ−（マイナス反応）にもコードされる可能性がある。

第 2 節　普通反応と漠然反応

　DQ のコード化は領域のコード化と同じように，それほど困難ではない。しかし形態の必要性（Specific Form Demand）に関して，o と v のどちらのコードが適切かに迷うことも生じる。DQ のコード化を確実にするには，特定の形態を必要とする反応（定形）かどうかを確かめねばならない。定形の対象は DQo とコードされ，不定形の対象は DQv とコードされる。しかし「雲」のような不定形の対象であっても，被検者が「原爆のキノコ雲」「丸い雲」など特定の形態を必要とするように明細化し，定形の対象と知覚した場合は DQv ではなく DQo とコードする。したがって被検者の答えた対象の「名前」から自動的に DQo や DQv が決まるのではない。

1. 普通反応（Ordinary Response : DQo）

　ロールシャッハ・テストで答えられる対象のほとんどは，一定の輪郭や形態をもつ定形である。すなわち「家」「キツネの顔」「コウモリ」「机」「トラ」「人」「ロケット」のように，一貫性のある形態をもち，他の対象と明確に区別できる。こうした定形の対象は，その種類に属する形が多少変化していても，他の種類に属する対象とは異なる一定の形態と輪郭を有している。したがって被検者が答える対象の名前を聞くと，検査者はその形（輪郭）を視覚化して思い浮かべることができる。これが特定の形を必要とする（Specific Form Demand）反応であり，こうした反応を普通反応と呼び，DQo とコードする。多くの定形の対象はかなり複雑な輪郭や形をしているが，中には単純な形の定形の対象も見られる。例えば「リンゴ」「ボール」「シャボン玉」のように単に丸い輪郭，「旗」のように単に四角い輪郭，「キュウリ」「ニンジン」のように細長い輪郭などの単純な形でも，一貫した形態をもつ対象は定形である。また「心臓」「肝臓」などは定形の対象であり DQo とコードされるが，単に「内臓」と答えるのは特定の形態を必要としないので DQv となる。

2. 漠然反応（Vague Response : DQv）

定形の対象と異なり，「インク」「絵の具」「墨汁」「血」「水たまり」「雲」「氷」「岩」「地図」などは，本質的に一定の輪郭をもたないので，特定の形態を必要とせず，どのような形でもとり得る対象である。これらは対象の名前を聞いても，その形の一定の輪郭を視覚化できない。このように一貫した形のない対象を不定形とよび，DQvとコードする。しかしDQvの「血」や「地図」を，被検者が「赤血球」や「四国地図」というように，特定の形態を必要とするように明細化した場合は，不定形が定形の対象となりDQoとなる。つまり同じ不定形の対象を答えていても，被検者が，①特定の形態を必要とする対象として述べたり，②対象の形を明細化して，形態の必要性を述べている時は，DQvではなくDQoである。

参考のために，われわれの資料から通常DQvとなる無形と不定形の対象のいくつかをあげるが，これらの対象が自動的にDQvとコードされるのではない。上に述べたように被検者が形態を考慮して明細化や推敲を行うことにより，これらはDQoとコードされる。

- 【ア行】アイスクリーム　足跡　油　石　岩　インク　海　絵　液体　枝　エックス線写真　絵の具　押し花
- 【カ行】海藻　海綿　崖（がけ）　がけ　火山　菓子　火事　かつら　枯葉　川　木　球根　霧　草むら　果物　クッキー　雲　クラッカー　毛皮　煙　氷　昆布
- 【サ行】細菌　細胞　砂漠　サボテン　珊瑚礁　山脈　CT　敷物　茂み　事故現場　島　しみ　シャーベット　ショウガ　石炭　空
- 【タ行】滝　竜巻　谷　種　血　地図　爪　洞窟　泥
- 【ナ行】内臓　肉　布　根　のしイカ
- 【ハ行】葉　爆発　花　花火　ハム　林　はり絵　パン　火　人魂　火の玉　ビスケット　風景　噴火（水・煙）　ペンキ　墨汁　骨　ポテトチップス　炎
- 【マ行】水　湖　水たまり　毛髪　森（ジャングル）　模様
- 【ヤ行】野菜　山　雪
- 【ラ行】落書　レバー　レントゲン写真
- 【ワ行】ワカメ

DQv が DQo となる例（→の前の対象は原則として DQv であり，後は DQo とコードされる）

アイスクリーム→丸いアイスクリーム　足跡→人の足跡　エックス線写真→骨盤のレントゲン　火山→桜島南岳　川→天竜川　木→ガジュマルの木　球根→チューリップの球根　果物→リンゴ　毛皮→クマの毛皮　氷→つらら　サボテン→カニサボテン　滝→那智の滝　地図→イタリアの地図　爪→カニの爪　内蔵→肺・腎臓・腸　葉→カエデの葉　爆発→原爆の爆発　花→黒ユリ　骨→骨盤・肋骨　湖→琵琶湖　毛髪→パンクスタイル　野菜→ニンジン　山→富士山

3. DQv の対象についての質問

　上記の通常 DQv とコードされる対象の中には，無形の対象である「水」「絵の具」「空」のような対象以外に，一定の形態が知覚されている可能性がある「花」「葉」「サボテン」などの不定形も多く含まれる。被検者がこのような不定形の対象を答え，特定の形態を必要とする反応かどうかが不明の時，検査者は誘導にならないように，質問段階で適切な質問をしなければならない。すなわち「……と答えられましたが，もう少し，くわしく教えてください」「あなたが見た……が，私にも見えるように（分かるように）説明してください」などと尋ね，被検者が特定の形態を知覚しているかどうかを確かめる必要がある。被検者が質問によって形態に言及すれば DQo となるが，単に「そんな感じだから」「何となく」「そう見えるとしかいえない」「色が似ているから」などと答える場合は DQv になる。時に指でインクブロットの輪郭をなぞりながら「こういう所からです」と答える被検者も見られるが，「こういう所といわれたのを私に分かるように言葉で話してくれませんか」と尋ねることが望ましい。

　ロールシャッハ・テストの反応をコード化するのは，被検者が答えた言葉や動作を媒介にして，被検者の知覚体験をできるだけ明らかにする目的からである。しかしインクブロットを見て知覚した体験を，被検者がつねに言語で表現できるとはかぎらず，また言語化したものが被検者の知覚体験とつねに合致しているとはいえない。例えば色彩や濃淡を知覚して反応しながら，色彩や濃淡を言語化しない可能性もあるし，明確に「ヤツデの葉」を知覚している被検者が，単に「葉」としか答えない可能性もある。インクブロットへの被検者の知覚体験をできるだけ明らかにするためには，おもに被検者の言語表現によらざ

るを得ない。しかし被検者が対象について適切に言葉で説明しなかったり，「よく分からない」「そうとしかいえない」などと答えたりして，検査者が反応のコードを決定しにくいことも生じる。このような場合は，被検者の言語表現から最も適切と思われるコード化を行い，そのコードに印をつけておくべきである。そしてその印をつけたコードが他のコードであればどのように結果が異なってくるかなどを配慮して解釈すべきである。

第3節　統合反応と準統合反応

　インクブロットを見た被検者が，「2人の人がいっしょに踊っている」「山と湖」など，いくつかの対象を答えることも多い。この場合，見られた対象の間に意味のある関係がなければ，DQoやDQvをコードする。しかし被検者が，2つ以上の別個の対象の間に意味のある関係を述べているなら，統合反応（Synthesized Response）としてDQ+かDQv/+がコードされる。

　例えばⅢ図に「この人（D9）を後ろの霊（D2）が守っている。背後霊ですね」と答えるように，被検者が「霊」のような特異で曖昧な対象を答えても，それをインクブロットに意味づけた場合は，1つの対象となるので，2つ以上の別個の対象の関係を述べている統合反応としてDQ+とコードされる。また「羽に穴のあいたチョウ」など，自然には生じない別個の穴とともに答えるのも統合反応となる。ただしⅢ図で「小悪魔（D2）ですね。この小悪魔は悪霊に支配され飛んでいます」と答え，悪霊をインクブロットのどこにも意味づけていない場合は,統合反応ではなく，「小悪魔」はDQoとコードされるだけである。

　また2つ以上の対象を答えても，空間上の位置関係だけを述べているのは，意味のある関係ではない。したがってⅡ図D6を「クマが2匹いる」とのみ位置関係で答えるのはDQoであり，「クマがけんかをしている」と答えた場合は，2匹のクマの間に関係があり，DQ+がコードされる。また「人が鏡に映った姿を見ている」「風景が反射している」など，反射反応（Fr, rF）の決定因子を伴う反応は，意味のある関係として，統合反応がコードされる。

1．統合反応（Synthesized Response：DQ+）

　DQ+とコードするのは，被検者が2つ以上の別個の対象を見て，その間に意味のある関係を述べるとともに，2つ以上の対象の中の，少なくとも1つが

特定の形態を有するか，特定の形態を必要とするように述べられた場合である。X図Wを「たくさんの虫が赤い餌（左右D9）をいっしょに食べている」と答えるのは，対象間に関係のあることを述べているし，「ここにも，ここにも，たくさんの虫がいる。このクモ（D1）はバッタ（D12）を捕まえている」と反応の一部の対象間に関係を述べた時もDQ+とコードする。しかし「ここにも，ここにも虫。虫がいっぱいいる」というように，その対象の間に何の関係も述べられない時は，DQ+ではなくDQoとコードする。

2. 準統合反応（Synthesized Response：DQv/+）

DQ+と同じように，被検者が2つ以上の対象を見ていて，その間に意味のある関係を述べているが，いずれの対象も不定形であり，特定の形態を必要とするように述べられていない場合，DQv/+とコードする。Ⅱ図を「洞窟（DS5）。岩（D6）に穴（DS5）があいている」，Ⅶ図を「海（空白領域）に囲まれた島（W）」と答えたり，Ⅸ図を反対に見て，「山（D11）から噴火している（D6）」と述べるなど，特定の形態に言及しない反応はDQv/+とコードされる。しかしⅠ図Wを「羽に穴があいたコウモリ」というのは，形態を必要とするコウモリを見ているのでDQ+とコードされるし，「黒い紙に三角の穴が4つあいている」も，三角という形態に言及しているのでDQ+とコードする。

第4節 発達水準の留意点

既述のように発達水準には4つのコードがあるが，対象によってコードを決定しにくいことがあり，そのいくつかを検討する。

1.「花」の発達水準

「花」は色彩図版に出現することが多く，インクブロットの色彩によって「花」を連想し，形態を漠然と知覚して答えることも多い。被検者が単に「花」「赤い花」「きれいな花」といって，形態をまったく知覚していなければDQvとコードするが，形態を知覚しながら言語化しない被検者も多い。したがって被検者が「花」とのみ答えた時は，「見られた花についてもう少しくわしく説明してください」などの間接的な質問を行うべきである。なお「きれいだから」という時は，「きれい」という言葉をキーワードとして質問しなければならな

い。反応段階や質問段階で，被検者が自発的に，あるいは間接的な質問によって次のような言語化を行い，「花」の形態を知覚していることが分かった時は，DQvではなくDQoとコードする。

1）特定の花の名前を述べた場合

「ケイトウ」「ラン」「バラの花」「ボタン」など，特定の花の名前を自発的に述べた時は，被検者が特定の花の形を知覚しているのでDQoとコードする。しかし被検者が「キクの花のような感じ」「なんとなくボタンのよう」というように，特定の花の形を明確に知覚しているかどうかが不明確な時は，「それについてもう少し説明してください」と尋ね，被検者が「細長い花びらのキクの花」とか「丸いボタンの花のかっこう」など，形態に言及すればDQoをコードする。しかし「そんな感じがするだけ」「別にボタンとはかぎりません。花。赤いからそう思っただけです」というように，形態についての言及がなければDQvをコードする。

2）花の形に言及した場合

被検者が「花」と答え，自発的に，あるいは「私にも分かるように（言葉で）説明してください」という間接的な質問によって，花の形（輪郭）や花を構成する部分（位置関係）を述べた場合はDQoとコードする。「花」についての被検者の説明を過度に厳密に考える必要はなく，「細い花弁がたくさん出ている」「花束。上が広がって下で束ねた花」「この丸い所がつぼみ」「ここが花びらで，ここが萼(がく)のかっこう」「4枚の花びらの花」「花びらと茎がある」「しおれて外側に垂れた花」「濃い赤い所がめしべ，そのほかは花びらのかっこう」などの明細化ならDQoとコードされる。しかし単に「なんとなく」「何かの花です」「赤いから」という以外に説明ができない時はDQvとコードする。また「花。赤い所が花で緑色の所が葉」という答にも，「私に分かるように，もう少しくわしく説明してください」と質問をすべきである。これに対し，特定の花の名前を述べたり，形の明細化が少しでも見られたならDQoとするが，「いろいろな色できれいだから，花を連想した」「赤と緑色からイメージして花」など，色彩から漠然と花をイメージしている場合はDQvをコードする。

2．「葉」の発達水準

「花」と同じように比較的よく出現する「葉」のDQのコードも，「花」と同じ原則に従えばよい。「モミジの葉」「ヤツデの葉」など特定の形の葉を答え

た場合はDQoとコードする。しかし被検者が「なんとなく葉」「このような葉を見たことがあるから」と答えたり、「こういう所が葉のよう」といって単に指で輪郭をなぞる時は、「私に分かるように説明してください」と尋ね、DQvに該当するかどうかを決めるべきである。質問によって「葉の先が分かれている」「まるい葉」「楕円形です」「葉っぱ。7つの尖った部分のある葉」「葉のこの細い所が枝につながる所」「メキシコの砂漠にある細長いサボテン」など、形態に言及した説明があれば、DQoとコードする。なお単なる「葉」ではなく「枯葉」という場合も、「枯れて丸く破れているよう」「枯れてまわりがぎざぎざになっている」などの説明があればoとコードする。

3.「木」「茂み」「林」「風景」「山」の発達水準

これらの対象が「三角形になっている。モミの木に似てるかな」「丸くなった茂み」「富士山」など、特定の形態を必要とするように答えられた時はDQoがコードされる。しかし単に「木」「林」「風景」と答えた場合は、「花」や「葉」と同じように説明を求めるべきである。そして例えば「木」を「これが幹で、ここが葉の茂った所」「幹や枝があって茂っている」「両側に枝がある」「茂った葉と幹と根」と説明すればDQoとコードされる。これに対し「全体の形」「何となく」「そんな感じだから」「灰色だから」という以上に説明できない時はDQvとコードされる。「ここが三角になった山」「上が狭くてすそ野がひろがっているから山」「エッフェル塔のある景色」など、対象の一部分であっても形態の必要性を述べている場合はDQvではなくDQoがコードされる。

4.「内臓」の発達水準

Ⅸ図下方赤色部分（D6）を「内臓。赤いから内臓のよう」「血」と述べるように、対象の輪郭や構造について明細化がまったくなされていない場合のDQはvとコードされる。しかしⅡ図D6を「肺」、Ⅱ図D2を「肝臓」と答えた場合は、形態の必要性を伴うのでDQoとコードされる。

5.「毛皮」「虫」の発達水準

被検者が単に「毛皮」「敷物」「じゅうたん」と答えた場合も、質問をすることが望ましい。これに対し被検者が「トラの毛皮」「ここに手と足がある毛皮」

「全体。これがしっぽ」などと説明した時は DQo がコードされる。

「虫」「昆虫」の対象は，通常 DQo とコードされるが，Ⅲ図 W を「つぶされた虫」と答えるような場合，発達水準が問題になる。自発的ないし質問によって被検者が「つぶれたハエ」と述べたり，「何の虫かは分からないが，ここに足（頭・目……）がある」と対象の一部でも形態を明らかにした時は DQo とコードする。しかし「ばらばらだから」とか「何となくそう感じる」という場合は DQv がコードされる。

6. 「衣服を着た人」の発達水準

DQ+ か DQo かを決定しにくい対象に，「衣服を着た人」と知覚する場合がある。これについては，①人間の自然な輪郭線を衣服が変える明細化がなされていたり，②人と衣服を別個の領域に見ている場合は，DQ+ とコードする。例えばⅢ図黒色部分（D9）を「黒い色をしているから，人がタキシードを着ている」という反応は，同じ領域が人物と衣服の両方に用いられ，衣服がその人の自然な輪郭を変えていないので DQo とコードする。しかし被検者が，乳房とよく答えられる部分（D9 の一部である Dd27）を「衿が出ている」といったり，「ミトン（Dd31）をはめた人（D9）」と答えた時は，人間と別個のインクブロット領域に「襟」「ミトン（手袋）」を見ているので DQ+ とコードする。また例えばⅠ図中央（D4）を「人が手をあげている」という時は DQo であるが，「スカートをはいた人。スカートをとおして足が見える」と明細化すれば DQ+ とコードする。同様にⅣ図 W を「人がごわごわした衣服を着ている。だぼだぼの服だから，この辺（D6）まで長い服を着ている」，Ⅴ図 W を「悪魔のような人が黒いマントを広げている」「チョウの衣装をつけたバレリーナ」などと答えるのは，「衣服」を意味づけた領域が「人」のインクブロット領域と異なり，人の通常の輪郭線を変えているので，DQ+ とコードする。

同じようにⅠ図 D2 を「帽子（Dd28）をかぶっている人」，Ⅱ図 D2 を「帽子（Dd99）をかぶっている人の顔」，Ⅲ図 D9 の「ハイヒール（Dd33）をはいた女性」，Ⅶ図 D1 を「羽飾り（D5）をつけたアメリカ先住民の顔」，Ⅷ図 W の「眼鏡（D5）をかけた人の顔」なども，領域が異なるなら DQ+ をコードする。

第5節　その他の留意点

1．発達水準と決定因子
　被検者の反応が DQo の対象であれば，決定因子のコードは一次的形態反応（FC, FC', FT, FV, FY）にも，二次的形態反応（CF, C'F, TF, VF, YF）にもなり得る。しかし DQv か v/+ の場合，決定因子のコードは一次的形態反応とはならず，二次的形態反応（CF, C'F, TF, VF, YF）か無形態反応（C, C', T, V, Y）となる。これについては第4章で詳述する。

2．統合反応のコード化において注意すべき事項
①既述のように2つ以上の対象が統合反応となるのは，対象間に意味のある関係が存在しなくてはならず，単に同じ場所にあるというだけでは統合反応とならない。したがって「2人の人」が「挨拶している」「互いに見つめている」などと述べられるなら，両者間に意味のある関係が存在しDQ+ となるが，「人間2人」「こちらとこちらに人」と答えるのは DQo である。しかし被検者が「2人が向き合っている」「2人が背中合わせになっている」などと答えた時は，意味のある関係が明確でなく，必要に応じて質問を行うべきである。それでも決定しにくい時は，われわれは被検者が単に「2人」ではなく，わざわざ「向き合っている」と答えているのでDQ+ とコードしている。またコードを明確に定められない反応については，他の類似した反応への被検者の答え方と比較することも有益である。
②2つ以上の対象を，自然の状態ではなく，絵画や彫刻として見た場合も，対象間に意味のある関係を見出している時は統合反応となる。例えばⅦ図 W を「顔が6つ」と答えるのは DQo であるが，「下に2つの普通の顔。その上に怖い顔2つをのせ，一番上にひょうきんな顔をのせ，人生を表す彫刻」など，別個の対象間に関係を述べている場合は DQ+ となる。同じようにⅧ図 W を「2匹の動物が山に登っている」と答えるのは DQ+ であり，Ⅷ図 W を「西洋中世の盾。山に登る2匹のライオンの盾」と答えた場合も DQ+ とコードする。またⅩ図 W を「昆虫をいっぱい描いてある壁画」というのは DQo であるが，「昆虫のお祭りの絵」と答える場合は DQ+ とコードする。

第6節　事　例

Ⅰ図

① 「虫に食われ穴のあいた葉っぱ」

　WSv/+1　Fo　Bt　3.5　MOR

Ⅰ図Wを「羽に穴のあいたチョウ」の場合は「チョウ」が特定の形態を必要とする対象であり領域の発達水準はWS+となり，「葉」の場合も「キリの葉」のように特定の形態を必要とする「葉」に穴があいているのなら，WSv/+ではなく，WS+とコードする。

② 「真中に人がいて，2羽の鳥が引っ張っている。人には頭がない。透けたスカートをはいている。スカートの色が薄いから透けて見えるのです。鳥は大きい」

　W+1　FMa.FVo　(2)　Hd,Cg,A　4.0　MOR,FABCOM,PHR

③ 「火事ですかね。ここ（Dd23など小さい点をいくつか指す）火の粉が飛んでいる」

　Ddv23　mau　Fi

Ⅱ図

① 「湖。水たまりのようですが湖に見える。黒い所が陸地で，白い所は湖。陸地は色の濃い薄いがあって凸凹になっている感じがします」（上の赤色部分を除いた領域）

　DSv/+6　VFu　Na　4.5

② 「黒い地中（D6）に埋まっていたダイヤ型の白い爆弾（DS5）が爆発して，赤い火が飛び散っている（D2とD3）」

　WS+1　ma.CF.C'F−　Ex,Sc,Ls　4.5

③ 「（D4を囲み）三角帽子（D4の上の三角形）をかぶり，黒眼鏡（帽子の下の濃い黒色部分）をかけた人の顔」

　D+4　FC'u　Hd,Cg,Sc　3.0　PHR

Ⅲ図

① 「こことここ（左右D5），魚が2匹泳いでいる。細長いのと尾びれ（Dd33）があって，ここが魚の顔（D5の上部）みたい」

Do5　FMao　(2)　A
②「黒人が2人（左右 D9）で太鼓（D7）を叩いている。お祭りかな。躍動感があって，赤いのが明るい南国を表している」（全体）
W+1　Ma.FC'.Co　(2)　H,Mu　P　5.5　COP,AB,GHR
③「キツネの顔をした女の人。ここが胸（Dd27）」
Do9　Fo　H　P　INCOM,GHR

Ⅳ図
①「怪獣が火を吹いている。頭，手，足，全体が怪獣。この真中が火です。もやーっと出ていて，吹いているようです」
W+1　FMa.YFo　(A),Fi　C　4.0
②「ケムシを解剖した所。ここ（D5）がもとのケムシ。ケムシみたいな長いかっこう。それを解剖したら，ぐちゃっとしたこんなかっこうになったのだと思う」
Wo1　F−　A,An　2.0　MOR
③「ワカメの下からエビが顔（D1）を出している」（全体）
W+1　FMpo　Bt,Ad　4.0

Ⅴ図
①「ここ（D6）を取ると，全体に富士山のような形」
Ddo99　Fo　Ls
②「ここ（D10）はワニの横顔のよう。頭に角（Dd26）が生えているワニの顔」
Do10　Fo　Ad　INCOM
③「チョウの衣装を着たバレリーナが踊っている」
W+1　Mao　H,Cg　2.5　GHR

Ⅵ図
①「腕組みをした人の彫刻（Dd25）」
Ddo25　Mpu　H,Art　GHR
②「暗闇の中のホタル。ここ（Dd32）に2つ，ぼんやり光っている。暗い中に（Dd32の周りをあいまいに囲む）ぼーっと白く光っている。周りが

黒いから暗闇の中に光っているホタルのよう」

Dd+32　FMp.C'F.YF-　(2)　A,Na　2.5

③「下（D1）の方に人が2人，背中合わせに死んでいる。顔（D4の下方），手（Dd24），足（Dd25）。両方にいるから2人。死んでから200年以上たった死人」

Do1　Fu　(2)　H　MOR,DR2,PHR

Ⅶ図

①（∨）「女の人の顔。黒い所が全部，女の人の髪の毛。ここ（左右D8を指す）が目ですね」

WSo1　F-　Hd　4.0　PHR

②「ウサギが2匹で踊っている」（全体）

W+1　Mao　(2)　A　2.5　COP,FABCOM,GHR

③「樹氷。これ（Dd22）が木で，あちこち薄く白くなっているので凍っているよう」

Ddv/+22　YF-　Na　1.0

Ⅷ図

①「背骨があって，これ（D3）は肋骨ですね。肋骨の間は，このように（空白領域を指す）空いています」

DSo3　Fu　An　4.0

②「シンデレラの馬車。カボチャの形で，明るいいろいろな色で幻想的だから」（全体）

Wo1　FCu　Id　4.5

③「冷たさと暖かさ。この2つ（D8）は冷たさを表し，この赤とオレンジ（Dd40）が暖かさを表している」

Wv1　C　Hx　AB,PHR

Ⅸ図

①（∨）「噴水。いろいろの色の違った噴水が出ている感じ。公園でライトを当てると噴水の色が違うでしょう」

Wv1　ma.CFu　Na

② (＜)「庭園です。赤いツツジ（D6の上半分），緑の森（D1），茶色っぽいのは，岩（D3）を置いてある。下も同じで，上の風景が水に映っている」

　　Wv/+1　rF.CFo　Ls　5.5

③「帽子をかぶった2人（左右D3）が，鉄砲（Dd26）で撃ち合いをしている」

　　D+3　Mao　(2)　H,Sc　4.5　AG,PHR

X図
①「クモ（D1）がヒツジ（D12）を振り回している」
　　D+1　Mao　A　4.0　FABCOM2,PHR
②「全体がクリスマスツリー。いろいろな色の飾りがついている。この上（D11）がツリーの先です。緑の飾りもあるし」
　　W+1　CFu　Bt,Art　5.5

しかし同じように「全体がパーティの時の電気の飾り。いろいろな色の飾りがある」という答は，クリスマスツリーのように統合されていないし，明細化もなされていないので，Wv1　CFu　Art とコードされる。

③「カニ（D1）とエビ（D7）とタツノオトシゴ（D4）がこちらとこちらにいる。そして岩（D9）が両方にあって，海の中と思う」
　　Wo1　Fo　(2)　A,Ls　5.5

X図は③のように，図版の性質から，部分の集まった全体反応と答えられることが多い。被検者が「人」「動物」「虫」「アミーバ（細菌）」などの「集まり」と答えた時は，個々の対象が一定の形を有するか，対象間に関連があるかにより，DQのコードが異なる。「たくさんの人がいっしょに踊っている」「動物が何かに集まってきている」のように相互の関係があれば＋もしくは v/＋ とコードされる。しかし，単に「昆虫がたくさんいる」「ウイルスの集まり」「海の中」などの場合は，「私に分かるように，もう少しくわしく説明してください」「集まりといわれたのはどういう意味ですか」などと尋ね，相互に関連がなければ o あるいは v とコードされる。

第4章

決定因子

　ロールシャッハ・テストにおいて，被検者がある対象を見た時，インクブロットのどのような刺激特徴（手がかり）によって，その対象を知覚したのかという理由，つまり何が被検者の知覚を規定したかを分類するのが決定因子のコードである。従来，ロールシャッハ・テストでは，被検者がインクブロットの「形」「色彩」「濃淡」の，どの刺激特徴に基づいて対象を見ているのか，またインクブロット自体に存在しない「運動」を対象に知覚しているのかという4つの側面からさまざまに分類されてきている。インクブロットの同じ領域に同じ対象が見られても，どのような刺激特徴を手がかりにしているのかは，被検者によって異なる。包括システムで用いられる決定因子のコードは表4－1の通りである。決定因子をコードするための情報は，反応段階での被検者の自発的な言語表現から得られることもあるが，質問段階での言語表現に基づくことが多い。したがって第1章で述べたように，質問段階に移る時の教示によって，質問段階で被検者が行う作業を十分に認識させることが大切である。また決定因子を正確にコード化するために，検査者は表4－1のコードがもつ意味をよく理解することが望ましい。このようにして被検者の言語表現によってコード化を行うが，後述するように運動反応と材質反応の場合には，動作によってもコード化を行ってよい。また，2つ以上の刺激特徴によって対象を知覚した場合は，2つ以上の決定因子がコード化され，これをブレンドと呼ぶ。

第1節　形態反応（Form : F）

　ロールシャッハ・テストは形態知覚のテストといわれるように，「愛情」「悲しみ」といった抽象的な感覚が色彩だけから生じるような場合を除き，ほとんどすべての反応にはインクブロットの形態（輪郭）の特徴が関与している。包括システムでF（形態反応）をコード化するのは，被検者がインクブロットの色彩や濃淡の特徴を無視し，運動を知覚していないなど，反応の形成に形態の特徴だけを用いている場合である。被検者が「この形から」「……のかっこう

表4-1　決定因子のコード

カテゴリー	コード	カテゴリー	コード
形態反応（Form）	F	濃淡立体反応（Shading-Dimension）	
運動反応（Movement）		純粋展望反応	V
人間運動反応	M	展望形態反応	VF
動物運動反応	FM	形態展望反応	FV
無生物運動反応	m	濃淡拡散反応（Shading-Diffuse）	
色彩反応（Chromatic Color）		純粋拡散反応	Y
色彩名反応	Cn	拡散形態反応	YF
純粋色彩反応	C	形態拡散反応	FY
色彩形態反応	CF	形態立体反応（Form Dimension）	
形態色彩反応	FC	形態立体反応	FD
無彩色反応（Achromatic Color）		反射反応（Reflection）	
純粋無彩色反応	C'	反射形態反応	rF
無彩色形態反応	C'F	形態反射反応	Fr
形態無彩色反応	FC'	ペア反応（Pair）	(2)
濃淡材質反応（Shading-Texture）			
純粋材質反応	T		
材質形態反応	TF		
形態材質反応	FT		

（形）をしている」とか，「顔。これが目で，鼻で，耳で，輪郭からキツネの顔」のように，形態の特徴を述べた場合にFをコードする。Fのコード化に困難を感じることはほとんどなく，Fのコードが問題になるのは，概念の形成にあたり色彩や濃淡など他の決定因子が関与していて，形態が一次的（基本的）か二次的（補助的）かという点であるが，これについては後述する。なお，ある反応に複数の決定因子が関与している場合，後述するようにFがブレンド反応としてコードされることはめったにない。

第2節　運動反応（Movement）

運動反応とは被検者がインクブロットに見た対象に，運動を知覚している場合である。運動反応は被検者が自発的に運動を言語化することが多いが，「このように」などの言語表現とともに身振り（ジェスチュア）をしたり，「指揮者」とだけ答えて片手で指揮棒を振る動作をするなど，運動についての言語表現なしに動作によって運動知覚を示す時も運動反応とコードしてよい。運動反応は人間が行えるすべての活動を含むM（人間運動反応），動物が本来行える活動を示すFM（動物運動反応），無生物の動きを示すm（無生物運動反応）

のいずれかをコードするとともに，その運動がa（積極的）かp（消極的）かのコードを運動反応に付加する。なお運動反応は，現在生じている運動に対するコードであり，過去に生じた運動やインクブロットの領域に知覚していない運動はコードしない。

1．人間運動反応（Human Movement：M）

人間運動反応（M）は，被検者が人間の運動を知覚した反応であり，次の3つに分類できる。

1）人間の活動

Mは「走っている」「競争している」「踊っている」など，活動に伴う変化が積極的に見られる運動から，「眠っている」「うつむいている」「休んでいる」「立っている」など，積極的な動きを伴わず消極的行動として見られる運動まで，人間のあらゆる運動を含んでいる。さらにⅣ図D4を「プールに飛び込もうとしている」など，まさに行動しようとする緊張を述べた時もMをコードする。なおⅢ図D2を「首をつろうとロープにぶら下がっている人」の答はMとコードされるが，「ぶら下がっている首つりの死体」は，生きた人間ではなく，自身で動いたり，他からの動きを感じたりもしないので，Mではなくmとコードする。ただし内容のコードはどちらもHである。

Mとコードするかどうかに迷う反応に，Ⅱ，Ⅲ，Ⅶ図によく生じる「人が2人向かいあっている」「向きあっている2人」「2人の人が並んでる」「2人が外向きになっている」などがある。これらは直接，運動が述べられた「2人の人が見合って（見つめ合って）いる」とは異なり，反応が位置関係かそれとも運動感覚を述べているかによってFとMのいずれかとなる。単に2人の対称的な位置関係から論理的に述べたのであればFをコードするが，緊張が含まれ運動感覚を知覚しているならMをコードする。したがって不明確な時は，「……といわれたのは，どうしてですか」「私にも分かるように説明してください」などの質問によって確かめねばならない。しかし実際にはこの質問への答によっても，なお区別しにくいことがある。われわれは，これらの表現が「人間2人」「人が2人いる」「こちらに人がいる。こちらにもいる」などの言語表現と異なることから，質問によって明らかに運動反応が否定されないかぎりMにp（消極的運動反応）をコードすることにしている。この原則は「イヌ2匹が向きあっている」「2匹のクマが見合っている」などのFMの場合にも適

用される。

　ロールシャッハ・テストに反応する被検者は，通常，一貫した反応様式を取る傾向がある。したがって，MとF，あるいはFCとCFなど，どちらの決定因子をコードするかの判断に迷う時，反応の一貫性の原則に従うのも1つの方法である。つまり反応記録の全体を検討し，被検者が通常反応する傾向に従って，決定しにくいコードを決めればよい。しかしこれはあくまで参考であり，この方法ですべての反応を機械的にコードすべきではない。

2）人間の経験（情緒）

　被検者の中には「愛情」「憎悪」「幸福」「憂うつ」「恐怖」「音」「匂い」など，抽象的な言葉で，知覚した対象自体が人間の感情や感覚などを有していると明白に述べることがある。運動反応は形態をもつ対象に運動を知覚した反応であるから，このような反応は形態を伴わない人間運動反応（Formless M）すなわち，Mnone（無形態人間運動反応）としてのMをコードすることが多い。ただし記録表にコードする時は，Mとa（積極的運動反応）かp（消極的運動反応）のいずれかを記入するが，後述する形態水準のコードはつけない。エクスナー（Exner, J., 2003）は，Ⅳ図「怒りのよう」にWv　Ma　Hx　AB, PHR，「悪のよう。真っ黒だから悪いものの象徴」にWv　Mp.C'　Hx　AB, PHRとコードしている。Mnoneは被検者が抽象的な表現として述べることが多く，内容はHx（人間的体験），特殊スコアとしてAB（抽象的内容）がコードされ，決定因子としてはMnone以外にC，C'，YなどがコードされることがＭ多い。

　なおHxの内容がコードされるMは，知覚対象が人間の感情や感覚を明白に示した場合であり，被検者自身が感じる感情や感覚の場合はHxとなるMではない。例えば「やわらかい感じ」「手触りを感じる」などは濃淡反応の説明であり，MやHxをコードしない。また「オオカミの顔。こわそうな感じ」「不気味な感じを受ける」「見ていたら楽しい」「色からにぎやかな感じがする」「遊園地の感じ」なども，被検者自身の感情や感覚を表すのでHxやMのコードを用いない。これらと異なりⅩ図Wを「苦労と楽しさ。この濃くなっている色が苦労というか気分の重さを示し，黄色は楽しさを表している」という反応は，インクブロットに人間の感情を明白に述べ，色彩や濃淡も知覚しているので，Wv　Mp.C.Y　Hx　AB, PHRがコードされる。

3）人間以外の対象の人間的な活動

　想像上の人間，擬人化された動物や無生物が，人間的な活動をしている場合

も，Mをコードする。例えば「ロボットが挨拶している」「宇宙人が手をあげている」「ダンスをしているエビ」「憂うつな気分になっている木」などである。

なお動物が通常できる活動をしている場合は，次に述べるFM（動物運動反応）を，無生物の通常の動きはm（無生物運動反応）をコードする。運動反応については対象の運動のみを取り上げてコードするが，動物の本来の活動なのか人間的な活動なのかが不明確な時は，被検者の言語表現の仕方や説明によって確かめねばならない。例えば「手をあわせているクマ」が「踊っている」のなら本来の活動ではないからMをコードし，単に「手をあわせている」のはクマの本来の活動であるからFMをコードする。ただし後述するように，「サーカスのクマ」の答は，クマが実際にサーカスでは踊るのでFMがコードされる。また「イヌ2匹がキッスしている」と答え，互いになめあっているイヌを述べているのならFMとコードするが，人間的な活動と見ているのならMがコードされる。さらに「人形が踊っている」「あやつり人形が糸で踊らされている」はいずれもMとコードし，前者にはaを，後者にはpをコードする。

2．動物運動反応（Animal Movement：FM）

被検者が動物を知覚し，「ライオンが眠っている」「走っているウマ」など，その動物が通常行う活動を述べた時はFM（動物運動反応）をコードする。また「コウモリが飛び立とうとしている」など，行動前の緊張を示す場合もFMをコードする。FMがコードされる動物は，現実の動物であっても，リュウや怪獣のように想像された動物でも，また動物の全体でも一部分だけでもかまわないが，運動はその動物の種類が行える活動でなければならない。したがってその動物が通常はできない運動にはFMをコードしない。なおⅢ図D2を「崖から落ちてくるライオン」と答えるのは，動物にあり得る緊張や活動を伴う運動であってFMをコードするし，「クマが森を歩いている」などはFMがコードされる。また「クマが帽子をかぶり，ハイヒールをはいて荷物をもっている」や「オートバイを運転しているクマ」は，クマに見られる運動ではなく，被検者個人の空想を反映しているからFMではなく，決定因子はM，内容はAとなり，特殊スコアとしてINCOM（不調和結合）やFABCOM（作話的結合）をコードする。しかし既述のように「サーカスです」と答えた場合は，訓練によって可能な人間的運動であり，現実的な動物の行動となり，FMとAをコ

ードする。同じように「挨拶している猿回しのサル」はMではなくFMをコードする。

　また物語などの想像上の動物が，その属性である人間的な活動をしている場合，われわれはMと(A)をコードしている。したがって「ドナルドダックが荷物を運んでいる」「ピーターラビットが服を着ている」「スヌーピーが話し合っている」「月でウサギが餅をついている」などはMと(A)がコードされる。ただし童話などで擬人化されたウサギではなく，通常のウサギが餅つきしていると知覚している場合は，MとAとFABCOMがコードされる。「空を飛ぶイヌ」も同様にMとAがコードされ，特殊スコアとしてはINCOMがつけられる。

　さらに擬人化されたり想像された動物が，人間にできなくても，その動物が通常行うとみなされている活動をする場合，FMと(A)をコードする。例えば「襲ってくる怪獣」「ゴジラが火をふいている」「ダンボが空をとんでいく」「空を飛ぶ天馬」などは，FMとコードされる。

　なお動物に帰属された感情も，その動物本来の活動や感情と明らかに矛盾しない場合はFMをコードし，それ以外の喜怒哀楽を表す動物の感情の叙述はMをコードする。例えば「歯をむいて怒っているオオカミの顔」「驚いて走っているイヌ」などはFMであるが，「はにかんでいるネコの顔」「悲しんでいるヒツジの顔」などは決定因子をMとコードし，内容はAd,Hx，特殊スコアとしてINCOM,PHRあるいはINCOM,MOR,PHRがコードされる。

3. 無生物運動反応（Inanimate Movement : m）

　「噴火している」「船が航行している」「海藻がゆらめいている」「血が流れている」「太陽から光線が出ている」「灯台から光が出ている」など，無生物，無機物，感覚をもたない対象の動きにはmをコードする。さらに「柱にかけて干してある長靴」「乾かすためにぴんと張ってある毛皮」のように，不自然な緊張状態を示す場合もmをコードするが，「客間に敷いてある毛皮」は緊張状態にないからmをコードしない。したがってⅥ図の「広がっている毛皮」「平べったいから毛皮」などは，不自然な緊張状態の知覚が言語化されないかぎり，mをコードしない。しかし「壁にかかっている天狗の面」は，mとコードされる可能性が大きい。なお花について，「咲きかけている花」は緊張状態を示していてmとなるが，「開いた花」「花が咲いている」は過去の運動を述べて

おり，緊張状態を示してはいないので，m をコードしない。

4．運動の種類（Active： a，Passive： p）

　包括システムでは，すべての運動反応に対し，その運動が積極的（active）か消極的（passive）かを考慮し，a と p で表して運動反応の肩文字としている。われわれは肩文字のかわりに，a もしくは p を運動反応の後に付加している。包括システムでは，「話している」という運動反応を消極的（p）運動の基準とし，これより消極的で弱い運動（活動）を消極的運動，これよりも積極的で強い運動（活動）を積極的（a）運動としている。これに従うと「見ている」「かがんでいる」「ため息をつく」などは消極的運動，「口論する」「にらむ」などは積極的運動と決定される。しかしエクスナーもいうように，積極的運動と消極的運動の基準は明確には確立されていない。彼は両群の基準表を作成しているが，その被検者数は合計 40 名と少なく，当然，文化の差異も考えられる。足利・稲垣・井渕（1992）は日本人によく出現する 154 の運動反応を選び，266 人の大学生に判定させたが，その結果を表 4 − 2 にあげる。

　この表でエクスナーの表にも含まれている単語のうちの大部分のものは運動の種類が一致したが，不一致のものがあり，例えばエクスナーが積極的運動とし，日本人の結果が消極的運動となったのは，「（ドアを）あけている」「乗っている」「平衡を保っている」であり，彼が消極的運動反応とし，日本人の結果が積極的運動反応となったのは，「びっくりした（顔）」「燃えている」であった。表 4 − 2 はアイウエオ順に運動反応の言葉をあげ，その横に英字の a と記してあるのは積極的運動，p と記してあるのは消極的運動である。英字の横にある数値は 266 人中，その種類を選んだ人数である。

　運動反応を a か p のいずれにコードするかは必ずしも容易ではなく，ビグリオン（Viglione, D., 2002）は，「a と p のコード化とは，ある運動反応に含まれる力と緊張の量を検査者が評価することだ」と述べている。彼は a と p を決定する場合，運動をする主体か：受動的な対象か，場所を移動する運動か：静的な運動か，目的や意図のある運動か：そうでない運動かなどを評価したり，被検者の言語表現で何を強調しているかを考えながら，エクスナーの基準表を参照にすべきだと述べている。

　ある運動反応が積極的か消極的かを判断するにあたっては，積極的もしくは消極的の意味を理解する必要がある。日本語で積極的というのは，対象に進ん

表4－2　主要な積極的運動反応と消極的運動反応

【ア】			乾杯している	a	180
あいさつしている	a	158	（楽器を）弾いている	a	234
あおむけになっている	p	227	（楽器を）吹いている	a	228
上がっている	a	202			
握手している	a	151	【キ】		
（足を）投げ出している	p	176	キスしている	a	209
遊んでいる	a	248	休息している	p	255
集まっている	p	134	競争している	a	258
争っている	a	260			
歩いている	a	158	【ク】		
			口をあけている	p	195
【イ】			苦しんでいる	p	148
言い合っている	a	245	（車に）ひかれている	p	219
生きている	a	212	くわえている	a	138
（イヌが）ちんちんしている	a	162			
			【ケ】		
【ウ】			蹴っている	a	258
動いている	a	247	けんかしている	a	255
うずくまっている	p	251			
歌っている	a	235	【コ】		
うつむいている	p	251	こいでいる	a	251
			（腰を）曲げている	p	228
【オ】			こねている	a	186
追いかけている	a	258			
拝んでいる	p	202	【サ】		
怒った（顔）	a	215	逆立ちしている	a	217
押さえている	p	134	叫んでいる	a	258
おじぎしている	p	179			
襲っている	a	259	【シ】		
落ちかかっている	p	217	従っている	p	233
落ちていく	p	235	縛られている	p	230
踊っている	a	254	出血している	p	176
泳いでいる	a	258	衝突している	a	225
			死んでいる	p	253
【カ】			じゃれている	a	192
回転している	a	224			
（顔を）映している	p	211	【ス】		
（顔を）つきあわしている	p	139	進んでいる	p	241
抱えている	p	145	座っている	p	250
かがんでいる	p	222			
（風で）はためいている	p	211	【セ】		
かぶっている	p	206	性交している	a	257

せっせっせをしている	a	183
背中合わせになっている	p	229
洗濯している	a	211
（前後上下を）向いている	p	180

【タ】

（太鼓を）たたいている	a	258
体操している	a	254
倒している	a	201
たかっている	a	203
漂っている	p	250
立ち上がっている	a	176
立っている	p	203
（タバコを）吸っている	p	143
食べている	a	225
たわむれている	a	158
抱き合っている	a	216

【チ】

（血が）散っている	p	158
（チョウ）が舞っている	a	161

【ツ】

捕まっている	p	222
突き刺している	a	233
突き出している	a	167
作っている	a	231
つぶしている	a	232

【テ】

（手・足を）上げている	a	190
＊たんに「手を上げている」はpとする		
（手を）合わせている	p	230
（手を）つないでいる	p	134

【ト】

飛び跳ねている	a	261
とまっている	p	259
とらえている	a	198
取り合っている	a	245
飛んでいる	a	243
（ドアを）開けている	p	145

【ナ】

泣いている（顔）	p	146
流れている	p	208

【ニ】

逃げている	a	182
にらんでいる	a	159

【ネ】

寝ている	p	247
ねらっている	a	194

【ノ】

のぞいている	p	157
乗っている	p	172
のばしている	a	156
のびしている	a	138
登っている	a	254
飲んでいる	a	173

【ハ】

這い出している	a	179
入っていく	a	199
（葉が）散っている	p	226
運んでいる	a	245
走っている	a	263
這っている	p	148
話している	p	156
（鼻を）こすり合わしている	p	145
（羽を）ひろげている	a	145
＊たんに「羽をひろげている」はpとする		
はばたいている	a	248
爆発している	a	252
発射している	a	242

【ヒ】

引き裂いている	a	251
（ひざに）のっている	p	224
ひざまずいている	p	236
引っかかっている	p	229
ひっくり返っている	p	186
引っ張っている	p	252
火にあたっている	p	195

拾い上げている	a	167		【ム】		
ひろげている	a	148	向かい合っている	p	172
（火を）囲んでいる	p	209		【メ】		
びっくりした（顔）	a	140	（目が）つり上がっている	a	138
【フ】				【モ】		
ふくらましている	a	229	燃えあがっている	a	236
振り上げている	a	250	燃えている	a	221
振り返っている	p	188	もたれている	p	235
噴火している	a	250	持ち上げている	a	232
ふんぞり返っている	p	143	持っている	p	189
ふんばっている	a	220	燃やしている	a	187
ぶら下がっている	p	186		【ヤ】		
ぶら下げている	p	209	やってくる	a	182
【ヘ】				【ユ】		
平衡を保っている	p	210	ゆれている	p	206
【ホ】				【ヨ】		
吠えている	a	248	よじ登っている	a	252
【マ】			よりかかっている	p	234
待っている	p	239	寄り添っている	p	203
祭りをしている	a	250		【ワ】		
【ミ】			笑っている	a	200
見つめ合っている	p	176	割れている	p	195
見ている	p	212				

で働きかけることであり，消極的とは進んでしないことであるが，次に辞書などから積極的・消極的に関連した言葉を対比的にあげるので，aとpのコード化の参考にされたい。

活動：静止（無為・休息）	陽気：陰気	肯定：否定
進取：保守，	能動：受動	活発：控えめ
精力的（元気）：無力（陰うつ）	支配：従属	強力：無力
変化：不変	強健：虚弱	破壊：維持

①上述のように運動反応をaとpに分類するにあたり表4－2が参考になるが，これを機械的に適用しないで，被検者の言語表現から，その意図を理解することが大切である。例えば表にもあるように「飛んでいる」はa

であり，「ワシが飛んでいる」はFMaがコードされる。しかし「チョウがヒラヒラ飛んでいる」や「凧が飛んでいる」はaよりもpであり，それぞれFMpとmpとコードすべきである。「羽を広げている」も「飛んでいる鳥が羽を広げている」や「今，飛びたとうとして羽を広げている」時はFMaとなるが，「（止まっている）鳥が羽をひろげている」のはFMpとコードすべきである。さらにまた単に「手をあげている」運動反応は，降伏の意味を有する時を含み原則としてpとコードされるが，「指揮をしている」や，攻撃のために「手をあげている」のはaとコードされる。

② 本来は積極的運動反応（a）である運動反応を，抽象画，絵画，漫画，写真，彫刻になった運動として，被検者が運動を制限する時は，同じ運動でも消極的運動反応（p）とコードする。例えば「原爆の爆発を描いた絵」「忍者が決闘している彫刻」などは，被検者が運動を制限した場合であり，それぞれmpとMpがコードされる。また「にらみ合っているウサギの影」のように積極的運動の影も，aではなくpとコードする。時に「襲いかかってくるコウモリの絵」というように，絵という言葉がインクブロットそのものを意味している場合がある。このように単に口癖として「……の絵」という時は，運動を制限していないので積極的運動反応（a）とコードされる。「……の絵」の意味があいまいな場合は，質問によって被検者の知覚を確かめるべきである。

③ 1つの運動反応にa－p両方をコードするのは，被検者が2つ以上の対象を答え，別々の対象に積極的運動と消極的運動を知覚している場合である。Ⅸ図D1を横に見て「女の子がうずくまっている（p）後から，巨人が追いかけている（a）」といったり，Ⅱ図全体を反対に見て「タツノオトシゴが2匹向かいあっていて（p），角の生えたコオロギが襲いかかろう（a）としている」と答えるように，消極的運動と積極的運動を含んでいる反応には，Ma-pやFMa-pと2つの文字をコードし，構造一覧表の作成においては，付加した運動の種類の文字はそれぞれ別個に計算する。

④ 同じ1つの対象が同時に積極的運動と消極的運動をしている時は，a-pとコードしないで，積極的運動反応（a）だけを用いる。例えば「イヌが後ずさりしながら（p），ほえている（a）」の答では，aだけをコードする。

第3節　色彩反応（Choromatic Color）

　包括システムでは有彩色の色彩反応を，形態と色彩との関係で色彩名反応（Cn），純粋色彩反応（C），色彩形態反応（CF），形態色彩反応（FC）のいずれかにコードする。まれに，V図を「黄色いチョウ」と答えるなど，無彩色図版に色彩を含んだ対象を答える被検者もいるが，この場合は色彩反応をコードしないで，特殊スコア（色彩投影：CP）を用いる。したがって無彩色図版に，色彩反応の決定因子がコードされることはない。

　色彩反応はインクブロットの色彩領域に出現するから，被検者が色彩領域に色彩を含む対象を見た場合，通常，その色彩の特徴が反応形成に影響していると考えられる。だからといって，これをただちに色彩反応とコードすることはできない。色彩反応とコードできるのは，原則として，被検者が色彩を使用していることを言語化した時である。したがって被検者の知覚の仕方が不明確な場合，「どうして……に見えるのか，私に分かるようにもう少し説明してください」と尋ねなければならない。例えばX図D1を「この青い所がカニに見えます」という時，被検者がいう「青い」が「青色のカニ」ではなくて，青色の領域がカニの形に似ているという場合がある。このように色彩を，ある概念を構成する決定因子としてではなく，領域を示すために用いることをロケーター（locator）と呼ぶが，質問によって明らかになる。またある対象が色彩を含む可能性が強いのに，被検者が色彩に言及しない時も，色彩を用いているかどうかについて，間接的な質問をしなければならない。

　さらにIII図D9を「黒人」，X図D4を「アオムシ」など，その概念自体が特定の色彩や無彩色を含む可能性の大きい反応がある。この場合も，機械的にFC'やFCとコードしないで，質問を行うべきである。またII図とIII図には「血」と「火」の答が生じやすく，色彩反応（CFかC）の可能性が大きい。注意深い質問によっても被検者が「血」や「火」の色彩に言及しなければ，色彩反応をコードできない。ただしわれわれは，被検者がII図にもIII図にも「血」あるいは「火」と答え，いずれかの反応で色彩に言及している時，反応の一貫性の原則から，色彩を言語化しない同じ反応もCFかCとコードしている。

1．色彩名反応（Color Naming ： Cn）

　被検者が感想ではなく答として，「赤色」「黒と赤」など，インクブロット全

体や，ある領域に色彩の名前を答えた場合，Cn をコードする。この出現頻度は少ないが，コード化は容易である。図版への最初の答として色彩の名前をいうのは，反応よりも感想のことが多いことも考慮すべき点である。また Cn とコードすべき反応かどうかを確かめるには，「黄色といわれたのは，他の答と同じように答としていわれたのですか，それとも感想としていわれたのですか」と尋ね，「答ではない」という時は Cn をコードしない。

2．純粋色彩反応（Pure Color：C）

C は，インクブロットの色彩の特徴だけに基づいた反応である。被検者が対象の形態の特徴を述べようとする意図がまったくなく，対象の色彩だけによって反応を形成している時に C とコードする。「夕焼け。この色が夕焼けの赤さ」「パレット。いろいろの色があるから」「血。赤いから血」「赤，緑，青，いろいろな絵の具」「青いから青の生地」などは C である。「壁に流れる血。赤いし」「赤い血が壁に飛び散っている」「細長い赤い綿菓子」など，対象の形態を少しでも考慮している反応が CF とコードされるのと異なり，C は形態をまったく考慮していない。

なお，Ⅲ図 D3 を「愛情」「対立」「楽しさ」など，感情を反応として答え，「赤いのがそれを表している」と説明して，形態にまったく考慮していない色彩反応は C とコードされる。この場合は既述の人間運動反応で述べたように，M もブレンドとしてコードされ，内容に Hx がコードされることが多い。またⅩ図全体を「虫の集まり。クモやカブトムシなどがたくさん集まっている。それにいろいろな色があって，それがにぎやかさを表しています」の決定因子としては，FM と C のブレンドを，特殊スコアに AB をコードする。

3．色彩形態反応（Color Form：CF）

被検者が反応を形成する際，インクブロットの色彩が強調され，形態の特徴を二次的に用いている時，CF が決定因子となる。例えば反応段階で「炎。赤くめらめらと燃え上がっているから」という反応は，炎の形態に言及しているので CF とコードする。またわが国の被検者に多い花の場合，「秋になり茶色になった枯葉。このような色の葉がよく落ちている」とか「花。赤い所が花びら，緑色のが葉」という反応のように，少しでも形態を配慮している反応は CF の可能性が高い。しかしⅩ図全体を「花。ここが茎，大きな花びらが 2 枚

あるし，この辺がおしべとめしべ。赤色や黄色からランの花のよう」と形態を配慮して答えた反応はFCとコードされる。

　発達水準の章で述べたように，「落書」「血」「人魂」「花火」「内臓」「アイスクリーム」あるいは「森」「草むら」など，対象の輪郭が明確でなく，発達水準が漠然反応（v，v/+）とコードされやすい対象については質問が必要である。そして形態への言及がなければCFないしCをコードする。繰り返し述べるが，被検者の知覚の仕方を知るのは，おもに言語表現からの推測によるので，被検者が自分の知覚の仕方を十分に表現できるように，検査者が必要な質問を間接的に行うことが大切である。そして形の知覚があいまいで，色彩の知覚が優位であればCFをコードする。

4．形態色彩反応（Form Color：FC）

　「赤いチョウ。羽があって赤いから」「ボタンの花。大きい花びらと茎があって，花の色が似ている」「赤ちゃんの足。形が似ているし，色も赤ちゃんと同じよう」などは，反応が特定の形態（一定の輪郭）をもつ対象であり，形態が支配的で，色彩が二次的であるから，FCが決定因子となる。定形の対象はFCの可能性が高いが，定形が必ずしもFCとはいえず，被検者の自発的表現を検討しなければならない。また被検者が対象を説明する時，最初に色彩と形態のどちらに言及したかにより，機械的にCFとFCを識別すべきではないし，「形と色彩のどちらから，そう見えましたか」のような直接的質問を行ってはならない。

　なおⅡ図全体を「鬼の顔。角が赤くて赤鬼」，Ⅱ図D2を「ニワトリの頭。この上の方の赤い所がとさか。こんなかっこうで赤い色している。他の部分はニワトリの頭」など，知覚した形態優位の対象の一部分の色彩をとくに決定因子として用いる場合も，FCをコードする。

5．ステップダウンの原理

　既述のように「赤いから血」「夕焼け。赤いから」「パレット。いろいろな色があるから」などの反応はCとコードされる。時にCを形態の優位な対象と位置的に直接結びつけて反応することがあり，この場合はスッテプダウンしてCではなくCFとコードする。ステップダウンとは，包括システムでは色彩反応がC，CF，FCという順序で，色彩の優位性が少なくなることを意味してい

る。例えばⅡ図で,「黒装束の忍者(W)が闘っている。装束についた血(D3)。赤いのは血だから」という反応は,FC'.Ma.Cとコードされるべきだが,血が形態優位の忍者という対象と直接触れているので,ステップダウンの原理によって,FC'.Ma.CFとコードされる。しかしⅢ図を「こちらとこちらの妖怪(D9)が喧嘩をしている。この赤い(左右D2とD3)のは,血のようです。赤いから血ですね」と答えた場合は,形態優位な対象(妖怪)と血は直接結びついていないので,Ma.Cとコードされる。

6. CFとFCの識別
1)色彩と形態の特徴の重要性の程度

　検査者が色彩反応をコード化する時に,迷いやすいコードはCFとFCである。被検者によっては,「花です。ユリの花の形そっくりです。それに色も黄色で似ています」など,形態と色彩のどちらが重要で支配的かを,自発的に述べることもある。しかしこのようなことはまれであり,色彩反応であることを確かめた検査者が,CFかFCかを判断することが多くなる。CFとFCの識別のための明確な客観的基準はなく,反応段階と質問段階での被検者の言語表現を参考にし,間接的な質問を慎重に行って全体的に判断し,色彩と形態のどちらに重点をおいているかを見なければならない。

　通常,被検者が反応段階で,「細長い赤い帽子」のように,色彩を伴う定形の(一定の輪郭をもつ)対象を答えたり,質問段階の初めに対象の輪郭や位置関係(顔の部分など)を説明した場合はFCとコードする。他方,「人魂」「草むら」のように,特定の輪郭を必要としない対象を答え,「赤いから」「緑色だし」と色彩の状態について述べたり,「形ははっきりしません(関係ありません)」と形を除く場合はCFがコードされる。とくに反応段階や質問段階の初めに,被検者が自発的に,「花」「ニンジン」など色彩を伴う対象を答えたり,「きれい」「美しい」「人目を引く」「夜店のよう」など色彩に注目していそうな言葉を使っている場合,これをキーワードとして「……といわれたのはどうしてですか」などの質問を行い,反応に色彩が含まれているか,FCかCFのいずれかを確かめねばならない。

　例えばⅢ図D3を「赤いチョウです」の反応で,被検者が色彩を初めに述べたからCFだとはいえず,「どういうように見られたのか,私にも分かるように,もう少しくわしく説明してください」と尋ね,FCでないかどうかを考慮

する必要がある。質問によって被検者が「赤いチョウです。羽が左右にあるでしょう」などチョウの輪郭を明細化して答えた場合は，FCとコードすべきである。これに対し「色が赤いから赤いチョウ。でも別にチョウというわけでなく，赤いトンボもいるし」と説明した場合は，FCではなくCFとコードする。なお反応段階で，「赤いチョウです。羽があって，真ん中に細い胴体が見えます」と答えた場合は，質問することなくFCとコードする。これは後述の無彩色反応でも同じであり，Ⅲ図左右D9を「黒人2人」と答え，質問段階で「黒いから。両方に黒い人が見えるでしょう。頭があって，これが手で，お尻がでていて，足がこれ」と説明するのは，最初に無彩色を答えても，C'FではなくFC'である。ただし臨床場面で十分に言語化のできない被検者の場合は，「赤いチョウ」「黒いコウモリ」など，一定の輪郭を伴う定形の対象を答えた場合，定形という点からFCやFC'とコードせざるを得ない時もある。

　ところで定形の対象は，①「リンゴ，トマト，卵の黄身，フリスビー，ボール」のように，比較的単純な形の対象と，②「人間，トラ，アサガオの花，ランプ」など，①よりも複雑な形の対象がある。比較的単純な定形の①を答える時，被検者はどうかすると「赤いから」「黄色いから」と色彩だけを答えがちであるが，ただちにCやCFとコードしないで，「あなたが見られたリンゴ（トマト）が，私にも見えるように説明してください」と尋ねる必要がある。例えばⅨ図D4の「リンゴ」の説明に，「丸くて上下がくぼんでいる」と明細化した時も，「赤いし，丸い（形が似ている）から」と説明した場合も，単に「果物」と答えるのではなく，定形の名称を答えているから，FCとコードする。またⅧ図D2の「赤い色からトマトを切ったよう」は「切ったトマト」という表現に形態の配慮が見られるので，CではなくCFとコードするが，トマトの形態に言及がないのでFCとはコードしない。この領域を「丸いトマトです。色も赤いし」といえば，FCとコードする。さらにⅩ図D2を「目玉焼き，白身はくずれて真ん中の黄身が丸い。黄身を焼くとこんな黄色になるから」というのも，丸いという形態について述べているのでFCがコードされる。

　このように被検者が色彩と形態のいずれを重視しているかを表すCFとFCを決定する時，被検者のキーワードを中心に，間接的な質問が必要となる。しかし被検者の言語表現力などから，どうしても決定しにくい場合は，次の方法によらざるを得ない。①反応の一貫性の原則に従い，色彩反応でCFとFCのどちらが多いかに従ってCFかFCを決定する。②その領域の同じ対象につい

て，多くの被検者が答える色彩反応のコード（FC か CF か）による。③定形の対象を FC，不定形の対象を CF とする。④解釈上，CF は FC に比べて一般に感情の統制の弱さを表すので，どうしても識別しにくい時は，CF のコード化を控えめに行い，FC とする。

　なお他の箇所でも述べたように，ある反応のコード化にどうしても疑問が残る場合は，それを記録しておき，解釈においては，そのコードが変われば解釈がどのように変わり，パーソナリティの理解がどう変わるかを検討すればよい。

2) 花の場合

　ここで，色彩反応としての出現頻度が高く，また FC と CF の識別に困難を感じることが多い「花」に関連して，FC と CF について考えたい。なお「花」については，第3章の「花」の DQ の箇所も参照されたい。

①色彩図版に答えられた「花」のほとんどは色彩反応であり，被検者が「花」と答えて，色彩に言及しない時は，「どうして花に見えたのか，私にも分かるように説明してください」と間接的な質問を行い，色彩を知覚したのかどうかを，まず確かめねばならない。また反応段階で「赤いのが花びら」「黄色い所がフリージアの花」などと答えた場合，色彩への言及が決定因子としての色彩か，対象の領域を表すために単に色彩の名前をいったロケーターなのかを確かめねばならない。とくに日本語の「所」という意味には場所と理由の意味があり注意すべきである。

　　例えばⅧ図 D2 を「花」と答え，「ここが花に見える。4枚の花びらですね」という被検者は，明らかに形態を知覚しているが，色彩に言及していないので質問が必要である。この被検者が質問に対し，「赤いから」と答えた時は FC をコードする。しかし質問によって色彩を用いていないことが明らかな時は，F をコードする。またⅡ図全体を「ランの花。中の白い所を花の薄い色の所として，ランの花のかっこうをしている」などは，色彩の特徴を用いていないので色彩反応ではない。決定因子は F か被検者の知覚によっては，後述する FY がコードされる。

②われわれは，被検者が「チューリップ」など特定の輪郭をもつ定形としての「花」を答え，色彩に言及している時は，既述のように原則として FC をコードしている。これに対し単に「花」といい「赤いから」とだけ答えた場合は，被検者の知覚を確かめるための質問を行わねばならない。そし

て被検者が「ツバキの花の形ですね」とか,「花びらと茎がある」と部分を明細化すればFCをコードする。また「かっこう（形）も」と答えた時は,「かっこう（形）といわれたことをもう少しくわしく説明してください」と質問を続けて, CFかFCかを決定すべきである。

　たびたび述べるように, ロールシャッハ・テストのコードは被検者の知覚の仕方に従って行われる。したがってIX図全体を定形の「アジサイの花」と答えても, 被検者が花の形にまったく言及しないで,「色が青からピンクに変わっている。アジサイの花は色合が変わっている」とだけ答えた時は, FCではなくCFとコードすべきである。

③色彩反応であってFCかCFかの決定に困難な「花」は, 特定の名前を述べず, 単に「花」と答える時である。この場合は,「あなたの見た花について, もう少しくわしく説明してください」「私にも分かる（見える）ように話してください」「どういう理由（点）で花に見えたのでしょうか」などの質問を行い, やむを得ない時には「わざわざ花と答えられたのは, この絵のどういう点（所, 特徴）からですか」と尋ね, FCとCFのどちらがより妥当かを決定しなければならない。これに対し被検者が「細長い花びらのキク」のように特定の形態を述べたり,「ここが花びらで, この下の所が萼」「これがおしべで, 花びら, 茎もあるし」のように花の部分（位置関係）を明細化した時は, FCをコードする。

　被検者の中には「花」の説明を求めると, 第3章でも述べたように,「赤い所が花で, 緑の所が葉」と答える者がいる。この場合は「花（葉）について, もう少しくわしく説明してください」と尋ね,「丸いつぼみ」「花びらが4つあるでしょう」「細長い葉」「三角形の葉みたい」など, 形態について言及したり, 定形の花の名前をいえばFCをコードし,「花は赤いし, 葉は緑でしょう」のようにしか答えなければCFをコードする。さらに「花。色と形がそっくり」としか答えない被検者も見られる。この場合の被検者はインクブロットの色彩と形態の特徴のどちらを強調しているかが明確ではなく, 質問なしにはFCとCFのどちらをコードするかが困難である。どうしてもFCかCFかを決定できない時は, 既述のようにCFが感情の統制の弱さを示すのでCFとコードする。

④なお被検者の記録を取り終わり, 時間をおいた後に記録を読み, 決定因子をコードしようとすると, FCとCFの識別に困難を感じたりするので,

質問段階でコードを決定するように，必要な質問は十分に行うことが必要である。ただし臨床場面での被検者に対しては，多すぎる質問がラポールを壊したり，反応段階での知覚を歪めることがあるので，これまで述べたような FC と CF を区別する原則に従ってコードせざるを得ない場合もある。

第4節　無彩色反応（Achromatic Color）

インクブロットの無彩色（黒色，灰色，白色）の特徴を用いた反応を無彩色反応という。無彩色反応も色彩反応と同じように，形態と無彩色のどちらが反応に支配的かによって，C'（純粋無彩色反応），C'F（無彩色形態反応），FC'（形態無彩色反応）に分けられる。「白い背景」「灰色の影」「白磁の壺」「クマ。色が黒いでしょう」「黒く大きいアゲハチョウ」などは無彩色反応の例である。

無彩色反応と識別するのに，時に困難を感じる決定因子として濃淡反応の中の拡散反応（Y）がある。無彩色反応は概念形成において，インクブロットの色を黒色・灰色・白色として明確に区別して用いる反応であるが，拡散反応では用いられる色があいまいで，「明るさ」「暗さ」「色合い」などの言葉が使われたりする。拡散反応の代表的な反応として「雲」「煙」「レントゲン写真」などが見られるが，被検者が無彩色として知覚していたり，まれに濃淡と無彩色を含むこともあるので機械的にコード化しないで，質問を行うべきである。被検者が反応の説明として「黒いから夕立の雲」「煙は黒いから，煙です」「レントゲン写真。色はこのように黒いです」としか答えなければ，無彩色反応がコードされる。また「ふくらんだ雲のようです」「もやもやとした煙」「色の違いがレントゲン写真」などは，濃淡反応の可能性が高い反応である。いずれにせよ「雲」「煙」「レントゲン写真」は，濃淡反応の可能性が強いので，キーワードを利用し，「厚い雲についてもう少しくわしく説明してください」「煙がもやもやというのは，どうしてそのように見えたのですか」など，注意深い質問が望ましい。

また「暗やみの中」「暗くなっている」という表現も濃淡を用いている可能性が大きく，無彩色反応かどうかに注意しなければならない。多くの場合，濃淡反応は無彩色反応を伴わないが，「黒い色がまだらになっています」「白い雪が積もって道が遠くに続いているよう」などのように，無彩色反応と濃淡反応がブレンドの決定因子として生じることもある。

第 5 節　濃淡反応（Shading）

インクブロットには，形態と色彩以外に濃淡の特徴が存在する。被検者が濃淡を知覚し，これを用いた反応を濃淡反応という。濃淡反応はインクブロットの濃淡により，①触感や表面の見え方を表す材質（texture）反応，②距離感を表す展望（vista）反応，③材質反応にも展望反応にも属さない濃淡反応である拡散（diffuse）反応に分けられる。濃淡反応はどの図版にも見られるが，出現頻度が高いのは，濃淡（色むら）の目立つⅣ，Ⅵ，Ⅶ図である。また色彩図版の色彩の濃淡（色むら）が知覚されることもある。

1. 材質反応（Texture：T，TF，FT）

材質反応は，インクブロットの濃淡に影響された反応であり，対象に触感（手ざわり）の印象を知覚した反応である。材質反応も色彩反応と同じように，形態との関係によって T，TF，FT のコードに分けられる。検査者は適切な質問によって，形態が一次的か二次的かについての根拠を得なければならない。

被検者が触感を知覚している可能性の高い言葉として，「固い，やわらかい，ふあっとした，冷たい，暖かい，なめらか，つるつるした，ざらざらした，ねばねばの，ぬれた，油っぽい，べとべとの，毛がはえているような，毛むくじゃらの，もじゃもじゃした，けば立った」などがある。被検者がこのような言語表現をした時は，これをキーワードとして質問を行い，それがインクブロットの濃淡に影響されているかどうかを確かめねばならない。質問に対し，①被検者が「濃淡から」「濃い薄いの模様から」「まだらになっている」「にじんでいる」など濃淡に言及すれば，材質反応をコードする。また，②被検者によっては，触感の印象を述べるのに，濃淡という言葉でなく色という言葉を用い，「この色がそういう感じです」「色の違いから」「色むらがある」「色づかいから」といった言語表現をすることがある。なお，③被検者が自発的に，あるいは質問によって，インクブロットの濃淡部分を指さしたり，触れたり，なぞったり，叩いたりする行動で，触感の印象を表す時も材質反応とコードしてよい。

被検者が「でこぼこの」「しわのよった」などと表現した時は，インクブロットの濃淡に基づく材質反応とともに，次の展望反応の可能性もある。展望反応は立体感があり，三次元としての奥行（距離）が知覚され，材質反応は物体の表面の見え方や触感の知覚なので，両者を区別できる。例えば被検者が同じ

ように「でこぼこになっているから」と説明しても，Ⅵ図のDd41の「サンドペーパー」は材質反応，Ⅶ図D2の「彫刻」は展望反応の可能性が大きい。なおクロッパー（Klopfer, B.）によると「透き通った印象」はFc（材質反応）であるが，包括システムでは距離感という点からFV（展望反応）とコードする。

T（純粋材質反応）はあまり見られない反応であり，Cと同じように被検者がまったく形態を用いないで，インクブロットの濃淡から触感だけを知覚する反応である。例えば「ぬるぬるした感じ」「スポンジのよう。スポンジではなく，やわらかいという点が」「ビロードの生地の感じ」「毛深い手触り」「大理石の冷たさ」「色むらのある所が，氷のように冷たい感じ」などである。

TF（材質形態反応）はインクブロットの濃淡の特徴を触感としてとらえ，形態を二次的に使った反応である。TFは不定形の対象のことが多く，「トーストした食パン。このようにつぶつぶした手触りがある」「油で汚れたぼろ切れ。色合からべっとりした感じ」「ぬるっとした海藻」などである。

FT（形態材質反応）は形態が主要な役割を占め，材質が二次的に用いられている反応である。例えば「じゅうたん。頭と4つの足がある毛皮のじゅうたん」「毛深いプードル」「手触りがフニャーとしたイモムシ」などの反応である。

またⅣ図やⅥ図の「毛皮」「じゅうたん」「敷物」の反応は材質反応の可能性が高いが，機械的に材質反応をコードすべきではない。被検者がインクブロットの濃淡を知覚し，それによって触感の印象を述べた場合が材質反応であるから，「毛皮。黒いからクマの毛皮」と答えるのは材質反応ではなく無彩色反応となる。また「毛むくじゃらの毛皮」という被検者が指でインクブロットの内部の濃淡をなぜる場合は材質反応の可能性が高いが，「周囲がぎざぎざしているから毛皮」といってインクブロットの輪郭をたどる時はFの可能性が強い。さらに「平たくなっているから」「手足が広がっているから」など，形や輪郭だけから毛皮を知覚した時もFのみがコードされる。

TFとFTの識別に関しては，CFとFCの識別について述べたことを参照されたい。例えば「毛皮」と答えた被検者が，「この濃い薄い所から，ファーッとした毛の感じ。手足もあるし」と説明した場合，最初に材質を述べたからTFとコードするのではなく，被検者は形態について手足という明細化をしているので，FTとコードされる。さらに定形の「クマの敷物」などの場合は，

花の場合のFCと同様にFTの可能性が高いことを念頭において質問を行えばよい。被検者の知覚の仕方を正確に捉えてコード化するためには，間接的に適切な質問を行うことが欠かせない。

2．展望反応（Vista：V, VF, FV）

　インクブロットの濃淡の特徴によって被検者が，立体（三次元）の知覚をしたり，距離（奥行）を知覚したりする反応を，展望反応という。被検者がインクブロットの濃淡に基づかないで，インクブロットの領域の大きさの違いなどの形だけに基づいて，奥行（距離）感を知覚した場合は後述のFD（形態立体反応）をコードする。なお既述のようにインクブロットの濃淡によって透明感を知覚した反応は，2つの対象の間の距離感を知覚しているので展望反応をコードする。
　被検者が立体や距離（奥行）を知覚している可能性の高い言葉として，「もり上がっている，へこんでいる，遠くに，近くに，高い，低い，深い，浅い，上から，下から，こちらから，向こうから，丸みがある，角ばっている」などがあり，「彫刻，風景，渓谷，しわ」などもそうである。
　V（純粋展望反応）の出現はまれであり，被検者が形態をまったく無視して，インクブロットの濃淡の特徴によって奥行や立体感を述べた反応である。例えばⅥ図中央辺りを「部屋の隅。黒い所が暗くなっていて，90度ぐらいになっているから」とか，Ⅵ図Wを見て「ここは海の深い所。薄い所は浅くて，濃くなった所が深い所」などの反応がある。
　VF（展望形態反応）の例としては，Ⅳ図D2を「折れまがった枯葉。色が薄くなった所がまがって上の方にきている」，Ⅶ図Wを「立体地図。山脈が濃くなっていて，海岸は薄い色で，こういう立体地図があるでしょう」，Ⅶ図D8を「遠くに見える町並。遠くぼんやりしている」，Ⅷ図Wを「野菜のてんぷら。色の具合から，凹凸があって立体的だから」などがあり，不定形の対象のことが多い。
　FV（形態展望反応）は，例えばⅣ図W（∨）「森と中世の城。中世の塔のある城で，この色むらの濃くなった所が近くの茂みで，葉が重なりあっている」，Ⅶ図Dd22「凹凸のある胸像。色が濃くなったり薄くなったりしている」，Ⅸ図DS8「色の入った，楕円形のガラスの花瓶。真ん中が薄く透明感を与え，ガラスを通して向こうが見える感じ」などである。FVは濃淡を用いながらも

形態を重視し明細化した反応であり，定形の対象であることが多い。Ⅴ図 Dd30 に「ベールをかぶった人。この色が薄いから，横向きの顔がベールを通して透けて見える」なども FV である。またⅣ図全体の「茂った木」に関しては，「色の濃い薄いがこんもりした感じ」とか「葉が重なっている」と距離感を述べ FV とコードされる場合が多いが，単に「幹と茂み」「木のかっこう」という場合は F の可能性が大きい，

　なお距離（奥行）を知覚した風景について，Ⅳ図 W（＜）を「上の風景が水に映っている。濃くなった所が近くて，薄い所は遠くの風景」と答え，濃淡による距離を知覚した時は VF.rF がコードされる。しかしⅣ図を正位置に見て，「巨人が足をこっちに投げ出して寝ころんでいる。足はこっちにあるから大きく見えて，頭は遠くにあるから小さい。遠近法で描いたようです」など，距離（奥行）を濃淡からではなく，形の特徴から知覚している場合は，後述する FD をコードする。

3. 拡散反応（Diffuse Shading : Y, YF, FY）

　インクブロットの濃淡の特徴を用いた反応であって，対象の触感や材質を表す T ではなく，三次元の距離感（展望）を表す V でもない反応は，拡散反応として Y のコードを用いる。

　Y（純粋拡散反応）は，「もや」「曇った空」「暗やみ」「オーロラ」など，形態をまったく無視した反応であり，明暗や色合いの違いを漠然と述べた反応である。例えば「暗い所」は Y であって，「黒い空間」「黒い場所」は Y に C' がブレンドとなる場合が多いが，黒と断言しないで「黒っぽい所」「暗いふんい気」という時は，Y を知覚していることが多い。

　YF（拡散形態反応）は濃淡を一次的，形態を二次的に用いた反応である。「雲」「煙」の反応の多くは，漠然と形態を知覚しているので YF とコードする。「黒のまだら模様」「エックス線写真のネガ」「土にまみれた土器の破片」などで濃淡を知覚している場合も YF である。無彩色や色彩の対比を述べている反応も拡散反応であることが多く，Ⅷ図 D2 を「CT スキャンで見た脳。色合いが違うでしょう」と答えるのは YF の可能性が大きい。

　FY（形態拡散反応）は反応の形成にあたり，形態を重視して明細化して答えたり，定形の対象を述べたりして，明暗の特徴を知覚している反応である。例えばⅡ図 D6「肋骨らしいのが見える胸のエックス線写真」，Ⅳ図 D6「泥ま

みれの長靴」，Ⅵ図D2「光沢のある柱。色が濃い所と薄い所があって光っているよう」，Ⅶ図D4を「ピカピカに光った靴。色が薄い所が光って見える」などはFYである。またⅠ図Wを「濃淡模様の羽が目立つチョウ」やⅣ図D5を「ロケットから出る円錐形の雲」などで，濃淡を用いている場合はFYとコードされる。

　なおⅣ図D1下方左右の黒い点の領域や，Ⅶ図D3内部の色が薄くなった領域を，「目」と答える被検者がかなり見られる。「目」の反応が周りの領域との関係で「色が濃くなっている（暗くなっている）」，「他の所より薄い色になっている（明るい）」ので「目」と答えた場合は，明暗の濃淡を用いたFYの可能性が高い。しかし「この黒い所が目」「丸い目」「白い所が目」「目のかっこう」などと答えた場合は，濃淡をロケーターとして用いたFの可能性が高い。さらに「黒い目」「白目」という反応はFC'であり，「飛び出た目」「くぼんだ目」と，濃淡によって奥行きを知覚した場合はFVの可能性が高い。またⅣ図やⅥ図の中央垂直の領域を「脊髄」「背骨」と答える場合も，濃淡によって明暗の対比を意味づけたのか，黒色（暗い色）の部分をロケーターとして用いたのかに注意しなければならず，このような反応には被検者への質問が必要である。またⅥ図Wを「楽器。この（D5）黒くなった所が弦」という多くの反応は，黒色を弦の領域を示すロケーターとして用いているので濃淡反応をコードしない。反応の説明にあたり，明暗の特徴を不明確・間接的・あいまいに表現する時は濃淡反応（Y）であり，明暗としてではなく，明確・直接的に「黒色」「灰色」「白色」と表現する時は無彩色反応（C'）のことが多い。いずれにしても決定因子のコード化にあたっては適切な質問を欠かせない。

第6節　形態立体反応（Form Dimension : FD）

　FDは立体感を知覚したり，三次元（立体）の奥行（距離）を知覚しているが，展望反応（V，VF，FV）と異なり，濃淡の特徴に基づかない反応である。インクブロット領域の輪郭の大きさや形の大小など，インクブロットの形のみに基づいて奥行（距離）を知覚した反応がFDである。よく出現するFDとして，Ⅳ図WやD7の「巨人。足が大きくて顔が小さく，下から見上げたよう」があり，時には「遠近法で遠方を小さく描くでしょう」と明瞭に答える被検者もいる。しかしこれを「大男が寝ころんでいる。色の具合から，頭の方がかすんだようになり，足の方が濃く描いてあるからそう感じる」と答えるのは，濃

淡に基づいているので FD ではなく FV とコードする。

　さらに包括システムでは，Ⅳ図 W を「人が股のぞきをしている。両足の向こうから頭（D1）がのぞいている」のように，形の大小に基づく奥行知覚ではなく，ある対象が他の対象の前や後ろにあると述べ，対象間の距離を知覚している時も FD をコードする。例えばⅠ図 W の「葉（W）の下に隠れているカブトムシ（D4）」，Ⅱ図中央部の「広場（DS5）があって，広場の向こうの方に城（D4）がある」，Ⅴ図 W の「両端にシカの脚が跳ねている。体の前の方は茂みの中に入っている」，Ⅸ図 W を「ここに滝が流れている（D5）。滝のこちらに茶色や緑の木の森が見える風景」。Ⅹ図 W の「大きく赤い所（D9）が2人の人間で，ほかの者が2人の向こう側にいて皆で踊っている」などである。これらの反応では，被検者が手によって対象が前後にあることを示すこともよく見られる。

　したがってⅠ図 W の「昆虫採集で標本にしたチョウ。平べったいから上から見たよう」，Ⅵ図 W の「じゅうたん。床に敷いてあると広がっているから，上から見たよう」，Ⅶ図 WS の「飛行機から見た陸と海の風景」などは，インクブロットの領域相互間の距離を知覚していないので，われわれはこれを FD とコードしない。なおⅤ図 W を「古代のコウモリ。博物館に飾ってあるのを入り口から見た所だから小さく見えます」，Ⅶ図 W を「飛行機から見た陸地。小さく見えるからです。本当は小さくないのですが，飛行機から見るとこのように小さく見えます」など，論理的に答える反応がある。これらもインクブロットの領域間の関係で距離（奥行）を知覚していないので FD とはコードしていない。

第7節　反射反応（Reflection : Fr, rF）

　ロールシャッハ・テストのインクブロットは左右対称になっているが，Ⅲ図 D9 の左右を見て，「女の人が鏡に映った自分を見ている」と答えるように，インクブロットの対称性を意識して，片方の対象が他方に同じ形で映っていると述べることがある。これを反射反応といい，rF もしくは Fr とコードされる。反射反応はインクブロットの形態の対称性を意識しているので，r のみのコードは用いない。反射反応は，インクブロットの対称にある同じ領域に，同じ対象が映っていなければならない。したがってⅡ図で「赤い夕焼け（左右 D2）がここ（D3）に赤く映っている」と対称的でない領域に答えるのは反射反応

に該当しない。さらにX図左右のD1を単に「クモがここにもここにもいる」と答えるなどは反射反応ではない。単に「こっちとこっちに同じものがある」「2つ」などと答え，反射していることを言語化しない反応は，次のペア反応となる。なお反射反応の発達水準は，＋かv/＋とコードされ，ペア反応のコードはつけない。

rF（反射形態反応）は特定の形態を必要としない，不定形か漠然とした対象が反射している反応であり，雲，煙，岩，影などの内容が多い。例えば「煙か雲が海に映っている」「右と左が同じだから，何かの影が反射しているよう」などである。例えばⅣ図W（＜）の「景色が水に映っている」もrFの可能性が高いが，質問によって「草むらからクマが顔をだしているのが映っている」などと，特定の形態を必要とする対象が説明された時はFrがコードされる。

Fr（形態反射反応）は反応段階や質問段階で特定の形態を明細化した反応である。例えばⅡ図の「女の子が鏡の自分を見つめている」，Ⅵ図（＜）の「砲撃している軍艦と水柱が海に映っている」，Ⅷ図（＜）の「岩の上を歩いているライオンの姿が湖に映っている」などである。

第8節　ペア反応（Pair：2）

インクブロットの対称性に基づき，同じ対象が2つあることを述べた場合をペア反応といい，(2)のコードを決定因子とする。ペア反応は他の決定因子とともに用いられ，(2)だけが独立して用いられることはない。したがって記録用紙に記録する時は，他の決定因子と少し間隔をあけて，2と記入する。なお上述のように対象が反射（反映）していると述べた反応は(2)ではなく，rFかFrのみを用いる。

ペア反応も，インクブロットの対称にある同じ領域を意味づけるが，反射していると意味づけない反応である。例えば「ここが……です。こちらにもある」「左右に同じのが2つ」「こことここに……がいる」など，被検者が同じ対象を2つ見ていることを表す答で，コード化に困難を感じることはない。ただし，Ⅲ図で「茶会で2人の人がいる」と答えた被検者が，質問段階の説明で「こちらが男で，こちらは女です」と答えたり，Ⅴ図Dd30を「外側を向いている顔が2つ。右側の顔は左よりも少し肥っていますね」など，何らかの点で対称性のないことを述べる時は(2)をコードしない。

また一対になっている身体部位や内臓には(2)をコードしない。例えばⅡ図

D4を「2つの手を合わせている（同一人物）」Ⅲ図D3を「左右の腎臓」，Ⅳ図Wを「人間。足がこっちとこっちにある」，Ⅹ図Dd21を「肺。左と右が同じだから」など，一対である対象を左右に分けて見た場合は，(2)をコードしない。

衣料品などの中には，通常，一対として用いられている物があるが，常に一体として存在してはいないので2つと答えた場合は(2)をコードする。例えばⅠ図D1を「手袋。こっちとこっち」，Ⅱ図左右D2を「こことここにスリッパ」，Ⅲ図左右Dd33の「靴が2つ」，Ⅳ図D6を「靴。こっちも靴」，Ⅹ図D7を「そろいのイヤリング」など答えた時は(2)をコードする。しかしこれらが明確に同一人物に付属している物として答えた場合は(2)をコードしない。したがってⅣ図Wを「大きな人。両方に大きな足がある」を(2)としないように，「人が立っている。左右の足に長靴をはいている」と答えた時も，長靴を(2)とコードしない。

しかしⅣ図Wを「竿に干した長靴1足」という時は(2)をコードする。同じようにⅦ図で左右のD1を「女の子が2人」，Ⅶ図D3を「魚が2匹」，Ⅸ図D4を「リンゴ。こちらにもある」と答えるのは(2)となる。なおⅦ図Wを「魚が6匹泳いでいる」とか「人の顔が6つある」と答えたり，Ⅸ図D6を「モモが4つ」など答えた場合，われわれがペア反応をコードするのは，被検者が左右の領域の対称性に気づいていることが明らかな時である。例えば被検者が左右の対称の領域を「こちらに3匹，こちらにも3匹」「これとこれが」と説明したり，「1，2，3……」と数える時に対称になっている領域を意識して数える場合は(2)であるが，「1，2，3……」と数える時に領域の対称性を無視して数える場合は，(2)をコードしていない。

第9節　事　例

Ⅰ図

① 「ランの花。全体の感じがランの花のよう。これに色をつけたらそっくりです。外にいくほど薄い色になっているでしょう」
　Wo1　FYo　Bt　1.0

② 「全体がこうしている（両手を挙げて動かす）鳥のよう」
　Wo1　FMao　A　1.0

③ 「ここ（Dd40）がコウモリに見える。黒い体で羽がある」

Ddo 40　FC'o　A

Ⅱ図
① 「ピエロが2人で曲芸している。ここ（D2）は帽子と顔。ピエロは赤い水玉模様の服を着ているし，服に赤色が入っている」
W+1　Ma.FCo　(2)　H,Cg　P　4.5　COP,GHR
② 「白いカモメが飛んでいる。ここがくちばし（D4 中央下方の薄い色の領域）で，ここ（DS5）が羽と胴体。羽をひろげて飛んでいる」
DdSo 99　FMa.FC'u　A
③ 「宇宙船（DS5）が赤い火を噴射して飛んでいく。周り（D6）は黒いから，黒い宇宙の中を飛んでいくのですね。この赤いの（左右 D2）は，宇宙の外にある赤い別の太陽ですか。これに向かって宇宙船が飛んでいます」
WS+1　CF.ma.C'Fo　Sc,Fi,Na　4.5

Ⅲ図
① 「構えている（被検者自身がその身振りをする）カエルの上半身（Dd40）。顔（D7）があって，両方（左右 D5）に手がある」
Ddo40　FMao　Ad
② 「ここ（D3）傷口で，出血して，赤い血が飛び散っている」
Dv3　CF.mao　Bl　MOR
③ 「事故現場。赤インクが血に見え，黒い所がアスファルト。黒いから」
Wv1　C.C'　Bl,Id　MOR

Ⅳ図
① 「滝のある風景です。真ん中の色の変わった所（D5）が，上から下までが滝です。周りが森ですね。色合いから木がたくさん茂っているようです。滝の所は岩になっているようです。ここも色合いが違っているし……。滝のある風景です」
Wv/+1　VFu　Na　4.0
被検者が質問段階で「滝はしぶきをあげて流れている」と言語化すれば，決定因子は VF に ma がブレンドされる。

②「これ（D4）バレエのダンサーが死んでいる。仰向けにぶらがっている。これが足（D4の突出部分），手が足の所になって，顔（Dd21）は上の方になっている。後向けにそってだらんと死んでいる」

Ddo99　mpu　H　MOR,PHR

なおもし，被検者がこれを死体としてではなく，「死のうとしてぶら下がっている人」と答えた場合は，運動反応はMとなる。

③「毛皮を着た巨人が，切り株の上に座っている。黒の濃淡からクマの毛皮を着た巨人と思った。ここ（D1）は形が切り株のようになっている」

W+1　Mp.FTo　(H),Ad,Bt　P　4.0　GHR

Ⅴ図

①「アゲハチョウがすーっと飛んでいる。アゲハチョウは黒くて大きいでしょう。羽の形が飛んでいるよう」

Wo1　FMp.FC'o　A　P　1.0

②「チョウになっていくサナギです。全体がサナギで，真ん中にチョウの頭や足がでてきたようです」

W+1　FMpo　Id,Ad　2.5

③「人が腕組みをして，足を出して，眠っているよう。ここが顔（Dd30辺り）で，その下の出ている所が腕を組んでいる。足はここ（D1）。こちらにもいますね。2人です」

Do4　Mpo　(2)　H　GHR

Ⅵ図

①「串カツ。ここ（D6）が串で衣をつけたカツ（残り全部）。色づかいが，ザラッとした衣の感じ。それにここら（左右Dd24辺り）衣が垂れている」

W+1　TF.mpu　Fd,Id　2.5

②「ネコの死体。自動車にひかれたのでしょうか。私の近くの道路で見たことがあります。頭（D3）で，足もあってネコの形です。でも全体の形がいびつになっていて，自動車にひかれたに違いありません。ネコのかっこうですけど，おかしくなった形です」

Wo1　Fo　A　2.5　MOR,PER

「自動車にひかれた」は既述のように，過去に生じた運動であって運動反応とはならない。

③「上から見た風景のよう（W）。真ん中の黒い所（D5）がまっすぐにのびた道路で，道路の横の明るい色の所が，石や岩のある草のない場所で，その横の色が濃くなった所が岡か山の茂みのよう」
　　Wo1　VFo　Ls　2.5

Ⅶ図
①「動物クッキーが6つ。ウサギ（D1），魚（D3），動物（Dd23）。こちらにも。影の薄い所はクッキーがへこんでいるよう」
　　Wo1　FVo　(2)　Fd,A　2.5
②「女の子が2人踊っている。下から上に風が吹いてきて，ポニーテール（D5）がピャーッとあがっている」
　　W+1　Ma.mao　(2)　H　P　2.5　COP,GHR

なお「女の子が2人，ポニーテールをゆらせながら踊っている。踊っているからポニーテールもゆれているのです」は，ポニーテールの動きは女の子の運動から起こっているのでmはコード化しない。また「ポニーテールが上にある女の子の顔」は位置を示し，運動ではないからFとのみコードする。

③（∨）「白い大理石で造ったインドのパゴダ（DS7）。ここが屋根（DS10）」
　　DSo7　FC'u　Ay

Ⅷ図
①「冬山（D4）ですね。色合いの濃い所や薄い所があって，雪がつもった富士山のよう」
　　Do4　FYo　Ls
②「全体で，なんとなく気味の悪いどくろ。これ（D5）が目のあたり。恨みがあって私をにらみつけているよう」
　　Wo1　Ma−　An,Hx　4.5　AG,INCOM,PHR
③（∨）「連獅子の歌舞伎役者。両手（左右Dd26）をあげ，ここが赤い袴（Dd33）をはいた足。ここら（Dd23）が長い獅子の髪。獅子が親子で踊るのがあるでしょう」

D+2　Ma.FCu　H,Ay,Cg　3.0　GHR

Ⅸ図

①「これ（DS8）はウマの顔。鼻の穴も見える」
　　DSo8　Fo　Ad

②「全体がランプ。橙色や緑色で飾ったこった形のランプ。下の赤い所が油を入れるタンクで，真ん中の透明の所がガラスの部分。ランプの芯に火がついていて，青白い炎が出ている」
　　W+1　CF.mpo　Art,Fi　5.5

③「サーカスの曲芸。道化師（D3）2人が帽子をかぶり，笛（Dd26）を吹き，走っているクマ（D1）の上にのって，水芸をしている。水（D5）が出ている」
　　D+2　Ma.FMa.mau　(2)　H,Cg,Mu,A,Na　2.5　COP,FABCOM,GHR

Ⅹ図

①「これとこれ（左右のD7）は互いに空中ブランコをしている人」
　　D+7　Mau　(2)　H　4.5　COP,GHR

同じD7の領域を「風にとばされている人」と答えた場合は，決定因子がMpuとなる。

②「黒い冠をつけた人の顔。ここ（左右D9）が髪の毛。青いサングラスかけた目（D6）。口ひげ（D10）をはやしている」
　　Dd+22　FC'.FCo　Hd,Cg,Sc　4.0　PHR

③「黄色いスイートピー（D15）のつぼみが開きかけている」
　　Do15　FC.mpo　Bt

既述のように「花が咲いている」という反応には運動反応が含まれていないことが多いが，質問によって被検者の知覚を確かめることが望ましい。類似の反応としてⅩ図Wを「花がいっぱい咲いているイギリス式の庭園」などは状態を表し，mを含まないことが多い。

第5章
ブレンド・組織化活動・形態水準

第1節　ブレンド反応（Blend Response ：.）

　ロールシャッハ・テストの反応には，複数の決定因子が含まれ，1つの決定因子だけではコード化ができないことがあり，いくつかのコードを併記することをブレンドと呼ぶ。例えばⅡ図全体を「赤い帽子をかぶって，黒い服を着た2人の人が，手をあわせて踊っている」という反応は，決定因子に色彩反応と無彩色反応と運動反応が含まれ，1つの決定因子のコードだけでは，反応を表すのに不十分である。この場合の決定因子は出現した順序によって，FC.FC'.Ma のブレンドとなる。もし被検者が「2人の人が踊っている」とまず答え，「2人は赤い帽子をかぶって，黒い服を着ている」と推敲した時は，Ma.FC.FC' とコードする。しかしブレンドの順序にはそれほど神経質になる必要はない。
　決定因子のブレンドに関しては，次の点に留意しなければならない。
① ブレンドは反応に決定因子が現れた順序でコード化する。ただし上述のように，過度に敏感にならなくてもよい。
② FC.Cn や FY.Y など同一カテゴリーの決定因子を2つ以上含むブレンド反応はあり得ない。CF.FC とか C'.FC' とか FV.V なども誤ったコードである。例えばⅡ図を「赤い顔をした忍者が決闘して血を流している」という場合，FC.Ma.CF の可能性があっても，FC と CF をブレンドとしてコードしてはならない。このような場合，包括システムでは形態にもっとも重点をおいていないコードを用いるので，Ma.CF のコードとなる。
③ ブレンド反応として FV.FT とか YF.VF など，異なる濃淡反応のブレンドがコードされることは少ない。Ⅵ図を「ふわふわしたクマの毛皮，中央の色が変わっている所は，毛皮がくぼんで深い筋がついている」などは FT.FV とコードされる。
④ ブレンド反応として F がコードされるのはきわめてまれであり，重大な

認知の障害を表している。エクスナー（Exner, J., 2003）によると，Ⅲ図を「2人の人とチョウ。2人が何かをもちあげている」という反応で，被検者が「2人の間にチョウが飛んでいる」のように人とチョウを関連づけているか，それとも「2人が見える。またチョウも見える」と両者を別々に知覚するのが通常である。しかし「全部が一つの反応ですか」という質問に，被検者が「そうです」と答え，人とチョウを関連づけないで，それでいて2人の運動とチョウの形を同時に知覚している場合，例外的にMa.Fのブレンドをコードする。Fがブレンド反応にコードされるのは，知能障害や神経系に障害のある被検者の可能性が高く，われわれはこのような事例を経験しておらず，Fのブレンドはめったにないと思ってよい。

決定因子のブレンドではなく，後述する内容や特殊スコアで2つ以上のコードを必要とする場合も多い。現在の包括システムの構造一覧表では，反応内容を一次的内容と二次的内容に分類していないが，2つ以上の種類を含む反応内容を記載する順序は，反応の中心となる内容のコードを最初に記載する。通常，初めに答えられた内容が中心となることが多いが，つねにそうとはいえず，内容として重要な意味を有するものの順にコードする。特殊スコアについては出現順序にしたがって記載し，後述する人間表象反応をコードする場合は，特殊スコアの最後に記載する。内容と特殊スコアで2つ以上のコードを記載する場合は，決定因子のブレンドのように各コードの間に，ドット（.）ではなく，コンマ（,）を用いる。例えば「赤い帽子をかぶった黒服の男」ならH,Cgとコードする。ただし包括システムでは，内容のコードである自然反応（Na），植物反応（Bt），風景反応（Ls）が同一反応に出現した場合，Naを優先させてコードするが，これに関しては第6章を参照されたい。

第2節　組織化活動（Organizational Activity : Z）

包括システムで用いるZスコアの値は，表5－1の通りであり，これはベック（Beck, S., 1961）の数値に基づいている。

組織化活動とは，2つ以上のインクブロットの領域の要素を述べた統合反応において，互いの領域の関連性を意味づける働きである。例えばⅡ図中央空白領域（DS5）とその下方の赤色部分（D3）を結合して「ロケットが火をふいて飛んでいく」という答は，中央空白部分（DS5）を「電灯」と答える場合と異なり，組織化活動を伴った反応である。このようにいくつかの領域を統合し

表5-1 組織化活動（Z）の値

図版	ZW (DQが+,v/+,o)	ZA (接触している部分)	ZD (離れた部分)	ZS (空白と部分)
I	1.0	4.0	6.0	3.5
II	4.5	3.0	5.5	4.5
III	5.5	3.0	4.0	4.5
IV	2.0	4.0	3.5	5.0
V	1.0	2.5	5.0	4.0
VI	2.5	2.5	6.0	6.5
VII	2.5	1.0	3.0	4.0
VIII	4.5	3.0	3.0	4.0
IX	5.5	2.5	4.5	5.0
X	5.5	4.0	4.5	6.0

て意味づけ組織化活動を伴う反応には，表5-1に示したZスコアをコードする。またインクブロットの部分領域を意味づけるよりも，全体領域を答えることが一般に努力を必要とするという理由から，全体反応（発達水準がvの反応を除く）にも組織化活動（Z）の値（Zスコア）が与えられる。この場合，I図とV図は全体を意味づけやすいので，Wで最も低い1.0のZスコアが与えられている。さらに例えばI図左右のD2と中央のD4をそれぞれ人と見て，全体反応として「3人の人が手をつないで踊っている」と組織化した反応は，全体を「コウモリ」と知覚する反応よりも反応形成にエネルギーを使い，統合しようと努力しているので，Zスコアの値が高くなる。

従来からいわれているように，わが国の被検者はインクブロットの部分領域に反応するよりも，全体の領域に反応する傾向が強いし，空白を用いる頻度もアメリカ人と異なることなどから，われわれは表5-1のZスコアの値をそのまま用いることに疑問も感じている。しかし包括システムでは，組織化活動は重要な地位を占めているので，一応，そのままのZスコアの値を用いることにしている。

表5-1に示したように，Zスコアが与えられる反応は，原則として特定の形態を必要とする反応であり，発達水準（DQ）がvとコードされない反応である。Zスコアを与える反応の基準や例は次の通りである。

① ZW (Whole)，すなわちWvを除く全体反応（Wo, W+, Wv/+）にはZスコアをコードする。例えばV図のWを「チョウ」と答えた場合はZスコアが1.0である。しかし「魔法使い（D7）が2人の人（左右D4）を

引きずっていく」と答えた時は，Wであると同時に，接触した部分領域が統合されているので，高い方のZスコア2.5をコードする。

② ZA（Adjacent Detail）は，DQが＋かv/＋とコードされる反応であって，インクブロットの接触している領域を統合した反応である。例えばⅡ図の左右D1を統合して，「2人の人が手を合わせている」と答えるのは，2つのインクブロットが接触している領域を意味づけているから3.0のZスコアを与える。またⅢ図D1に「2人が壺（D7）をこねている」と答えた時も接触した領域であり3.0のZスコアとなる。

したがってⅠ図Wの「コウモリ」はWoで1.0のZスコアとなるが，Ⅰ図Wを「3人が手をつないで踊っている」と答えるのはW＋であり，接触した部分の統合（ZA）であるからZスコアは4.0となる。

③ ZD（Distant Detail）は，DQが＋かv/＋とコードされる反応であり，インクブロットの離れた領域を組織化した反応である。例えばⅡ図D2の左右を「ニワトリが脚をあげて喧嘩している」と統合するのは，領域が離れているのでZスコアは5.5となる。またⅢ図D9の左右を統合して「2人が互いに挨拶をしている」と答えた時は，Zスコアが4.0となる。さらにⅩ図左右D1を「クモがはさみをもって戦っている」はZスコアが4.5となる。

④ ZS（White Space Integration）は，空白領域を他の領域と統合する場合である。意味づけられたインクブロット領域の内部に空白があっても，それを無視した反応はZSとならない。例えばⅠ図Wを「コウモリ」「桐の葉」などと答え，内部の空白に言及しない場合は，WoとなりZWの値を用いる。さらにⅡ図中央の空白領域のDS5を「踊り子」というように，空白領域のみを用いるのはDQのコードがoであり，Zスコアを与えない。しかしこの空白領域（DS5）と下の赤色領域（D3）を関連づけて「ジェット機が赤い火をふいて飛んでいく」と答えるのは，空白領域と他の領域との統合であり，DS＋5となり4.5のZスコアを与える。同じようにⅠ図の4つの空白領域（DdS29とDdS30）を「4つの三角形」と答える時はZスコアを与えないが，「全体がネコの顔。上の白い所が目で，下の白い所が口」という反応はWSo1となり3.5のZスコアが与えられる。

⑤ ZSの反応としてZスコアをつけるには，被検者が空白領域を含んでいることを明白に述べることが必要である。これに関連して問題になるのは，

Ⅲ図とⅩ図の「顔」という反応や，Ⅲ図とⅦ図の「容器」の反応である。これらについては第2章で述べたように，Ⅹ図 DdS22 を「歌舞伎の隈取りをした顔，これが目，鼻，口のまわりの隈取り。おしろいを塗った白い顔」など，空白部分を使用していることを明白に述べた場合は，空白領域との統合として 6.0 の Z スコアが与えられる。またⅢ図の D1 と D3 と DdS24 を統合して「赤いチョウの模様の入った白い茶わん」と答えた時も Z スコアが与えられる。

　しかし例えばⅩ図の「顔」で，被検者が「目」「鼻」「耳」「口」などを明確に述べて，「だから顔です」と答える時もある。この場合，被検者は「顔」という反応に空白部分を統合せず，空白部分を無視しているから，S も Z スコアもコードしない。時に被検者が，指で左右 D9 の下方をつないだり，空白部分を任意に囲み，「だから顔」と答えることもある。この場合，明確ではないが，空白部分の利用が示されているので，反応領域に S をコードするが，Z スコアを与えない。したがってわが国の被検者に出現しやすいⅢ図やⅩ図の「顔」については，「白い顔」とか「この白い所が」のような言語表現がなければ，指で輪郭を囲んで S がコードされても Z スコアを与えない。

⑥Ⅸ図 W を反対に見て「噴火している火山」「青い茂みの下から火を燃やして，上にオレンジ色の煙がでている」と答えるのは Wv/+ であり，Z スコアが与えられる。またⅦ図全体の「大陸と海の地図」，Ⅹ図全体の「たくさんの島を取り囲んだ海」などは，特定の形態を必要としない不定形の対象に不定形の空白部分が統合され，WSv/+ とコードされ Z スコアが与えられる。

⑦Ⅰ図 W を「葉」と答えるのは，通常，Wv であり Z スコアをつけない。しかし，「穴のあいた葉（枯葉）」と空白部分に言及した反応の時，被検者が「虫が食べて穴があいた葉」のように明細化し，2つの領域を関連づけた場合は，WSv/+ とコードし Z スコアを与える。

⑧Ⅱ図の空白部分（DS5）も ZS の反応となることが多い。例えば D6 と DS5 を関連づけて「水たまりの道」と答えるのは，DQ が v/+ となり 4.5 の Z スコアが与えられる。Ⅱ図に多く出現する「洞窟」や「穴」の多くは，被検者が DS5 だけを知覚しているので DQ は v となり，Z スコアを与えない。しかし DS5 を D6 と明白に関連させて「森の中の湖」「洞窟の

中から見た海」などと答えるのは，DQ が v/+ となり 4.5 の Z スコアが与えられる。したがって被検者が DS5 を意味づけるにあたり，どのように知覚したか，インクブロットの他の領域とどのように関連づけているかの，言語表現に注意しなければならない。

第3節　形態水準（Form Quality）

　形態水準は，インクブロットの領域が有する形態と，被検者が知覚した対象の形態の適合度を表すコードである。すなわち被検者の反応とインクブロットの形の似ている程度であり，反応の表現の仕方が現実的か空想的か，論理的か奇妙かなどは，他のコードで取り上げる。包括システムでは，被検者が知覚した対象の形態とインクブロットの形態の合致度を，表5－2に示したように4つに分類している。したがって形態を伴う反応は，決定因子のコードの最後にF+ や FCo や Fr-のように記入し，ブレンド反応としての決定因子の場合も，同じように TF.CFu のように記入する。ただし，まったく形態を伴わない決定因子をもつ反応（C，Cn，C'，T，V，Y）と，形態を伴わない人間運動反応（Formless M）には形態水準のコードをつけない。

1. 普通反応（o）と普通・詳細反応（+）
1）普通反応（Ordinary Response：o）
　被検者が知覚した対象の形態とインクブロット領域の形態（輪郭）が合致し

表5－2　形態水準のコード

コード	定義	基準
+	普通・詳細	普通反応であるが，対象の形態を普通以上に詳細に表現している場合。形態水準を低くすることなく反応の質を豊にするように，ブロットの形態の細かい部分を使って，細かく説明した反応。＋の反応は独創性や創造性を必要とせず，ブロットの形態の細かい部分を用い，細かく説明する特徴がある。
o	普通	知覚した対象の形態とブロットの形態が合致した反応であり，あるブロットの領域に多くの健常者が答える反応である。
u	稀少	対象の形態とブロットの形態が合致しているが，出現頻度が少ない反応。これは検査者がすぐに容易に見ることができる反応である。
－	マイナス	被検者が知覚する対象のために，ブロットの形態を無視し，ブロットの構造を歪曲した反応である。

ているかどうかは，かつてロールシャッハ（Rorschach, H., 1921）が行ったように，日常生活を一応問題なく送っている健康な人びとの大多数が，その領域に知覚する対象という客観的基準によらざるを得ない。しかしインクブロットのある領域に対して出現する反応の種類はきわめて多いので，ロールシャッハ・テストに知覚される対象のすべてを明らかにすることはできず，明らかになっている反応を参考にして形態水準を決めざるを得ない。

健常な被検者がもっとも頻繁に答える反応が o（普通反応）であると考えるエクスナー（1995）は，非患者成人，統合失調症以外の外来患者，統合失調症以外の入院患者の記録を基にして形態水準表を作り，「ロールシャッハ形態水準ポケットガイド（改訂版）」として公刊している。彼は W と D 領域の反応については，9,500 人の記録の中で 2 ％以上出現した反応を o と定め，Dd 領域の反応については，50 人以上がその領域を用い，その 3 分の 2 以上が同じ領域に同じ対象を見た反応を o とした。さらに彼は o とコードされる反応は，インクブロットに実在する輪郭を含むものという条件をつけている。

ところで，わが国の多くの健常成人にロールシャッハ・テストを実施した検査者なら，この形態水準表には，日本人にとって普通反応といえそうにない反応が o であったり，日本人で o と思われる反応が形態水準表に記載されていなかったり，-（マイナス反応）となっていることに気づくであろう。ロールシャッハ・テストの反応が，文化によって異なることは，かつてアベル（Abel, M., 1973）が述べ，ワイナー（Weiner, I., 2003）も触れているが，包括システムを日本人に行う時の問題点の一つは，日本人の出現頻度に基づく普通反応の基準の確立である。われわれはこの点について検討してきたが，健常成人 400 人（男女各 200 人）の資料を基に，2 ％以上の出現率によって「ロールシャッハ形態水準表」（2002）を作成した。この結果に基づき高橋（2003）は，日本人とアメリカ人の反応内容と形態水準を比較し，日米で共通して出現した反応内容であっても，出現頻度が異なり，形態水準が異なるものを見出している。

われわれの形態水準表には，400 人のわが国の健常成人において，2 ％以上出現する反応すべてを普通反応として o というコードで記載してある。ただエクスナーと異なり，出現頻度 2 ％以上という基準を W と D 領域だけではなく，Dd 領域にも適用している。また普通反応（o）の条件として，エクスナーは出現頻度だけではなく，知覚対象とインクブロットの領域の形態が理論的

に合致するか，インクブロットに実在する輪郭が含まれているかも配慮しているが，この基準では主観的になってしまう問題もあり，われわれは健常成人に2％以上出現するという条件のみで普通反応（o）を決定している。

　なぜなら，ある知覚対象とインクブロット領域の形態が理論的に合致するかどうかを決める根拠は，最終的に健常者の大多数が答えるという客観的基準によらざるを得ないからである。例えばⅡ図下方赤色部分 D3 に生じる反応に，「カブトガニ」という反応がある。「カブトガニ」の尾は1本しかないのに，D3 の領域には突出部分（Dd25）が2本あるので，この領域を「カブトガニ」というのは，対象の形態とインクブロットの形態が合致せず，理論的に考えると適合度に問題がありマイナス反応（−）となる。しかし日本の健常成人では，この領域を「カブトガニ」と答える者は2％以上あり，われわれは D3 の「カブトガニ」を普通反応（o）としている。またエクスナーは，X図 DdS22 の「人の顔」がかなりありふれた反応であるが，被検者がまとまりのない像を知覚的に閉合しようとして，インクブロットに存在しない輪郭を作り出しているから−とコードしている。しかしわが国の健常成人でこの領域を「人の顔」と答える者は 400 人中 90 人，「悪魔などの顔」と答える者は7人いて，合計すると 24％以上の出現率である。そしてエクスナーはこの領域に輪郭線がないのでマイナス反応とするというが，Ⅶ図 DS7 の「鉢」「塔」「帽子」や DS10 の「マッシュルーム」「ランプの笠」も被検者がインクブロットに存在しない輪郭線を知覚しているのに，この場合は−でなく o とコードするのは，一貫性を欠くように思われる。

　人間が外界を知覚する場合，一部の人が「すすきを幽霊と見る」ように，対象を誤認する錯覚は問題であっても，「ミュラーリアー」などの錯視は，事実はそうでなくても誤認して知覚するのが当然といえる。これと同じように，われわれは健康な被検者に高い出現率をもつ反応を o とせざるを得ないと考え，Ⅲ図 WS や X 図 DdS22 の「人の顔」を o とコードしている。そしてエクスナーが−の中にそれほど形態が歪んでいない反応があるというように，われわれは「o の中には，形態がやや歪められた反応もある」と考え，解釈の段階でこれらを考慮している。

　いずれにせよ，われわれが形態水準を o とするのは，客観的な基準として，健常成人 400 人の2％以上が答えた反応であり，「ロールシャッハ形態水準表：包括システムのわが国への適用」（高橋・高橋・西尾，2002）にくわしい。

同書に述べたように，ロールシャッハ・テストで知覚される概念の種類はきわめて多く，出現頻度を求める時，概念をどのように，またどの程度統合するかの問題が生じる。例えばⅧ図 D1 には「アライグマ」「イタチ」「イヌ」「ウシ」「オオカミ」「クマ」「シカ」「トカゲ」「ネズミ」「ヒョウ」などが答えられる。この場合，個々の概念ごとに出現頻度を求める時と，全体として「4本足の動物」とまとめたり，「尾が長い動物」と「尾が短い動物」，あるいは「ほ乳類」や「は虫類」と分類するかによって出現頻度が異なるように，分類の仕方が o の決定に影響する。さらに例えばⅠ図 D1 を「人の手」と知覚する被検者は 2％以下で，o とはいえない。他方，D4 を「人間」と見る者は 2％以上で o となり，その説明を求めると，D1 が「人間の手」であるからと答えることが多く，D1 を「人間の手」と知覚するのは，その領域だけでの出現頻度は少なくても，o とコードしてよいとも考えられる。そこでわれわれはこうした概念を→o と分類し，普通反応として o とコードとしている。さらにⅠ図 W を「チョウ」「ガ」と答えるのは 2％以上の出現率で o とコードされるが，ここを「モスラ」と答える者がいる。「モスラ」は出現率から o とはいえないが，形態は「チョウ」「ガ」と同じであり，補外法として o と考えられる。われわれは補外法としての普通反応を「(o)」に分類し，実際に記録する時は o とコードしている。しかし検査者が補外法によって形態水準を決定する時は，控え目に行うことが望ましい。

　さらに形態水準を決定するにあたり，被検者が同じ領域に同種の動物を知覚していても，顔・手足・胴体の領域が一致しないこともあり，ある領域への同一反応がすべて等質とは限らない。したがって形態水準が o かどうかの決定は，客観的基準によることを原則としながらも，経験豊かな検査者の主観的判断による面があることは否定できない。にもかかわらず，o の決定をできるだけ客観的に行うためには，形態水準表の作成が必要であり，われわれも上記の形態水準表を作成し，o〔o と→o と(o)を含む普通反応〕と主要な u（稀少反応）と−（マイナス反応）を掲載している。参考のために表 5−3 の「普通反応の一覧」に，われわれの形態水準表の中で→o と(o)を除いた 2％以上の出現率の o の反応内容を示した。

2）普通・詳細反応（Ordinary-elaborated Response：+）

　形態水準が+（普通・詳細反応）とコードされる反応は，o とコードされる反応であり，被検者が形態の細部にわたり，通常よりも明細化して説明した反

応である。例えば多くの被検者はⅦ図全体を「2人の女性が踊っている」と答えるが，この形態水準はoとコードされる。しかしこれを「顔（D9）のここが鼻と口で，前髪があがっていて，頭に羽飾りをつけ，首が細い女の人です。これ（Dd21）が手で，腰がくびれて，この下の所がスカートです」と答えるなどは，インクブロットの形態を詳細に明細化しており，＋とコードすることができる。＋は単に形態を詳細に明細化しているというだけであり，冗長な反応ではなく，独創性や創造性にも関係していない。

エクスナー（2003）は経験によってoと＋を容易に区別できると述べるが，ある反応を＋と決定する基準はそれほど明確ではなく，oと＋の区別は検査者の主観的判断によらざるを得ない。また高い教育歴の者は1～2の＋を答えるといわれるが，強迫傾向のある被検者にも生じることがあり，反応を明細化するかどうかは，テストに対する被検者の態度によることも多い。したがって現在の所，われわれは形態水準の＋のコードを用いないでoのままとし，解釈において＋に近い反応かどうかを考慮することにしている。

表5－3　普通反応の一覧（2％以上の出現率の内容）

Ⅰ図				
W				オオカミの顔
	H	人間1人（D4が身体で，羽・マントなどをつけた）		カニの甲羅
				キツネの顔
		人間2人（踊っているなど）		動物の顔
	(H)		(Ad)	怪獣の顔
		悪魔・魔王・魔女・魔法使い	An	骨盤
	(Hd)		Bt	葉・枯葉
		悪魔の顔		花
		鬼の顔	Ma	仮面・面
		怪物の顔	**D2**	
		ハロウィーンのカボチャ	H	人間1人
	A	ガ	A	イヌ
		コウモリ		クマ
		昆虫・虫（不特定）		動物
		チョウ		鳥
		鳥	**D4**	
	Ad	イヌの顔	H	人間1人
		ウシの顔		人間2人
			A	カブトムシ

第 5 章　ブレンド・組織化活動・形態水準　115

D7
- A　　鳥
- Ad　　イヌの顔
- 　　　動物の顔

Dd40
- A　　コウモリ

Ⅱ図

W
- H　　人間2人
- Hd　　顔
- (H)　　こびと2人
- (Hd)　　鬼の顔
- A　　カニ
- 　　　チョウ
- 　　　動物2匹と何か
- Ad　　動物の顔
- Bt　　花
- Ma　　仮面・面

D2
- Hd　　横顔

D3
- A　　カブトガニ
- 　　　チョウ
- Bl　　血
- Bt　　花

DS5
- Hh　　電灯・電灯の笠
- Sc　　宇宙船・人工衛星・UFO
- 　　　飛行機・ジェット機
- 　　　ロケット
- Id　　こま

D6
- H　　人間2人
- A　　イヌ2匹
- 　　　ウサギ2匹
- 　　　クマ2匹
- 　　　ゾウ2匹
- 　　　チョウ
- 　　　動物2匹
- An　　骨盤

DS6
- Ls　　洞窟・洞穴

Ⅲ図

W
- H　　人間2人
- Hd　　顔

D1
- H　　人間2人（∨も）
- A　　カエル
- 　　　カニ
- 　　　動物2匹
- Ad　　昆虫・虫の頭と手

D2
- A　　タツノオトシゴ
- Fi　　火・炎
- Id　　人魂・火の玉

D3
- A　　チョウ
- Cg　　蝶ネクタイ
- 　　　リボン

D5
- A　　魚

D7
- Ad　　昆虫・虫の顔
- 　　　トンボの顔
- An　　骨盤

D9
- H　　人間

Dd40
- Ad　　カエルの上半身
- 　　　昆虫・虫の上半身

Dd41, DdS41
- Hh　　壺

Ⅳ図

W
- H　　人間1人
- 　　　人間1人と何か
- (H)　　悪魔・魔王・怪人・雪男
- 　　　大男（巨人）
- 　　　大男（巨人）と何か
- 　　　怪物・化け物・妖怪
- A　　ガ
- 　　　クマ
- 　　　コウモリ

	動物
	ムササビ
Ad	毛皮
	動物の顔
(A)	怪獣
	ドラゴン・リュウ
	ゴジラ
Bt	海藻
	木

D1
- Ad　動物の顔
- (Ad)　リュウの頭

D4
- Ad　鳥の頭

D6
- Cg　靴・長靴

D7
- H　人間
- (H)　大男（巨人）
- 　　　魔王・雪男など

Ⅴ図

W
- H　人間1人（衣装などをつけた）
- 　　人間2人
- (H)　妖精
- A　ガ
- 　　コウモリ
- 　　昆虫・虫
- 　　チョウ
- 　　動物2匹
- 　　鳥
- 　　鳥2羽
- Ls　山

D6
- Ad　ウサギの頭
- 　　カタツムリ・ナメクジの頭

D7
- A　ウサギ

D10
- Ad　ワニの頭

Ⅵ図

W
- A　カブトムシ
- 　　カメ
- 　　キツネ
- 　　昆虫・虫
- 　　動物
- 　　ムササビ
- Ad　クマの毛皮
- 　　毛皮・敷物
- Bt　葉
- 　　花
- Fd　魚の開き
- Hh　うちわ・羽うちわ
- Ls　風景（＞）
- Mu　弦楽器
- Id　軍配

D1
- (Hd)　天狗の顔2つ
- Ad　毛皮・敷物
- Bt　葉
- Ma　天狗の面2つ

D3
- A　昆虫・虫
- 　　トンボ
- Ad　キツネの顔
- Bt　花

Dd40
- Ad　動物の頭（ひげのある）

Dd41
- Fd　果物の断面

Ⅶ図

W
- H　人間2人（∨も）
- 　　人間2人と何か
- 　　人形2つ（と何か）
- A　ウサギ2匹（と何か）
- 　　動物2匹
- Ad　クワガタの角
- Cl　雲
- Fd　おかき・クッキー
- Ge　地図

第5章　ブレンド・組織化活動・形態水準　117

D1
- Hd　横顔
- A　ウサギ

D2
- H　人間1人
- Hd　上半身
- A　イヌ（＜）
- 　　ウサギ

D3
- Hd　顔
- Ad　動物の顔
- 　　ブタの顔

D4
- A　チョウ

DS7
- Hh　壺

Ⅷ図

W
- Hd　人の顔
- A　2匹の動物と岩・木・山
- 　　動物と風景の反射（＞）
- An　内臓・解剖図
- Art　エンブレム・家紋・紋章
- Bt　花
- 　　押し花・花の断面図
- Ma　仮面・面

D1
- A　イタチ
- 　　カメレオン
- 　　クマ
- 　　トカゲ
- 　　4本足の動物
- 　　ネコ
- 　　ネズミ
- 　　ヒョウ

D2
- Hd　人の顔
- A　チョウ
- Ad　動物の顔
- Bt　花

D4
- Ls　山

D5
- A　コウモリ
- 　　チョウ
- Id　旗2つ

Ⅸ図

W
- H　人間（∨）
- Hd　人の顔
- Ad　動物の顔
- Bt　花
- Ex　噴火（∨を含む）
- Fi　火事・山火事
- 　　火・炎
- 　　火と容器と煮物
- Hh　花瓶
- Ls　火山（∨を含む）
- Ma　仮面・面

D1
- H　人間（＜）
- Hd　人の顔
- A　クマ
- Ad　動物の顔

D2
- Bt　花

D3
- H　人間
- A　エビ
- 　　タツノオトシゴ
- (A)　リュウ・ドラゴン
- Fi　火・炎

D6
- H　赤ん坊2人
- Bt　花

DS8
- Ad　ウシの顔
- 　　ウマの顔
- Mu　弦楽器

Dd22
- Fd　果物の断面

Dd40
- Bt　花

X図			
W		(A)	バイキンマン
H	人間1人	D9	
	人間2人と何か	H	人間1人
	人の集まり（祭など）	A	イモムシ
Hd	人の顔と飾り		タツノオトシゴ
(H)	悪魔・妖怪などの集まり	D10	
A	昆虫・虫の集まり	A	鳥（∨）
	細菌・バクテリアの集まり	D11	
	動物の集まり	Sc	エッフェル塔
Art	絵画	Id	塔
Bt	花	D15	
	花束	Bt	花
Ex	花火	Dd21	
Ls	海中の風景	Bt	花
D1		DdS22	
A	カニ	H	人間1人
	クモ	Hd	王様の顔
D4			人の顔
A	アオムシ	Ad	ヒツジ・ヤギの顔（∨）
	タツノオトシゴ（∨）		動物の顔（∨を含む）
D7		Bt	花
A	カエル	Dd40	
	カニ	A	カニ
	動物	Dd41	
	昆虫・虫	H	人間2人
D8		Dd42	
A	昆虫・虫	Hd	人の顔

2．稀少反応（Unusual Response：u）とマイナス反応（Minus Response：−）

　包括システムでは上記の o 以外の反応の形態水準は，u（稀少反応）か−（マイナス反応）とコードされる。つまり出現頻度によって o と規定された内容以外の反応が答えられた場合，それが補外法によって o とコード化されない場合，u か−とコードされる。

　u とコードされる反応は出現率が2％以下であり，o とコードされない反応であるが，少なくとも3人の判定者が個別に判定し，その反応を容易かつ迅速に見ることができ，用いられているインクブロットの輪郭が適切であると，3人の判定が一致した反応である。例えば，Ⅳ図右よりのインクブロット内部の濃淡を利用した「帽子をかぶった女性の横顔」，Ⅳ図を横に見た Dd32 の「二

宮尊徳の彫像」，Ⅸを横に見たDd33上方部分の「スカートをはいて走っている女の子」の答などがuとコードされる。この際，「くわしく説明を受けると，たしかにそう見える」「よく考えて見るとそう見える」「まあ，そのように見えないこともない」という反応はuではなく，−とコードする。

われわれの資料を検討すると，まれに出現する反応ではなく，出現頻度が2％に達しないが1％よりも多く出現する反応が見られる。例えば，Ⅰ図のD2を「タツノオトシゴ」，Ⅱ図DS5を「建物」，Ⅱ図Wを反対に見た「ムササビ」などである。これらはuであっても機械的にコードできる反応であり，「形態水準表」では客観的根拠のあるuという意味で，われわれはuと分類している。なお実際に記録する時は，uもuもいずれも単にuとコードしている。

形態を伴う反応で，形態水準がoではなく，uでもない反応の形態水準は，すべて−とコードする。

3．複数の対象を含む反応の形態水準

複数の対象を含む反応では，原則として最も形態水準が低い対象のコードを，反応の形態水準とする。しかし反応全体を検討し，形態水準の低い対象が反応全体にとって重要でない場合は，重要な対象の形態水準をコードする。重要な対象は，通常，反応段階の始めに答えられ，被検者が取り上げて説明する対象であり，重要でない対象は「何か」「はっきりしないが……」などの表現を伴ったり，検査者の質問によって生じる対象のことが多い。

例えばⅧ図で「4本足の動物です。2匹が何か食べています。この緑色の所（D8）はたぶん葉でしょう」という反応には，「4本足の動物（形態水準o）」と「葉（形態水準−）」の2つの対象が含まれている。この場合，低い形態水準をコードするという原則によると，FMp.CF−となるが，「葉」は反応全体にとって重要でないので，「4本足の動物」のoから，この反応の形態水準はoとコードする。同じようにⅡ図全体を「サーカスで2匹のゾウ（D6）が向かいあって立っている。この上（左右D2）のが赤い照明か何かに見えるからサーカス」と答えた時は，FMp.CF−ではなくFMp.CFoとなる。またⅨ図を横にして，半分を「バイクに乗った人（D1）がふかしている。前（D3）のが砂ぼこりで，うしろ（D6の半分）が煙。砂ぼこりはこんな色だし，煙はこんなかっこうになってもくもくとあがっている」と答えた時も，Ma.YF.ma.CFoとす

る。したがってX図全体を「たくさんの魚が泳いでいる海底」「たくさんの昆虫が木に蜜を吸いに集まっている」などで，魚や昆虫のどれかの形態水準が−であっても，全体としての形態水準は o とコードする。

第6章

反応内容

第1節 反応内容 (Content) の分類

1. 内容分類のためのコード

　反応内容を分類するにあたり，ロールシャッハ (Rorschach, H., 1921) は6つの記号，ベック (Beck, S., 1949) は35の記号，クロッパー (Klopfer, B., 1954) は23の記号を用いていた。エクスナー (Exner, J.) は13,542の反応について，ベックの35の記号を検討し，出現頻度の高い H, (H), Hd, (Hd), Hx, A, (A), Ad, (Ad), An, Art, Ay, Bl, Bt, Cg, Cl, Ex, Fi, Fd, Ge, Hh, Ls, Na, Sc, Sx, Xy の26の記号と，いずれにも属さない反応内容を表す Id の記号を加えた27のコードを用いている。しかし後述するように，日本人には「面（仮面）」と「楽器」の内容がきわめて多く出現することから，われわれは Ma (Mask) と Mu (Music) を加え29のコードを用いている。

　包括システムでは，被検者が答えた反応内容のすべてをコード化し，2つ以上の内容が述べられた場合，決定因子のようにドットではなく，コンマで区切っている。第5章でも述べたように，現在の包括システムは，以前のように，構造一覧表の内容欄を一次的内容と二次的内容に分けていないが，個々の反応の検討に必要となるので，われわれは重要な内容を一次的内容として最初にコードしている。多くの反応内容は，最初に述べられた内容が重要な一次的内容となるが，必ずしもそうとは限らない。例えば，Ⅳ図 W の「バイク (Sc) に乗っている男 (H) のマント (Cg) がひるがえっている」を，H,Cg,Sc とコードするように，最も重要な意味をもつ内容を最初にコードしなければならない。しかし被検者がどちらを重要な一次的内容と知覚したかを決められない場合もあり，この点についてはあまり過敏にならなくてもよい。

　なお包括システムでは，孤立指標 (Isolation Index = 2Cl + 2Na + Bt + Ge + Ls/ R) を計算する時に，内容が重複しないように配慮している。1つの反応に，自然反応 (Na)，植物反応 (Bt)，風景反応 (Ls) がある場合には，

２つ以上のコード化を行ってはならない。実際には次のように行う。
　①Na は，孤立指標の計算の中で２倍するので，つねに Bt あるいは Ls に優先する。すなわちある反応に Na と Bt，あるいは Ls が含まれている時は，Na だけをコードする。例えばⅧ図で「夕焼けの北極の風景（Ls）で，クマ（A）が氷の上（Na）を渡っている」は，A,Ls,Na ではなく A,Na とコードする。
　②ある反応が Na を含まないで，Bt と Ls の２つを含んでいる時は，どちらか一方だけをコードする。例えばⅧ図で「ビーバー（A）が岩（Ls）に足をかけて，木の枝（Bt）をつかんでいる」は，A,Bt か A,Ls とコードする。
　また包括システムでは，規定されたコードに属さない反応内容は，個性記述的内容（Idiographic Contents）として，Id のカテゴリーに入れている。対象の名称を述べないで，「何か」と答えた反応内容にも Id のコードを用いる。
　なお第１章の反応の忘却と修正の所で述べたように，被検者が反応段階で答えた内容を質問段階で変更した時は，反応段階での反応内容をできるだけ思い出させて，それをコードする。しかし反応段階の答を思い出せなかったり否定し続ける場合は，質問段階で変更した反応内容をコードし，特殊スコアとして DV をつける。

1．内容分類の問題点

　ロールシャッハ・テストの他のコードと同じように，反応内容のコード化も，被検者がどのように知覚しているかに留意しなければならない。例えば被検者がⅦ図 D2 を「ピーターパンのよう」と答えた場合，「ピーターパン」と知覚したのか，「ピーターパンのように羽飾りをつけた人」なのか，全身像を見ているのか，上半身だけを見ているのかなどによってコード化が異なる。またⅥ図 W が「うちわ」なら Hh とコードし，「軍配」なら Id とコードしたり，Ⅳ図 W の「巨人」としての「大男」は虚構の想像された人物であるから(H)，「背の高い人」の意味で「大男」と答えるのなら H とコードされる。したがってあいまいな場合は，質問によって確かめてよいし，検査者としては，このような不明確な反応が生じやすい図版を意識しておくことが望ましい。
　ところで包括システムで用いられる反応内容のコードの定義は，最近のエクスナーの著書（2001, 2003）によると，コードの定義が以前と異なるものがあ

る。例えばかつてCgとコードされていたⅦ図D5の「羽飾り」をArtとし，「りんご」をFdだけでなくFd,Btとコードし，「紋章の中の動物」をA,Artとコードしたり，ややArtの使用が増加している印象もある。他方，同じ包括システムによっている，ワイナー（Weiner, I., 2003）が「ハロウィーンのかぼちゃ」を(Hd)でなくArtとコードするなど，いくつかの内容のコード化の定義は，包括システムの研究者によっても多少異なっている。

　反応内容を分類する目的は，他のコードと同じように，その分類がテストの解釈に役立つ（か将来役立つかも知れない）からであるが，どのような基準で反応内容を分類するかは，なお検討の余地がある。したがって反応内容から解釈の情報を得るにあたっては，コードだけではなく，具体的に表現された内容を考慮することが必要である。

　ところでロールシャッハ・テストのいずれの学派も，Hや(H)が人間の全体像を表す点では一致しているが，両者の基準はクロッパーとベックでは異なっている。クロッパーは(H)が絵・彫刻などの人間と幽霊など架空の人間のように，「何らかの形でその現実性を失っている人間」と定義している。他方，ベックは「天使」や「悪魔」，あるいは想像された「幽霊」も，「見られた形が人間」であれば，(H)ではなくHとなり，「人形」もHとするだけではなく，「踊り」や「性交」のように，人間の形に言及しなくてもHとしている。そしてエクスナーはクロッパーよりもベックの体系に影響を受けているので，包括システムのHと(H)の定義はベックに近いといえる。

　この点についてわれわれは，知覚された人間像と現実の人間との距離を考慮することが解釈に有益だと考え，Hを「人間の姿（形）をしている対象」というよりも「現実に生きて生活している人間像」と定義し，(H)を「何らかの形で現実性を失った人間像」と定義する方が適切と考えてきた。したがって「男の人」「大きな男」「牧師」「ダンサー」は現実に生きている人間であるからH，「彫刻の男の人」「死んでいる女性」「ナポレオン」「巨人」は「現実に生きて生活していないが，人間の姿をしている」ので(H)とコードし，「手を挙げて説教する釈迦」も「仏像」「地蔵」「人形」「ロボット」も現実には生きていないので(H)とコードしてきた。しかしHとしての「大男」と(H)としての「巨人」に，解釈上区別できる意味があるのか，直接見えない「胎児」を「子ども」と同じようにHとコードしてよいのかなど，さまざまな問題があることも感じてきた。

ところでロールシャッハ・テストの構造分析において，数量的に解釈する客観性を高めるためには，基礎となるコードの定義をできるだけ明確にし，それに従って同じようにコード化を行うことが必要である。このことから，われわれは他の箇所と同じように，一部を除き，できるだけ現在の包括システムの定義に従うことにしたので以下に詳述する。

第2節　反応内容のコード

われわれがかつて健常成人220人の反応総数5,026を検討したところ，音楽に関する反応は107，面・仮面という反応は76であり，爆発反応の40や地理反応の42などよりもはるかに多かった（高橋・西尾，1994）。そこでわれわれは日本人に出現しやすい反応内容として，音楽反応（Mu：Music）と仮面反応（Ma：Mask）の2つを加え，28のコードを用いることにし，28のコードに分類できない反応内容を個性記述的内容（Id：Idiographic Contents）としている。表6-1はわれわれが現在用いている反応内容のカテゴリーとコードの一覧表である。なおMuとMaの2つのコードを加えても，構造一覧表による解釈の進め方には影響しない。

第3節　反応内容の定義

反応内容を分類するにあたり，表6-1にあげたコードを用いる定義を次にあげる。反応内容は被検者の答えた言葉を機械的にコード化するのではなく，被検者がどのように知覚しているかによって，該当したコードに分類しなければならない。なお本章のコードは，原則として，現行の包括システムの基準によっている。

1．人間の全体（Whole Human：H）

Hは人間の全体の姿を知覚した反応のコードである。包括システムでは通常の人間全体の形を知覚した内容は，生死にかかわらずHとコードする。次にHの例をいくつかあげる。

①単に「人間」や「男」「女」「黒人」などのほか，「王様」「女王」「兵隊」「力士」「アメリカ先住民」など，現実の人間の全身像を知覚した時はHとコードする。なおエクスナーは「ピエロ」を(H)としているが，わが国の文化では，「道化師」も「ピエロ」も現実の人間として見られているの

表6-1 反応内容のコード

カテゴリー	コード	基準
人間の全体	H	人間の全身像。現実の人間だけでなく，歴史上実在した人物も含める
人間の部分	Hd	人間の部分
想像上あるいは架空の人間の全体	(H)	想像されたか架空の人間の全身像
想像上あるいは架空の人間の部分	(Hd)	想像されたか架空の人間の部分
人間的体験	Hx	人間の情緒的体験
動物の全体	A	動物の全身像
動物の部分	Ad	動物の部分
想像上あるいは架空の動物の全体	(A)	想像されたか架空の動物の全身像
想像上あるいは架空の動物の部分	(Ad)	想像されたか架空の動物の部分
解剖	An	人間や動物の内臓や骨格
芸術	Art	芸術・装飾に関連する内容
人類学	Ay	特殊な文化や歴史的意味を持つ内容
血液	Bl	人間または動物の血
植物	Bt	木・花・海藻などの植物の内容
衣服	Cg	人間が体につける衣料品
雲	Cl	雲の内容
爆発	Ex	爆発している内容
火	Fi	火か煙を知覚した内容
食物	Fd	あらゆる種類の食物
地理	Ge	地図に関連した内容
家財道具	Hh	日常用いる家具・道具
風景	Ls	陸や海の風景
自然	Na	BtやLs以外の自然の内容
科学	Sc	科学やSFに関連する内容
性	Sx	生殖器や性に関連する内容
エックス線写真	Xy	エックス線写真やCTなど
音楽	Mu	楽器その他音楽に関連する内容
仮面	Ma	面を述べた内容
個性記述的内容	Id	上記のいずれにも分類できない内容

で，われわれはこれをHとコードしている。

②かつてエクスナー（1991）は「キリスト受難の像」に対して Art,(H)をコードしていたが，現在では「キリスト」「ナポレオン」など，歴史上の人物にもHのコードを用い，二次的内容に文化や歴史的意味合いを表すAy

を加え，H,Ay としている。また⑥に示すように，「彫像」もHとしている。したがって現在の定義では「キリスト受難の像」は明確には例示されていないが，H,Ay,Art となるのであろう。そこでわれわれも「石川五右衛門」「織田信長」「釈迦」「だるま」「キリスト」「ナポレオン」など，歴史上の人物には，H のコードを用い，二次的内容に文化や歴史的意味合いを表す Ay をつけ，H,Ay とコードすることにした。

③ただし Art と Ay は後述する知性化指標（Intellectualization Index）（Ay＋Art＋2AB）の計算に用いられる変数であり，いずれか一方だけをコードすべき反応に，両方のコードを用いた場合は，知性化指標の値が変わり，解釈に影響する。この点についてビグリオン（Viglione, D., 2002）は，「明白に独立した内容の場合には，Ay と Art のコードをつけ，融合して独立していない内容の場合はいずれか一方のコードのみを用いる」と述べている。彼は「ポリネシアの社会から来た彫刻」には Ay,Art の両方をコードし，「ビクトリア朝の婦人。髪の毛の結い方から」は Ay のみコードし，自発的に何かの型の装飾がついているといえば，Art もコードすべきだといっている。また「化粧した顔」は Art になることもあるが，「芸者の顔のよう。目，眉。目の化粧の仕方から芸者のよう」の場合には，装飾的な要素よりも文化的な関心から答えられているので Ay のみをコードすると述べている。

④このこともあり，われわれはⅠ図 Dd24「仏像」，Ⅹ図 DS29「お地蔵さん」の場合は，文化や歴史的意味合いが少ないので，H,Art とコードしている。そしてⅩ図 DS29「だるまさん（置物）」は歴史上の「だるま」ではなく，後述⑦の様式化された人形であるので，(H),Art とコードしている。

⑤「侍」や「忍者」などは「織田信長」「ナポレオン」のように歴史上の人物とはいえず，「江戸時代の侍」や「戦国時代の伊賀忍者」「縄文時代の人間」「古代エジプト人」などのように，文化・歴史への関心を示すともいえないが，いずれも一応 H,Ay とコードする。ただし「エジプトのミイラ」の場合は Ay,H とコードする。同じように H と Ay がコードされた内容でも，解釈にあたっては，このような違いを配慮することも大切である。なお，われわれは「歌舞伎の連獅子を踊る人」などにも H,Ay をコードしている。

⑥かつてエクスナー（1986, 1991, 1997）は「ポスターの人の絵」「彫像」「人

形」などに，(H), Art のコードを用いていたが，現在の包括システムでは「人の絵」「漫画の人間」については，描かれた人物が全体像であるかぎり，(H)ではなく H のコードを用い，Art を一次的内容として Art,H，あるいは Art を二次的内容として H,Art とコードしている。この点についてビグリオンは「芸術作品，装飾，カリカチュア（戯画）などの人間や動物は，現実的な仕方で現実の人間や動物を知覚している場合，(H)ではなく H,Art とコードする」と規定している。われわれもこれに従い，「人間の彫刻」「踊っている人の絵」「人形」などは H,Art とコードする。ただしビグリオンがいうように，「本当の人間ではなく，ピカソが描いたような，奇妙な姿の人」「頭を大きく誇張した彫刻」などと，被検者が自発的に述べ，明らかに人間の現実の姿を歪めた芸術作品や漫画であると判明した場合は，現実の人間の姿ではないので，(H), Art とコードする。なお被検者が「……の絵」と答える時，「絵画」に見えるという意味ではなく，「人間」その他の対象を表すインクブロット（絵）という意味で答える時は H のみをコードすればよい。したがって被検者が「絵」という時は，どちらであるかに注意する必要がある。

⑦上述のように通常の人間の姿をした「人形」は H,Art のコードを用いるが，被検者が人間の姿からいちじるしく逸脱した形や，様式化されたり，機械化された姿を知覚する時は(H), Art をコード化する。「かかし」の多くは様式化され人間の姿から離れているので(H), Art をコードするが，「埴輪の人形」もかなり様式化され，かつ歴史的意味を有しているので，Ay,(H) としている。また「ロボット」は様式化された姿が多いので通常(H), Sc としているが，人間的な姿を強調している場合は H,Sc とコードしている。

⑧さらに被検者の中には「羽の生えた人」「キツネの顔をした人間」「鳥の頭の人間」など，人間全体を知覚しながら，通常の人間に合致しない特徴を述べる者がいる。この場合も，人間全体の姿という点から H をコードし，特殊スコアとして INCOM をコードする。しかし被検者が自発的に「これは空想ですよ」とか「無理に考え，想像したのです」のように，そのような人間が実在しないことを述べた場合は，H ではなく(H)をコードし，INCOM をコードしない。とくに「羽の生えた人」では，被検者が自発的に「劇などで羽の衣装を着た人」と答えたなら H,Cg を，「天使」なら(H) とコードする。

⑨かつてわれわれは「死体」「死人」に，Hではなく(H)のコードを用いていたが，包括システムでは芸術作品と同じように，現実の人間全体の形であればHとコードし，特殊スコアとしてMORを加えるので，これに従うことにした。
⑩「人のシルエット」「人の影」に，エクスナー（1997）はHのコードを用い，決定因子に無彩色をコード化していたが，現在の包括システムでは(H)のコードとなっている。われわれもこれに従い，「人の影」には(H)を用い，「動物の影」には(A)を使っている。そして被検者が単に「影」とのみ答えた時はIdをコードし，「木の影」にはBt,Idを用いている。
⑪エクスナー（1986）は「胎児」に(H)のコードを用いていたが，ビグリオンは人間の姿を知覚しているならHを，妊娠初期のようなより不完全な姿には(H)をコードしており，われわれもこれに従っている。

2．人間の部分（Human Detail：Hd）

全体の姿を見ていればH（人間全体）となる対象の一部分であり，人間の身体の一部分や不完全な人間である。人間の身体の一部分でも欠けていたり，欠如していると表現した時はHdである。

①「人の顔」「手」「上半身」など，明らかに人間の一部分だけを知覚している時はHdのコードを用いる。
②「頭のない人間」「人の上半身」「下半身だけ」など，人間の身体の一部分が欠如していると述べている場合もHdとコードする。なお「上半身，下の方は草の向こうに隠れている」「頭の部分は壁の向こうにあって見えない」などは，「切れている」という表現と異なり，他の対象によって「隠されている」「見えなくなっている」ことを述べているのでHとコードする。例えばⅠ図D4を「頭のない人」というのはHdで，特殊スコアにMORをコードするが，「人間，頭を向こうに曲げて隠している」と答えるのはHとコードする。
③われわれは「歯」「虫歯」「舌」「のどちんこ」「肛門」もHdとコードしている。これらとAnの違いは，外部から容易に見ることができる身体の器官がHdであり，後述するように骨格・筋肉・内臓など，外部から直接見えない身体内部の器官にはAnのコードを用いている。
④「毛髪」「ひげ」はHdであるが，「ちょんまげ」はHd,Ayとコードする。

またわれわれは「かつら」「義歯」にはHd,Artのコードを用いることにしている。

なお人間や動物を答える時，インクブロットの同じ領域に被検者がその全体を見ている場合と一部分だけを見ている時がある。例えばⅦ図D2の「人間」では，被検者が人間の上半身を知覚していることが多くHdとなりやすいが，漠然と身体全部を知覚していることが判明すればHとコードする。

3. 想像上あるいは架空の人間の全体〔Whole Human, Fictional or Mythological：(H)〕

想像上の人間や架空の人間など，非現実的な人間の全体の姿を知覚した内容には(H)のコードを用いる。

①神話，小説，物語，伝説などで述べられる，架空の人間の全身像の知覚は(H)とコードする。例えば「悪魔」「鬼」「巨人」「こびと」「仙人」「天使」「人魚」「ピーターパン」「魔女」「幽霊」「妖精」などは(H)とコードされる。Hで述べたように，「釈迦」のような歴史上の人物は(H)ではなく，H,Ayとコードするし，「お地蔵さん」はH,Artとコードする。われわれは「カッパ」「孫悟空」「バイキンマン」などは，想像上の人間の姿として(H)のコードを用いているが，被検者が動物であることを示唆すれば(A)とコードする。これは「ピーターパン」と答え，「ピーターパンのような人」と知覚していることが分かれば，(H)ではなくHとコードするのと同じである。

②「インベーダー」「ウルトラマン」「エイリアン（異星人）」「仮面ライダー」「コウモリ人間」「スパイダーマン」など，SF的な対象には，必要に応じて二次的内容としてScを付加し，(H),Scとコードする。

③既述のように人の形をした「人形」「かかし」「地蔵さん」はH,Artであるが，「ロボット」は(H),Scのコードを用い，「雪だるま」には(H),Naのコードを用いる。なお「人形」「かかし」などの場合，「こけし」「だるまさん（置物）」「わら人形」のように，いちじるしく様式化されたりして，人間の姿を失っているものは(H),Artとコードしている。また「埴輪」「土偶」はAyとコードする。いずれの反応内容のコードでもいえることであるが，被検者がどのように認知しているかが大切であり，「土偶」といっても歴史的な意味ではなく，単に土でできた人形の意味であればH,Artのコード

を用いる。

④「がいこつ」や「がいこつの踊り」は，その形態から(H)ではなく，An をコードする。

⑤「大男」が「巨人」の意味なら(H)であり，「大きな男」として実在の人間を意味する時は H とコードされる。被検者の答え方や「大男？」と尋ねた時の説明などで，いずれかを確かめるべきであるが，あいまいな時は(H)とする。

⑥「怪物」は通常(A)であるが，「怪人」の意味で用いている場合は(H)とコードする。

⑦既述のように「キツネの顔をした人」「キツネが化けた人」などは，H のコードを用い，特殊スコアとして INCOM がコードされるが，被検者がこれを「実際にはいませんけれど」「想像ですが……」など想像上の姿であることを述べる場合は(H)とコードする。

⑧既述のように「死人」「死体」には H のコードを用い，特殊スコアに MOR をコードし，「胎児」には通常，H のコードを用いる。

4．想像上あるいは架空の人間の部分〔Human Detail, Fictional or Mythological：(Hd)〕

人間全体の姿で(H)となる対象の一部分を見ている場合は，(Hd)とコードする。

①「悪魔の頭」「巨人の足」「天狗の顔」などには(Hd)のコードを用いる。

②われわれは「能面」「舞踏会のマスク」には Ma のコードのみを用い，「鬼の面」「天狗の面」などは Ma,(Hd)とコードしている。

③「ハロウイーンのかぼちゃ」は，ワイナーがコードするように Art が適切とも思えるが，現在の包括システムでは架空の人間の顔として(Hd)がコードされている。われわれは「ナスか何かで作ったイヌの顔」という答には，(Hd)ではなく(Ad)のコードを用いている。

④「人形の手」「胸像」などは，Hd,Art のコードを用いる。

⑤かつてエクスナーは「かつら」を Cg とコードしたが，われわれは「義歯」とともに Hd,Art のコードを用いることにしている。

5. 人間的体験（Human Experience : Hx）

Hx は，被検者が知覚した対象自体が，「愛情」「怒り」「幸福」「悲哀」「音」「匂い」など，人間の感情や感覚を有していると明白に知覚された時のコードである。例えば「2人の人が愛情を抱いてダンスしている」「いやな匂いをかいだ人の顔」は二次的内容に Hx がコードされ，「これは憂うつです。黒くて暗い気持ちです」「たくさんの色が散らばっていて，楽しさというか幸福を表しています」などは一次的内容としての Hx である。他方，「パリの景色。幸福を感じますね」「陰気な家（私には陰気に感じる）」などは，被検者が感じる体験や連想であり，対象自体に帰属していないので Hx をコードしない。

「悲しんでいるキツネの顔」など，動物が人間の感情や感覚を感じていると答えた場合も，Hx が二次的内容としてコードされる。しかし「目がつり上がって，口の形がうなっているよう。オオカミが怒っている顔です」「恐怖で頭をさげているイヌ」などは，その動物に適した感情であることを，被検者が自発的に説明しているので Hx をコードしない。

なお Hx は特殊スコアに AB とコードされることが多く，一次的内容としての Hx の場合は決定因子が無形態の M を伴うことが多い。

6. 動物の全体（Whole Animal : A）

動物全体の姿を知覚した内容である。A と(A)の区別は，H と(H)と同じような基準を用いる。

① 単に「動物」と答えた時も，「アオムシ」「イヌ」「ウニ」「カニ」「チョウ」「トラ」など特定の動物の名前を述べた時も，動物全体の形であれば A とコードする。

② 「ダンスをしているウサギ」「カニの爪のあるコウモリ」「緑色のクマ」など，動物全体を知覚しながら，その動物に合致しない特徴を述べることがある。この場合は動物全体の姿である点から A をコードし，INCOM の特殊スコアがコードされる。しかし被検者が「ディズニー映画のダンスをするウサギを想像したのです」「緑色のクマなど本当はいませんよ」など，想像上あるいは架空であると自発的に述べた時は A ではなく，(A)をコードする。この定義から「スヌーピー」「ダンボ」なども(A)となる。

③ 「ぬいぐるみのクマ」「クマの彫刻」「漫画に描いたサル」「紋章にあるライオン」「水飲みをする鳥の玩具」など，芸術作品や装飾である動物全体

の姿にはA,Artをコードする。ただし動物の姿が現実の姿といちじるしく異なることを述べている場合は(A),Artとコードする。

④「キョウリュウ」「シソチョウ（始祖鳥）」「モア。ニュージランドにいた鳥」「大昔のコウモリ」など現存しないが，空想ではなく，かつて存在していた動物にはA,Ayをコードする。

⑤「オオカミの死体」「死んだセミ」「つぶされたハエ」など，動物全体の死体にはAのコードを用い，特殊スコアとしてMORをコードする。

⑥「バクテリア」「細菌」「ばい菌」は，分類学上ではさまざまな種類があるが，Aをコードする。時にこれらの反応を「顕微鏡で見た細菌」など，顕微鏡で見たから見えるという意味で説明する被検者がいる。この場合，被検者はインクブロットに顕微鏡を見ていないのでScをコードする必要はない。

⑦「サンゴ」はIdとコードするが，「珊瑚礁」であればLs，「サンゴ虫」を意味する時はAとコードする。

⑧「ゴリラの影」「チョウのシルエット」など「動物の影」には，(A)をコードする。

⑨われわれは「サナギ」「貝」「ハマグリ」をIdとコードしている。

7．動物の部分（Animal Detail ： Ad）

①「カニの爪」「ウマの顔」など，明らかに動物の一部分だけを知覚した反応にはAdをコードする。また「足のないクモ」などはAdであり，特殊スコアとしてMORをコードする。なお例えばV図の半分を「茂みの中に飛び込んだシカの下半身」といって頭が茂みに隠れているなど，身体の一部が隠れたり見えない状態を述べ，他の対象によって「隠されている」「見えなくなっている」ことを述べる場合はAdでなくAとコードする。

②動物の「毛皮」にはAdのコードを用い，単に「敷物」や「じゅうたん」という答はHhであり，「毛皮（トラ）の敷物」などを見ている時はAd,Hhとコードする。また「毛皮のジャンパー」はAd,Cgとコードする。

③「イラスト化されたオオカミのカオ」「クマの顔の彫刻」などは，Ad,Artとコードする。なお現在の包括システムでは「オオカミの仮面」「キツネの面」などの「動物の面」には(Ad)を用いるが，われわれはMa,(Ad)とコードしている。

④「セミのぬけがら」「ウニのから」なども、「毛皮」と同じように本来動物の一部分であったので、われわれは Ad のコードを用いていたが、まれにしか出現しないので、Id のコードを用いることにした。また「鳥の巣」をエクスナーは Bt とコードするが、われわれは「クモの巣」などの「巣」と同じように Id とコードしている。

8. 想像上あるいは架空の動物の全体〔Whole Animal, Fictional or Mythological：(A)〕

(A)のコードは想像された架空の動物に用いられる。

① 「麒麟（キリン）」「リュウ」「ヤマタノオロチ」「ユニコーン」など神話や伝説に出現する動物や、「キングコング」「スヌーピー」「ミッキーマウス」「バイキンマン」など想像上の動物の全体像は(A)とコードする。

② 単なる「怪獣」は(A)とするが、「ゴジラ」「モスラ」など SF に登場する怪獣には、必要に応じて(A),Sc とコードする。なお「怪物」の場合は、被検者が人間的な対象を見ているのか、動物として眺めているのかを確かめることが望ましい。

③ 単なる「リュウ」は架空の動物として(A)をコードするが、既述のように「キョウリュウ」「シソチョウ（始祖鳥）」は過去に存在した動物であり、A,Ay とコードする。

④ 「餅をつくウサギ」「イヌがキスしている」「空を走っているトラ」などは A とコードし、決定因子はその種の動物の特徴でなく人間の行動であるから M をコードし、特殊スコアに INCOM や FABCOM などがつけられる。被検者が自発的に「おとぎ話にあります」とか「これは空想です」など、架空であると自発的に述べる場合は A ではなく(A)となり、特殊スコアをコードしない。なお「空を飛ぶダンボ」「蜂蜜をとるクマのプーさん」などは、想像された動物であり、内容は上述のように(A)をコードし、第4章で述べたように「想像された動物が通常行える運動」であるから、決定因子は FM をコードし、特殊スコアをつけない。

⑤ Ⅷ図全体を「紋章」と見て D1 を「ライオンの模様」と答えるのは、(A)ではなく Art,A とコードする。また「カエル。キャラクターグッズのカエル」などは A,Art である。

⑥ 「死んだアオムシ」「標本になったチョウ」など、生きていない動物にも

Aのカテゴリーを用い，必要に応じて特殊スコアとして MOR をコードする。

9．想像上あるいは架空の動物の部分〔Animal Detail, Fictional or Mythological：(Ad)〕

全体の姿を見ていれば(A)となる対象の一部分を見ている場合は，(Ad)とコードする。例えば「リュウの目」「カイジュウの手」などである。日本人に多く生じる「動物の面」は，既述のように Ma,(Ad)をコードする。

10．解剖（Anatomy：An）

人間や動物の内臓（肺，心臓，肝臓，脳など），神経，骨（頭蓋骨，肋骨，背骨，骨盤，脊椎），筋肉などのコードが An である。

①「解剖図」「脳の断面図」「組織の標本」などの反応には，二次的内容として Art を付加して An,Art とする。
②「肺のレントゲン写真」「脳のCT画像」などは，An ではなく Xy のコードを用いる。
③既述のように「歯」「舌」「のどちんこ」「肛門」「性器」など，外部から容易に見ることができる身体の器官は Hd とコードし，性的内容は Sx が二次的にコードされる。
④既述のように「がいこつ」については，単なる「骨」の反応も，「踊るがいこつ」のような反応の場合も，内容は An とコードする。
⑤Ⅲ図 Dd29 などを「心臓」のように内臓として答える時は An とコードするが，「トランプのハート」と知覚した反応は Art をコードする。

11．芸術（Art：Art）

Art は抽象的か具象的かにかかわらず，絵画・イラスト・漫画・彫刻・彫像・装飾品などの芸術作品を広く含むカテゴリーであり，芸術的・装飾的な意味あいをもつコードである。解剖図や地形の断面図など，何かの「拡大図」「断面図」には二次的内容として Art を用いる。

①「墨絵」「ピカソの絵」「彫像」など芸術作品は Art のカテゴリーに入る。ただし「人の彫刻」などは，既述のように H,Art とコードする。
②「家紋」「紋章」「勲章」「記章」「マーク」なども Art とコードする。われ

われは「旗」「水晶球」「凧」をIdとコードしていたが，現在の包括システムに従い，いずれもArtとコードすることにした。
③「王冠」「冠」なども装飾されている点からArtのコードを用いる。
④「標本」はArtとするが，「植物採集の標本」はArtを二次的内容として，Bt,Artとコードする。また「花の断面図」「解剖図」などは二次的内容にArtをつけ，それぞれをBt,ArtやAn,Artとコードする。
⑤「シャンデリア」は単なる「照明器具」(Hh)ではなく，装飾されているのでArtのコードを用いる。「ランプ」はHhであるが，装飾を強調する時はArtをコードする。またビグリオンは「魔法のランプ」をIdとしている。エクスナーは「噴水」をArt,Naとコードしているが，噴水も芸術的なニュアンスが強いので，われわれもArt,Naとしている。ただし「噴水」が装飾的なものを含まず，管と水を知覚しているだけの場合はId,Naとコードし，「噴水の水」のみならNaをコードする。なお「花瓶」「壺」はHhのカテゴリーに入れ，被検者が装飾を強調している時はArtとコードする。
⑥かつてエクスナーは「羽飾り」「ネックレス」などにCgのコードを用いていたが，最近これらをArtとしているので，われわれもこれに従っている。Cgで述べるように，われわれは衣装に関連した対象で「ネックレス」「イヤリング」のように装飾的意味合いが明らかに強かったり，被検者が自発的に装飾を強調した時はArtのコードを用い，「ネクタイ」「ベルト」「マフラー」のような内容は通常Cgとしている。
⑦単に「飾り物」という答は，装飾品なのか衣服なのかによってArtかCgをコードする。
⑧包括システムでは「絵の具」「インク」「きれいな色」「赤色」「パレット」などインクブロットの色彩を反応として答えた場合も，Artのコードを用いていた。ロールシャッハ・テストの解釈はコードだけではなく，その具体的な内容も当然検討するが，「色彩名」や「インク」などの内容の意味は，「王冠」や「シャンデリア」のArtと異なっている。最近，ビグリオンも単なるインクブロットをIdとコードしているが，われわれも「赤色」など単に色彩名を述べたり，芸術的意味がない「インク」「にじんだ色」などの反応にはArtではなくIdとコードすることにしている。

12. 人類学（Anthropology ： Ay）

知覚された内容が特定の文化や歴史的な意味をもつ反応には，Ay のコードを用いる。

① 「トーテムポール」「ピラミッド」「スフィンクス」「ナスカの地上絵」「ナポレオンの帽子」「ニューギニアの仮面」「石器時代の矢じり」「弥生時代の壷」「土器」「埴輪」「土偶」「甲冑」「昔のかぶと」など，文化人類学的な意味をもつ内容の対象は Ay のカテゴリーを用い，必要に応じ H や(H)や Art などを二次的内容としてコードする。

② 「石川五右衛門」「縄文時代の人」「キリスト」「釈迦」「ナポレオン」などについては，既述のように H,Ay のコードを用いる。

③ ワイナーは「東洋風の踊り」に Ay を用いている。われわれは「外国の踊り」「外国の寺院」「どこかの民族の帽子」と答えるのではなく，「アフリカの踊り」「トルコの踊り」と答えたり，「モスク」「パゴダ」など具体的に表現している時に，Ay を二次的内容として用いている。

④ Ⅲ図の「アフリカ原住民」やⅦ図の「アメリカ先住民」などは，単に「黒人」と答えるのと異なるので，H,Ay とコードする。

⑤ 「ナウマンゾウ」「テラノドン」などと過去の動物を意味づけた反応は A,Ay のコードを用いる。

⑥ わが国の検査者は，わが国の文化に慣れているために，Ay を適切にコードしにくい内容がある。この場合，他の文化の検査者なら Ay をコードするだろうかと考えることも必要である。例えば「歌舞伎の連獅子」「芸者の姿」「ドジョウ踊り」などは Ay もコードされる内容である。

13. 血液（Blood ： Bl）

人間または動物の血の内容である。われわれは「生理の血」の反応には二次的内容として Sx を用いている。

14. 植物（Botany ： Bt）

「木」「花」「海藻」などの植物全体や，「花びら」「雄しべ」「葉」「種子」「根」など，植物や植物の一部分や植物の集合を知覚した場合である。

① 多くの植物が集まった「森」「茂み」「花壇」なども Bt をコードするが，Ⅷ図で「向こうの方が山で，麓から花畑が続いている」というように，風

景を強調する場合は Ls をコードする。
② 「花の断面図」「植物採集の標本」は Bt, Art とコードする。

15．衣服（Clothing ： Cg）

人間が体につける衣料品は Cg のコードを用い，装飾的意味がいちじるしい場合は Art とコードする。

① 「帽子」「靴」「上着」「コート」「マント」「スカート」「スカーフ」「ネクタイ」「ベルト」など，ほとんどの衣服類には Cg のコードを用いる。
② 「毛皮のコート」「毛皮のジャンパー」は Ad, Cg とコードされる。
③ Art で述べたように，「イヤリング」「羽飾り」「ネックレス」「リボン」など，装飾に重点をおいた服飾品は Art のコードを用いる。しかし「バックル」や「毛皮のコート」に Cg と Art のどちらのコードを用いるべきかは決定しにくい問題であり，被検者の説明によったり，他の反応との関係を考慮してコードしなければならない。それでも Cg か Art かを決めにくい時，われわれは Cg とコードしている。
④ 「ブラジャー」「ビキニ」「バタフライ」などの下着には性的意味合いがあるので，Cg のコードとともに二次的内容として Sx をコードする。
⑤ 既述のように「鎧」「かぶと」「甲冑」は Ay をコードする。

16．雲（Clouds ： Cl）

Cl は内容が「雲」の場合のみのコードである。「霧」「かすみ」「もや」などは Na（自然反応）に分類する。

17．爆発（Explosion ： Ex）

① 爆発している状態を述べた内容であり，「爆発」「原爆」「火山の噴火」「花火」などは Ex とコードする。
② Ⅱ図や Ⅸ図に「宇宙船」や「ロケット」を知覚した場合，「ロケットの発射」「宇宙船がガスを噴射して飛んでいく」などと答えるのと，「ロケットが火を吹いている」「赤い火が出ている」はやや表現が異なっている。しかしこれらは「爆発」と異なり，統制することが可能であるから，われわれはいずれも Ex ではなく Fi をコードしている。
③ Ⅸ図「火山の噴火や爆発」は Ex である。「火山の火」のみなら Fi をコー

ドするが，「火山の火が爆発している」と答えた場合は，Fi のかわりに Ex をコードする。ただし爆発以外に火や煙を明細化している場合は Ex, Fi とコードする。
④ X 図「花火」は Ex をコードするが，被検者が「対称的になってきれいな花火」など芸術的意味合いを強調すれば，二次的内容として Art を用いる。

18. 火 (Fire : Fi)

「火」や「煙」の内容を知覚した時は Fi のコードを用い，「マグマ（溶岩）」は通常 Fi とコードする。「ろうそく」は Hh であるが，「ろうそくの火」「たいまつの火」は Fi とコードする。

19. 食物 (Food : Fd)

人間や動物にとって，食物あるいは食物とみなされた反応内容には Fd のコードを用いる。
① 「アイスクリーム」「クラッカー」「綿菓子」などの菓子，「リンゴ」「パイナップル」などの果物，「イモ」「ニンジン」「レタス」「ナス」「キュウリ」「トマト」などの野菜，「アジの干物」「魚の切り身」「ビーフステーキ」など，あらゆる種類の食物は Fd とコードする。エクスナーは「リンゴ」に Fd, Bt のコードを用いだしたが，われわれは Fd のみをコードしている。
② 「リスが食べる木の実」「クモが捕まえた虫」など，動物がその種にとって通常の食物である餌は Fd とコードする。
③ われわれはかつて「リンゴの皮」や「キウイの芯」などにも Fd のコードを用いていたが，食物といえないので Id とコードすることにした。
④ 「テンプラ」「フライ」は Fd とし，「魚のテンプラ」「エビフライ」「もみじのテンプラ」のいずれも Fd のみをコードする。
⑤ 「水」は本来 Na であるが，「瓶に入った飲み水」は「ワイン」と同じく Fd とコードする。
⑥ 「これ。イノシシが食べている何か」のように，食物や餌の名前をいわない時も，Id としないで Fd をコードする。
⑦ 原則として食物は Fd のみをコード化するが，「ウサギの形のクッキー」「魚のかっこうをしたせんべい」など，自発的に形態をとくに意味づけた

場合には二次的内容を加え，Fd,A とコードする。

20．地理（Geography ： Ge）
「オーストラリアの地図」「四国地図」などの特定の地図，「鳥瞰図」や「大陸の地図」「地図」など不特定の地図には Ge のコードを用いる。「海岸と島」「岩場と山」など，地図としてではなく実際の風景を知覚した内容は，Ge ではなく Ls（風景反応）のコードを用いる。

21．家財道具（Household ： Hh）
家具や道具に関連する反応内容であり，家庭で日常用いる道具のすべてを含んでいる。
① Hh には「椅子」「コート掛け」「うちわ」「臼」「ろうそく」「鏡」「コルク栓」「ナイフ」「包丁」「ドライバー」などさまざまなものがある。
②「花瓶」は Hh であるが，Ⅸ図などで芸術的な装飾を強調する時は Art とコードする。
③「毛皮」は Ad であり，「敷物」は Hh であるが，「毛皮の敷物」は Ad,Hh とコードする。

22．風景（Landscape ： Ls）
風景（景色）を知覚した内容であり，野山や河川や海の風景に関する内容にコードする。
①単に「風景（景色）」という以外に，「山」「島」「洞窟」「岩」「砂漠」「渓谷」なども，Ls のコードを用いる。
②「珊瑚礁」「海の底」「海中の風景」など海の中の風景にも Ls をコードする。
③既述のように「森」「茂み」「花壇」など Bt の集まりは Bt のコードを用いるが，風景の側面が強調されている時は Bt ではなく Ls をコードする。
④「石炭」「砂」「泥」などの反応内容も Ls とコードされる。これに対し自然反応で述べるように，「水」「海」「川」「池」などは Na のコードを用いる。なお既述のように Ls と Na が含まれる時は Na のみをコードする。

23. 自然（Nature ： Na）

BtやLsにコードされない自然環境に関する反応内容を幅広く含んでいる。既述のようにNaとLsとBtは孤立指標の計算に用いられるので，1つの反応にはこれらを重複させないで1つだけを選ぶが，計算式で2倍するNaを最優先する。Naは対象が自然現象であったり，対象が個体ではなく，水のように流動的なものであることが多い。

① 「宇宙」「空」「太陽」「星」「雨」「雪」「嵐」「虹」「霧」「夜」「竜巻」「つらら」「氷」「隕石」などの天体や天候に関連した反応内容は，自然現象としてNaのコードを用いる。

② 「水」「水たまり」「川」「滝」「湖」「池」「海」などの水に関連した反応内容はNaのコードを用いる。

③ 「雪の結晶」「岩石の結晶」などにはNaのコードを用いる。

④ 「滝が流れる風景」「海（湖）の見える景色」など水を含む風景は，LsではなくNaのみをコードする。

⑤ 「動物（あるいは風景）が水に映っている」という反射反応（Fr）において，被検者が自発的に「ここが水面で……」とインクブロットの一部に言及した時はNaもコードするが，単に「水に映っている動物（あるいは風景）」と答えた場合はNaをコードしない。

24. 科学（Science ： Sc）

科学あるいは空想科学（SF）に言及したり，その直接的・間接的な産物に関連した反応内容である。

① 「船」「ロケット」「飛行機」「バイク」「車」「新幹線」さらには「馬車」などの乗り物はScのコードを用いる。

② 「ピストル」「鉄砲」「弾丸の破片」「刀」「剣」など，武器類に関連した反応内容はScのコードを用いる。しかしエクスナーは「ナイフ」にHhのコードを用い，既述のようにわれわれも「包丁」「ナイフ」はHhとコードしている。

③ 「ビルディング」「橋」「灯台」「鉄塔」「エッフェル塔」「東京タワー」「宇宙船発射台」など科学の産物の建築物にはScのコードを用いる。なおわれわれは「宮殿」「寺院」「家」などを，ScでなくIdとコードしている。また「五重塔」などはAyのコードを用いている。

④「電球」のほか,「バーベル」「テント」「釣り針」「釘」「はさみ」「鎌」などは, これまで Sc に含まれている.「釣り針」「釘」「はさみ」「鎌」などは Sc よりも Hh のコードが適切とも思われるが, 現在の包括システムでは Sc とコードしている.
⑤「眼鏡」「サングラス」は被検者が強調する側面から Hh や Art のコードの可能性もあるが, われわれは通常 Sc とコードしている.
⑥既述のように「ロボット」は通常(H),Sc とコードするが, 人間的な姿を強調している場合は H,Sc とコードし,「インベーダー」「エイリアン」「仮面ライダー」などは(H),Sc とコードする.

25. 性（Sex：Sx）

知覚された内容が生殖器や性に関連した器官, 性的色彩のある行為に対するコードである. 包括システムでは「精子」のみを Sx とし, 通常 Sx を二次的内容として用い, 一次的内容の多くは H や Hd もしくは An である.
①包括システムでは「ペニス」「ワギナ」「乳房」「尻」をいずれも Hd,Sx とコードしている. 日本人が性的内容を答えることは少ないが, われわれもこの基準に従い,「性交」を H,Sx,「ペニス」「睾丸」「女性性器」を Hd,Sx,「子宮」を An,Sx,「月経」を Bl,Sx とコードしている.
②既述のように「ビキニ」「ブラジャー」「ショーツ」などの性的意味合いをもつ下着には Cg,Sx をコードする. また「女性の裸体」などに性的意味合いがあれば H,Sx をコードする.
③インクブロットに人間全体を知覚する被検者は,「頭, 頸, 胸, 乳房, 尻, 足……」と身体部分を順次説明することが多く, これらが性的色彩を有するとはいえないので, このような場合, われわれは「乳房」や「尻」に Sx をコードしない. これはとくにⅢ図 D9 の人間像の知覚で目立つ. しかし「乳房」を単独で答え, 性的な示唆がある場合は Hd,Sx をコードする.
④保育中の母親が「お尻」と答えることがかなり見られ, 単独で「尻」「臀部」と答えても, 性的な示唆がある時以外は, 機械的に Sx をコードしない.
⑤動物の場合の「尻」「しっぽ」も Ad のコードのみで, Sx を用いない.

26. エックス線写真（X-ray ： Xy）

エックス線写真の内容であり，「何かのレントゲン写真」「肋骨のレントゲン写真」「骨盤のエックス線写真」「胃のエックス線写真」「脳のCT」などがある。XyとコードするときはZ次的内容としてもAnを用いない。しかし「チョウのレントゲン写真」などは，Xy,Aとコードする。

27. 音楽（Music ： Mu）

エクスナーは「楽器」にScのコードを用いているが，われわれの資料では，日本人ではⅥ図の「弦楽器」が平凡反応になるほど出現率が高く，Muのコードを用いることにした。Muは音楽に関連したすべての対象を表し，「ギター」「三味線」「笛」「太鼓」「鈴」などの個々の楽器のほか，「楽器」の反応内容や，「鐘」「音符」などにもMuのコードを用いている。

28. 仮面（Mask ： Ma）

われわれの資料では，わが国の被検者には，「面」「仮面」「動物の面」という反応が多いので，われわれは「仮面」に関連した内容にMaのシンボルを用いている。エクスナーは「ネコの面」など動物の面を(Ad)，それ以外のあらゆる種類の面を(Hd)とコードしている。したがってわれわれは，単に「お面」「仮面」という答にはMaのシンボルを用い，「鬼の面」「天狗の面」「般若の面」「人の面」などにはMa,(Hd)をコードし，「ウサギの面」「キツネの面」「ネコの面」など，特定の動物の面はMa,(Ad)とコードしている。

29. 個性記述的内容（その他）（Idiographic ： Id）

反応内容が上記のどのカテゴリーにも属さない内容の場合，Idのコードを用いる。これには既述のように単なる「影」「シルエット」，「寺院」「宮殿」などの建造物，「貝」「リンゴの皮」などさまざまな種類の内容が含まれる。

第7章

平凡反応

第1節　平凡反応（Popular Response：P）と共通反応（Common Response：C）

　ロールシャッハ（Rorschach, H.）は平凡反応（P）を，インクブロットの特定領域に対し，3人のうち少なくとも1人に生じる同じ反応内容と規定したが，その後の研究者は出現率をゆるめて，6人に1人生じる反応とすることが多かった。中には4人や10人とする学派もあった。包括システムでは原点に返り，3人のうち1人以上に生じる反応内容を平凡反応としている。

　Pの内容は文化や時代の影響を受けやすく，被検者の母集団の性質によっても異なる。例えばⅩ図D1の「クモ」はアメリカにおいてPとされているが，わが国ではPとなる出現率に達していない。さらに反応内容の分類の仕方によってもPの内容は異なってくる。例えばⅠ図Wの「チョウ」と「ガ」は同じ形態であるので，これまでわが国の多くの研究者は「チョウまたはガ」として出現頻度を計算し，両者のいずれをもPとしている。しかし包括システムでは「チョウ」と「ガ」の出現率を別個に求め，「チョウ」のみをPとして「ガ」をPとはしていない。そこでわれわれも，わが国の健常成人400人について検討したところ，Ⅰ図Wを「チョウ」と答える者と「ガ」と答える者は，いずれも3人に1人以上の出現率というPの基準に達していなかった。

　このように平凡反応は文化の影響を受けやすく，またわが国ではPを6人に1人として解釈してきた流れもあるので，われわれはすべての反応について，3人に1人生じるPだけでなく，6人に1人の出現率となる反応も求め，これに該当した反応内容をPに準じる共通反応（C）と呼ぶことにした。これによると例えばⅠ図のPについては「コウモリ」のみが，400人中195人でPとなる。そして「動物の顔」は121人，「チョウ」は111人，「ガ」は80人で，3分の1の134人には達しないので，Pではないが，6分の1の67人を超えているのでCとなる。なお「動物の顔」は220人の資料（高橋・西尾，1994）

表7-1 平凡反応(P)と共通反応(C)の内容

図版	領域	P	領域	C
Ⅰ図	W	コウモリ：A	W W WS	チョウ：A ガ：A 動物の顔：Ad
Ⅱ図	W D6かD1	人間2人：H D6は動物2匹：D1は1匹：A（頭はいずれもD2の方向）		
Ⅲ図	D9かD1	人間：H （D1は2人である）		
Ⅳ図	WかD7	人間または人間類似のもの：Hあるいは(H)（人間，巨人，怪人，SFで創作されたもののように人間全体の形）	WかD7 WかD7	怪獣：(A)あるいは(A),Sc 毛皮：AdあるいはAd,Hh
Ⅴ図	W	チョウ（D6を頭と見る）：A コウモリ(D6を頭と見る)：A		
Ⅵ図	WかD1 W	毛皮：AdあるいはAd,Hh 弦楽器：Mu		
Ⅶ図	W	人間2人：H		
Ⅷ図	D1	4本足の動物：A（カメレオン・トカゲを含む）		
Ⅸ図		なし		
Ⅹ図		なし		

ではPであったが，今回の資料からはCとなった。またⅢ図についてエクスナー（Exner, J.）は，「人間または人間類似のもの」と定義しているが，わが国の被検者の場合，「人間」のみでPの基準に達しているので，「人間類似」というPの基準は除いている。さらにわれわれは「特定の領域に同じ内容を答える」被検者の数が3人に1人以上に生じる反応をPとしているので，Ⅶ図のPについてエクスナーと異なっている。すなわちエクスナーはⅦ図のD1，D2，Dd22の領域に関係なくD9を「人間の顔」と答えた場合をPとコードしているが，われわれの資料ではWの「人間2人」が3人に1人の基準に該当するので，これをPとコードしている。

このように，われわれは健康な日常生活を送っているわが国の健常成人400人の反応で，特定領域に対し，3人に1人以上（400人中の134人以上）が，同じ内容で答える反応をP，Pの基準値に達しないが6人に1人以上（400人中の67人以上）の出現率の反応をCとしている。この結果は表7－1のようであり，11個のPと5個のCとなった。

これをエクスナーの平凡反応13個の内容と比較するとかなり異なり，わが国の被検者の場合，Ⅸ・Ⅹ図に平凡反応が出現しない半面，Ⅱ図W「人間2人」やⅥ図W「弦楽器」のPは，アメリカではPとコードされない。いずれにせよ文化を異にする国のPを，わが国の被検者にそのまま用いることが適切とは考えられず，われわれは包括システムのPとして今回決定した反応を用いている。なおPをコードする時の詳細は次の「各図版のPとC」によられたい。さらにPやCと決定した根拠の数値は第10章に述べたので参照されたい。

第2節　各図版のPとC

Ⅰ図　P：W「コウモリ」，　C：W「チョウ」あるいは「ガ」，
　　　　WSあるいはW：「動物の顔」

P　：W「コウモリ」

　Wの領域にAである「コウモリ」を意味づけ，インクブロットの上部を頭の方と知覚している場合にPをコードする。時に「白い斑点のついたコウモリ」など，WSとコードされる反応も見られる。これも全体の形態を「コウモリ」と知覚している点では同じであるので，Pとコードする。

C　：W「チョウ」

　Wの領域にAである「チョウ」を意味づけた時がCである。時に「模様のあるチョウ」など，WSを意味づける被検者も見られる。なおPやCは基礎概念によってコード化するので，「ボロボロの羽のチョウ」のようにMORを伴うAや「チョウの標本」のA,ArtなどもCとコードする。

　既述のようにエクスナーは，Ⅰ図Wの「チョウ」をPとコードするが，わが国の被検者の出現率ではPに該当せずCとコードする。

C　：W「ガ」

　エクスナーは「ガ」をPとコードしないし，わが国でもPに該当しない。しかしWの領域にAである「ガ」を意味づけるわが国の被検者は6人に1人

以上見られ，Cとコードする

C ： WS「動物の顔」

WS（まれにW）の領域にAdである「動物の顔（頭）」を意味づけた反応であり，DdS30を「目」，DdS29を「口」と答えることが多い。「イヌ」「オオカミ」「キツネ」「ネコ」などの顔（頭）以外に「動物の顔」と答えた場合もCをコードする。ただし「アリ」「カマキリ」「虫」などの頭（顔）はCとコードしない。またMa,(Ad)である「動物の面」「キツネの面」などの反応もCとコードしない。なおDdS30を「目の上の白い毛」，DdS29を「目」と見る場合はCとコードする。

II図　P：W「人間2人」，D6あるいはD1「動物」

P ： W「人間2人」

D1の領域（身体）とD2の領域（頭）をまとめ「人間」と知覚し，Wの領域にHとして「人間2人」を答えた反応をPとコードする。例えばWとして「人間2人」「ピエロ2人」「女性2人」と答えるなどである。なお「こびと2人」や「魔法使い2人」は(H)であるのでPとコードしない。

P ： D6あるいはD1「動物2匹あるいは動物1匹」

D6の領域にAとして「動物2匹」を答えるか，D1の領域にAとして「動物1匹」を答えた内容はPとコードする。これには「クマ」「ゾウ」「イヌ」など，さまざまな種類の動物の全身像が含まれる。この場合，動物の頭部はD2の方向であり，Dd23の方向が頭部の場合はPとコードしない。またエクスナーは「動物の頭部か体の上半身」もPとしているが，わが国の被検者は動物の全身像を知覚しても，頭や上半身を知覚することが少ない。したがってわれわれは「動物の頭部や上半身」をPとはコードしていない。

III図　P：D9あるいはD1「人間1人あるいは2人」

D9の領域にHとして「人間」を知覚し，Dd32を頭部と見た内容はPとコードする。わが国の被検者は左右のD9を「2人の人間」と知覚する場合が多く，この形のPが多い。さらに彼らはD7に「太鼓」「臼」「荷物」などを知覚し，D1の領域を「人間2人と何か（太鼓・臼など）」と答えたり，D1全体をやや漠然と見て「人間が2人」と答える者も多い。したがってわれわれはD9を「人間」と答えたり，D1を「人間2人」と答えた場合にPをコードしてい

る。なおインクブロット全体を「火祭りをしている2人の人間」などと答え，D9 を統合しWとして答えた場合も P をコードする。さらにこの領域を「人形」「漫画」「壁画」などと答え，H, Art とコードされる内容も P とコードする。

Ⅳ図　P：W あるいは D7「人間か人間類似のもの」，
　　　　C：W あるいは D7「怪獣」と「毛皮」
　P　：W あるいは D7「人間か人間類似のもの」
　W か D7 の領域に H や(H)として「人間（人間，大きな男など）か人間類似のもの（巨人，怪人，雪男，宇宙人など）の姿全体」を答えた場合，P とコードする。なお W の場合，D1 を「椅子」「木の株」「バイク」などと意味づける者もいるが，漠然と全体を意味づける者も多い。
　C　：W あるいは D7「怪獣」
　W か D7 の領域に人間の姿ではなく(A)として，「怪獣（ゴジラを含む）」を答える者は P に達しないが，6人に1人の出現率であり，われわれはこれを C とコードしている。
　C　：W あるいは D7「毛皮」
　W か D7 の領域に Ad あるいは Ad,Hh として，「毛皮（クマの毛皮．毛皮，敷物などを含む）」と答える者は，「怪獣」と同じように P にコードされるほどではないが，C の出現率に達しているので，これを C とコードする。

Ⅴ図　P：W「チョウ」，W「コウモリ」
　P　：W「チョウ」
　D6 を頭部と見て，W の領域に A として「チョウ」と答えた場合，P をコードする。われわれの資料では，「ガ」の出現頻度は P にも C にも該当しない。
　P　：W「コウモリ」
　D6 を頭部と見て，W の領域に A として，「コウモリ」と答えた場合，P をコードする。

Ⅵ図　P：W「弦楽器」，W あるいは D1「毛皮」
　P　：W「弦楽器」
　W の領域に Mu のコードがつく「弦楽器」を答えた反応を P とコードする。

わが国の被検者はⅥ図に「毛皮」よりも弦楽器を答える者が多い。彼らは「楽器」といって「弦楽器」の説明をしたり，「三味線」「琵琶」「ギター」「バイオリン」「チェロ」などを答えたりする。

　P　：W「毛皮」
　WあるいはD1の領域に「毛皮」と答えた反応をPとコードする。これは「なめし革」「キツネの毛皮」「トラの皮」「毛皮のじゅうたん」「動物の毛皮の敷物」など，さまざまに表現されるが，「皮」や「毛皮」としてAd,「じゅうたん」などではAd,Hhの内容コードを伴う。

Ⅶ図　P　：W「人間2人」
　エクスナーによると，Ⅶ図のPはD9を人間の頭（顔）と見る反応であるが，D9のみではなく，D1, D2, Dd22の反応に含まれたD9の頭（顔）も含めている。これは異なる4つの特定領域に同じ人間の頭（顔）という内容を含んだ反応の出現率によっているので，特定の1つの領域D9に対する場合よりも，出現頻度が増えてくる。既述のようにわれわれは特定の1つの領域のみに対する，同じ反応内容の出現率によってPを考えている。この基準によると，Ⅶ図ではWの領域にHとして「人間2人」を答えた場合がPに該当する。なおⅦ図のインクブロットの片側（Dd22）のみを「人間」と答える者はきわめて少ないので，Pとはコードしていない。

Ⅷ図　P：D1「4本足の動物」
　エクスナーはD1の領域を「通常，イヌ科，ネコ科，げっ歯類の動物の全身像」と答えた反応をPとコードしている。われわれも同じように，D1の領域にAとしての「4本足の動物」を答え，頭部がD4の方向にある場合にPをコードする。したがって頭をD2の方向に見た「アルマジロ」などはPとコードしない。第10章の出現頻度に明らかなように，わが国の被検者は単に「動物」と答えることが多く，個々の動物名を述べる場合，「クマ」「ヒョウ」「カメレオン」「イタチ」「ネコ」「ネズミ」……の順に多く出現する。Ⅷ図D1で答えられる動物の多くは「ほ乳類」であるが，Pの解釈上の意味を考え，4本足の動物で輪郭が一致し，出現頻度が高い，「カメレオン」「トカゲ」も「4本足をもつ動物」として，われわれはPとコードしている。
　ロールシャッハ・テストは動物の生物学的分類を行うのではないから，「ほ

乳類」であっても「ゾウ」など出現頻度がまれで，その輪郭がインクブロットの構造と異なる内容はPとコードしない。またD1を時々「クジラ」「魚」と答える者がいるが，Pではない。この場合，説明を求められた被検者が「動物」の足に見える部分を除いている時の形態水準はuであり，含めている場合は－をコードする。

　なおⅧ図Wを「風景」と見て，D1に動物を見ている場合もPをコードするし，既述のように，Ⅷ図Wを「置物」「紋章」と見て，D1の「動物」をその一部として述べた時もPがコードされる。

Ⅸ図　PもCもなし
　エクスナーはD3の領域に「人間あるいは人間類似のもの」を答えた場合をPとしているが，わが国の被検者では，この反応はCとコードできる出現率にもならなかったので，Ⅸ図にはPにもCにも該当する反応内容は見られない。

Ⅹ図　PもCもなし
　エクスナーはD1の領域に「カニ」「クモ」を答えた場合をPとしているが，わが国の被検者では，この反応はCとコードできる出現率にもならなかったので，Ⅹ図にはPにもCにも該当する反応内容は見られない。

第8章

特殊スコア

　ロールシャッハ・テストで答えられる言語表現の中には，通常と異なる表現や内容が見られる。かつてラパポートら（Rapaport, D., et al., 1946, 1968）は，これを25項目に分類しながらも，「われわれはスコアの基準を作ったのではない。この言語表現は質的な表現であり，完全に区別したわけではない」と述べていた。包括システムを体系づけたエクスナー（Exner, J., 1974）は，当初，「通常でない言語表現」をコード化していなかったが，通常と異なる言語表現がパーソナリティの理解に有益であると考え，これらを数量化するようになった。すなわち彼は1976年から1991年にかけ，ラパポートらの分類を参考にして，特異な言語表現や特殊な内容を表す言語表現として，DV, DR, INCOM, FABCOM, CONTAM, ALOG, PSV, CONFAB, AB, AG, COP, MOR, PER, CPの14個の特殊スコアを用いるようになった。包括システムでは，この中のDV, DR, INCOM, FABCOM, CONTAM, ALOGの6つの特殊スコアを，認知の歪みを表す，重要な6つの特殊スコア（Critical 6 Special Scores）と呼んでいる。その後も続けられた実証的研究の結果，CONFAB（作話反応：Confabulation）の基準に問題があり，コードとしての信頼性がないことから，このコードは除かれた。さらに新しく人間表象反応としてGHRとPHRが加えられ，現在では，DV, DR, INCOM, FABCOM, CONTAM, ALOG, PSV, AB, AG, COP, MOR, PER, CP, GHR, PHRの15個の特殊スコアが用いられている。われわれもこの特殊スコアのコードを用いているが，後述するようにPSV（固執）の中の機械的固執の基準を作り，PSVSと呼ぶとともに，新しくSDというコードを用いている。

　また特殊スコアのコードも重複する場合があるが，DVとDRが存在する時はDRのみをコード化し，CONTAMとコードされた反応には，DV, DR, INCOM, FABCOM, ALOGの他の5つの重要な特殊スコアはつけない。

　なお言語心理学によっても明らかなように，言葉は文化の産物であり，西欧の文化に存在する言葉がわが国に存在しなかったり，同じような言葉でも意味

する内包が異なっていたり，言語表現の仕方がまったく異なることも多く，エクスナーが特殊スコアとしてあげる例を，日本語に翻訳しても理解しにくいことが多い。したがって特殊スコアの定義と実例は，とくにわが国の被検者の資料によることが望ましく，高橋（2000）はわが国の健常者と精神障害者の実例によって，特殊スコアについて詳細な研究を行っている。

第1節　認知機能の歪みの程度

　包括システムでは，認知機能の歪みの程度を表すために，重要な6つの特殊スコアの中のDV, DR, INCOM, FABCOMの言語表現を，通常と異なる歪みや混乱の程度によって，レベル1とレベル2に分類する。レベル1とレベル2の違いは，被検者が現実を無視する程度であり，日常，誰にでも起こる「言い間違い」のような，認知の軽度の失敗にレベル1を，不適切な思考に基づく奇妙で「重大な認知の混乱」にレベル2のコードを付加する。レベル1の反応とレベル2の反応は，認知機能の歪みという連続した流れを分割したものであり，両者の間に明確な区分は存在しない。したがって認知機能の中程度の歪みを表す反応は，どちらのレベルにコードするかの問題が生じやすい。しかしロールシャッハ・テストを多くの健常者や精神障害者に実施し，他の研究者の文献も参照にすることにより，レベル1とレベル2の分類はかなり容易になる。そしてどちらのコードを用いるべきかの判断に迷う時は，控えめの態度を取り，レベル1とコードすることが望ましい。レベル1をコードする時は，DR1のように記載せず，単にDRとのみ記載することが多い。なおレベル2の時はFABCOM2のように記載する。

　また反応のレベル1とレベル2を区別する時，年齢，学歴，文化的背景は考慮しないでコードする。なお，ある文化や副次文化で用いられる方言や隠語は，そこに所属している人が使っても，所属していない人が使っても特殊スコアとはしない。例えば幼児が「ネコ」のことを「にゃんこちゃん」と答えるのは自然であり，成人が答えるのは年齢不相応で不自然な感じを与える。しかし成人が幼児語を使っても，特異な言語表現とはならず，特殊スコアとはしない。また反社会集団に所属する被検者が，女性を隠語で「スケ」と答えるのは自然であり，高学歴の人がⅦ図を「スケ2人」と答えるのは奇妙な感じを受けるが，特異な言語表現とはならず，特殊スコアとはしない。ただしこれらの反応をコード化しなくても，解釈において考慮することはいうまでもない。

1. レベル1

　上述のようにレベル1もレベル2の反応も，答えられた言語表現が，間違っていたり，筋が通らなかったり，場あたりの思いつきであったり，奇妙であったりする。そしてレベル1とコードされる反応は，非論理的で不適切な思考が軽度から中程度に見られる場合であり，日常生活にも生じる軽度の「認知のつまずき」を表す。したがって被検者が伝達しようとする意味や意図を，比較的容易に理解できる言語表現である。例えば「鳥が2羽いる」というつもりで，「鳥が2個いる」と言い間違えるような場合である。レベル1とコードされる言語表現は，健康な人でも，十分な注意をしていない時に生じる言い間違いや誤った判断であり，奇妙なものではなく，思考の歪みを表すような言語表現ではない。レベル1の反応は低年齢や教育の不十分な人，よく考えない人，不注意な判断をしやすい人，言語表現の仕方を配慮しない被検者に生じやすい。

2. レベル2

　レベル2の反応は同じ非論理的思考でも中程度から重篤な歪みであり，過度に抽象的であったり，奇妙であったりするために，被検者が伝達しようとする意味や意図を理解しにくい言語表現である。例えばX図D2を「ランセッシ。卵子と精子があるから」と答えるような言語表現である。しかしレベル1とレベル2を識別する場合は，言語表現自体だけによらないで，反応全体の流れを考慮する必要がある。Ⅲ図D9の「鳥女」という言葉自体はレベル2の印象を受けるが，被検者が「女性に見えます。でも頭が鳥のようにも見えるので，バットマンやスパイダーマンをまねて，鳥女といってみたのです。まあ冗談ですが……」と答えた場合は，レベル2ではなくレベル1とコードすべきである。レベル2は思考障害の見られる統合失調症者など，精神障害者の反応に生じやすく，慎重にコードすることが望ましい。

第2節　特異な言語表現（Unusual Verbalization）

　特殊スコアの中の①逸脱言語表現（DV，DR），②不適切な結合（INCOM，FABCOM，CONTAM），③不適切な論理（ALOG）の6つは，明確なコミュニケーションを妨げる特異な言語表現（Unusual Verbalization）である。これは重要な6つの特殊スコア（Critical 6 Special Scores）と呼ばれている。この6つの特殊スコアは，ロールシャッハ・テストにおける認知のつまずきを表し，

認知活動，とくにその機能障害を捉えるのに重要な変数であり，知覚や思考を含む認知のずれを明らかにするのに役立つ。

1. 逸脱言語表現（Deviant Verbalization : DV）

逸脱言語表現（DV）は基本的に単語の用い方の誤りと歪みであり，①造語と，②重複性に分けられる。なお同じ反応の言語表現が DV と次の DR のいずれにも該当する時は，DR のみをコードする。

1）造語（Neologism）

包括システムで用いる造語の概念は，精神医学で用いられる造語の概念よりも広い概念である。すなわち被検者の言語能力に合致した正しい言葉ではなく，不正確もしくは不適切な言葉で，慣用的でない言葉が造語である。われわれは次のような言語表現を造語として，特殊スコアの DV とコードしている。

①被検者の言語能力から見て不正確，または不適切な言葉（単語），誤って記憶している言葉（単語），従来から言われている意味での造語や，造語に近い言語表現を DV とコードする。したがって対象を修飾する単語が不適切な場合も DV とコードする。レベル 1 とコードされる言語表現は以下に述べるように，単なる言い間違いや不正確な言葉であり，健康な人にも時々生じる。

（1）DV のコードについては，文化的背景を考慮する必要があり，「電灯」を「電気」，「電灯の笠」を「電気の笠」というなど，その文化において慣用的に使われている場合は DV とコードしない。したがって被検者の年齢・生活地域・職場などで通常使われている言語表現（隠語のような表現を含む）は DV とコードしない。

（2）「アダムスキー型 UFO」を「アダムスミス型 UFO」，「ニッカボッカ（ニッカーボッカーズ）」を「ニッカボック」というように記憶の誤りといえるようなものはレベル 1 の DV である。

（3）「カイゼルひげ」を「ヘイゼルひげ」，「カタツムリ」を「カラツムリ」，「大腿骨」を「たいだい骨」，「どくろ」を「ろくろ」というなど，言い間違いの場合はレベル 1 の DV である。

（4）「人魂」を「人火」や「人の玉」，「図案」を「形象図」，「ゴボウの天ぷら」を「きんぴら天ぷら」，「魔法使い」を「呪い屋」というなどは，いわゆる造語であり，レベル 2 の DV をコードする。さらに DV2 の

造語としては,「カメレオンマン」「結合胎児」「十字星の磔（はりつけ)」のほか,意味不明の「マモ」「ペコペコ飛ぶコウモリ」「変態色」などが見られる。

② 被検者が反応段階で DV とコードされる反応を答え,質問段階などで,その反応を取り消しても,元の反応と DV のコードは変更しない。しかしビグリオンもいうように,被検者が反応段階で,言い間違えた言葉に気づいて,ただちに訂正した場合は,DV をコードしない。

　(1) 例えば反応段階で「ミトン」と答えるつもりで「マトン」と答え,すぐに「マトンでありません。ミトンをマトンと言い間違いました。食物でなく手袋です」と訂正した場合は,「ミトン」の答をコードし DV をコードしない。しかし質問段階になってから,「先ほどマトンといったのは言い間違いでした。ミトンです」と,間違った言語表現を自発的に修正して正しく答えても,「マトン」という元の反応と DV をコードする。

　(2) 質問段階で「そのような答をしていない」と反応段階の答を完全に忘却している場合は,答を訂正したのではないから,やむを得ず領域を Dd,推論される決定因子とマイナスの形態水準などをコードするが,特殊スコアの DV はコードしない。

　(3) 質問段階で「今見ると,そうではなく……です」と反応段階の答を否定して,新しい答に変えた時は,「先ほどは……といっておられましたが。……について説明してください」と反応段階の答を示して質問をする。それにもかかわらず被検者が「先ほどのは誤りでした」とか「今見ると……ではなく,……です」と,反応段階の答の訂正に固執する場合も知覚対象の修正として DV をコードする。

③ 助詞・助動詞や語順などの文法的誤りは,レベル１の DV をコードする。ただし文法的誤りの場合も,反応段階で被検者が誤りに気づき,ただちに修正した時は DV をコードしない。しかし質問段階において被検者が修正した場合は,自発的であっても,元の反応と DV をコードする。

　(1)「ゾウが２つ」「人形が２人」などの助数詞の言い間違いは DV とコードする。なお「鳥２匹」のように慣用語として是認されている助数詞の場合や,動物を数える時,頭と匹を誤用する場合などは DV としない。

（2）「火を（が）燃えている」「トラが（を）解剖したところ」「靴を（で）踏んでいる」などの助詞の言い間違い（括弧内が正しい）や助詞の省略などはDVをコードする。
（3）「虫のガ」を「ガの虫」,「動物の皮の敷物」を「皮の動物の敷物」などの語順の誤りはDVとコードする。

2）重複性（Redundancy）

「大きい大木」「小さい小鳥」のように，被検者が意図しないで，対象の性質を重複して述べるような，おかしな言葉づかいが重複性であり，DVをコードする。したがって「葉」と「歯」のように同じ発音の言葉を区別する目的で，「葉，木の葉です」と答えたり，説明のつもりで「海藻，海の中の海藻」と答えるなどは，被検者が自発的・意図的に重複して述べているのでDVとはコードしない。ロールシャッハ・テストのコード化のすべてについていえることであるが，コード化は被検者の答を機械的に置き換えるのではなく，被検者の意図や知覚に基づいて行わねばならない。

重複性のDV1の例としては，「大きな巨人」「小さい微生物」「おなかの中の胎児」「女の姉妹」「黒い黒人」などがある。DV2の例としては，「男の人のペニス」「3人のトリオ」「死んだ人の葬式」「女性の子宮」「骨の骨盤」などが見られ，「べっぴん美人」などもDV2とコードされる。

2. 逸脱反応（Deviant Response : DR）

逸脱反応（DR）はDVと同じように奇妙な印象を与える言語表現であるが，DVが単語の不正確な使用や誤用であるのに対し，DRは句（連文節）や文という，長い言語表現全体の逸脱である。DRとコードされる言語表現は，「これは何に見えますか」という課題の要求や本質から逸脱し，インクブロットの特徴にこだわったり，過度の空想に走ったりして，奇妙さが目立ち，被検者が伝達する内容や意図を理解しにくい表現である。

DRのレベル1とレベル2の区分も，明確な分割点はないが，DR2とコードされる被検者の伝達内容は，検査者が求めている要求からいちじるしく離れた無関係な内容であり，奇妙な印象が強く，表現の意図や意味を理解しにくい。またレベル2のDRの多くは思考障害を表す内容であり，健康な精神状態の人よりも精神障害者の反応に生じやすい。

このテストが要求する課題から離れた言語表現は，DRをコードする手がか

りとなるが，被検者がどのような状況において，いかなる態度で言語化したのかを考慮することも必要である。例えばIX図D3を「イセエビに見える。本当はカニの方がよかったのに」という反応は，明らかに奇妙な答であり，DR2とコードされる。また「イセエビ。腹がすいているからかな」の答も，生じやすい言語表現ではないが，被検者がテストへの防衛的構えによって，冗談めかして答えたり，ユーモアのつもりで答えたり，親近感を示すつもりで答えることもあり，話し方や態度によってはDRとコードする必要はない。同じように「人間と昆虫の戦い。映画の見過ぎですよね」「巨大な化け物。どの絵も，おかしな絵ばかりですね」と答えたり，「チョウ。でも厳密にいえばチョウではない。誰がこんな絵を作ったのだろう」「化け物。こんな気持ち悪い絵を作ったのは誰ですか」などの言語表現も，被検者の話し方や態度によってDRとコードするかどうかを決定すべきである。とくにロールシャッハ・テストに習熟しようとする検査者が，身近な友人などに実施する場合，課題から離れた言語表現が生じやすいものである。

どのような反応をDRとコードするかについて，われわれは，①不適切な語句，②迂遠反応，③個人的連想，④その他，過度の空想化に一応分類している。なお既述のように，DVを伴うDRが見られる言語表現にはDRのみをコードする。

1）不適切な語句（Inappropriate Phrase）

知覚対象についての連想が通常よりもいちじるしく偏った語句である。例えば，①「戦国時代に流された血」のように，推敲や修飾する言語表現がいちじるしく不適切であったり，②「ゴキブリ。動物愛護の精神に反しますよ」などのように，課題から逸脱した，反応自体に関係のない言語表現であり，被検者が伝達する内容を被検者が理解しにくい言語表現である。不適切な語句は，迂遠反応よりも比較的短い言語表現である。

DR1の例

「桐の葉。花札の6月やな」「花。花は夕方に切ったらあきません」「火。この色だったらあまり火力は強くないな」「模様。描くのならもっといいのに描きたいね」

DR2の例

「人体の解体。内臓。人権蹂躙ですよ」「悲劇的に流れた血」「チョウ。美しく飛んでいるのでなく，怖いぞといって飛んでいる」

2）迂遠反応（Circumstantial Response）

課題を無視して，ながながと不適切にくわしく述べたり，変わりやすく，まとまりのない反応であり，われわれは，これを①連想弛緩と②思考奔逸とに分けている。

①連想弛緩

過度の空想化を伴い，不適切な語句よりも言語表現が長く，多弁な反応という印象を受ける場合である。

DR1 の例

「2,000年ぐらい前の古代に，勝利のお祝いをしている感じ。古代の勝利のお祝いに，たき火をしている」「ヒヨコの人形。頭に毛が生えず，くちばしが黄色くて。これ黄色でないけど。私の母はヒヨコが好きで，子ども時代によくヒヨコの玩具を買ってくれました」

DR2 の例

「黒人の女性が太鼓を叩いている。常識では女でなく，男が叩くのですが」「ヘビ，コブラ，キングコブラ。コブラの三角形に似ている。コブラの中で一番強くて偉い奴。どうせいうなら，王様がよいと思って」「色が黒で統一されているから悪魔。見たことはないが，ひょっとするとこんな形かと思った。この絵を見てエンジェルを思い浮かべる人はいないと思います」

②思考奔逸

ここでいう思考奔逸とは連想弛緩と同じように過度の空想化であるが，健常者にはほとんど生じない。思考奔逸の言語表現では連想が弛緩するだけではなく，不必要な修飾や推敲が見られ，内容を理解しにくく，支離滅裂なことも多く，ほとんどはレベル2の DR とコードされる。例えば次のような言語表現である。

「空洞，孤独ですね。ぽっかり穴があいている。囲まれた穴。集団ですね。ここにいる以外がドッペルザンガー（ゲンガー）。二重分子（二重身）です」「三味線。作るのは猫の皮。というように開いてハンドバッグでも，ウマの皮のようにいろいろあります」「ステーキにケチャップ。赤を思い出したらレッド。紫色のケチャップ。レストランの赤いケチャップ。肉の焼き加減のもの」

3）個人的連想

知覚対象に関連した自己言及の仕方が，対象の説明として不適切な場合である。これは，後述の個人的内容（PER）が反応を正当化する根拠として個人的

な経験を述べるのと異なり，個人的連想で伝達される内容が奇妙であったり，理解不可能であったりすれば，DR とコードする。しかし既述のように被検者がユーモアのつもりや，冗談めかして答えようとしていないかなど，被検者の行動や態度を配慮することも必要である。例えば「プロレスの面。私はプロレスが好きなのです」「天ぷら。もう昼飯時間ですね」など，反応語からの連想を1語句で短く述べるのは，必ずしも DR ではない。しかし，さらに連想が続いていく場合は DR とコードすべきである。例えば上記に続けて「実は親父が私以上にプロレスが好きですが，母親はプロレスが嫌いです」「ここの病院の食事でエビの天ぷらなどめったに出ません」のように，連想がそれていく場合は DR や DR2 とコードされる。

①対象への好悪の感情からの連想・逸脱

DR1 の例

「魚。実は私，魚が嫌いです。見るのもいやです」「戦争。反対です。寒気がしてきました」「トンカツ。おいしそう。トンカツ大好きやねん」

DR2 の例

「タコ。私はエビが好きだから，エビの方がよいのに」「クモ。私の大嫌いなクモが，大手をふって襲いかかろうとしています」

②対象への自己の内的・外的状態の関連づけ

DR1 の例

「歯。私，虫歯です。歯医者に行きたいのですが」「クモが何かにすがりついている。僕自身が不安定なせいかな」「天ぷら。エビ天のよう。何しろおなかがすいているのでね」

DR2 の例

「軍配にしとこ。あんまりコウモリばかりいうと怒られるからな」「相撲取り2人。なるべく正常に見えるように答えています」「統合失調症。ばらばらです。僕の状態です」「唇。いやノーコメントと書いてください。エロ的なことは嫌いです。エロ的なのは見ていませんよ」

③知覚した対象を見た経験がないことの強調

DR1 の例

「雪男。実際に見たことはないけど」「飛んでるコウモリ。見たことないのですけど」「女性器。僕は見たことがないんですよ」

DR2 の例

「赤い色の動物。本当にいるかは分からない」「誰も見たことがない女性器」「虫のような生物。でも実際にはいない昆虫」「地図。実際には存在しない地図。わざわざ作った地図」

4）その他，過度の空想化

DR の基準の設定はかなり困難であり，上記のように分類できない表現は多い。おもに統合失調症者の答から集めた DR のいくつかを次に例示する。

DR1 の例

「アジサイ。でも今はその季節ではありません」（「アジサイ。今が満開ですね」は，被検者の言語表現の仕方や季節によっては DR とならない）「ガ。ガの親玉。根性悪そうなガです」「酒に酔っぱらった黒人。赤いのは酒に酔っぱらったからです」

DR2 の例

「レントゲン写真。誰かの，その人のレントゲン写真です」「怪獣がいっぱいいる。そのくせ何もできない」「人間が頭が発達して大きくなったが，互いに話し合っている」「人間の顔が4つと体が1つひっついて生まれた人。互いに電波を出しあっている」「ハートがないと乳房にみえる」「胃を切られて腰が2つに砕けている。切られているから」「つらら型が四角になってる。解けない氷だから」「マルグリッド。黄色，赤，オレンジ，青も。マルグリッドは人の名。マルグリッドが好きな色つけたらこうなると思う」「鼻血。出てきそうだから。これが出てくるからです」「人形が吊してある。でも，ひもをとめてある柱がない」

第3節　不適切な結合（Inappropriate Combination）

不適切な結合とは，表現された言葉自体に逸脱はないが，現実を無視した不適切な仕方で，印象や考えを圧縮した反応であり，対象や属性の不適切な結合である。これらはイメージ，対象，あるいは対象に属する活動の間に，非現実的な関係を推論した反応であり，①不調和結合（INCOM），②作話的結合（FABCOM），③混交（CONTAM）に分けられ，INCOM と FABCOM はレベル1とレベル2に分けられる。

1．不調和結合（Incongruous Combination：INCOM）

不調和結合（INCOM）とは，ある対象の属性（構成部分）として不適切な

属性が与えられた反応である。これは1つの知覚対象を中心にして，インクブロットのいくつかの領域のもつ性質（形態・色彩・濃淡など）から生じた知覚対象を帰属させ，不調和で不釣り合いな圧縮を行った反応である。

　例えば「セミの甲羅」という答は，「セミ」と「甲羅」自体を別個にいう時は問題とはならないが，両者を1つの対象にまとめると不調和結合となる。また「チョウ。左右につばさがある」という答で，「つばさ」自体は逸脱した言語表現ではないが，チョウの属性（構成部分）として不適切であるからINCOMとなる。この場合，包括システムではチョウの羽をつばさと言い間違えたという意味でのDVではなく，不調和な圧縮がなされたとしてINCOMをコードする。また例えばINCOMとコードされた「色つきのコウモリ」を，質問段階で「色つきのコウモリはいませんね」と修正した時も，言い間違えのDVではなく，INCOMのコードのままとする。

　なお「チョウ。角のあるチョウ」はINCOMであるが，「触角」を思い出せず，「チョウ。ここに，角みたいなものがある。角でなくて……」と答え，「角」と断言していない場合は，INCOMをコードしない。また例えば「頭のない人」「足のない人」のように，ある属性（構成部分）が欠如した対象を知覚した時は，INCOMをコードしないで，内容をHdとし，特殊スコアとして，後述のMORをコードする。既述のように「頭を向こうに下げて歩いているから，頭が見えない」の場合はHとコードする。なお「頭のない人が立っている」と答えた場合は，頭のない人が立てるはずがないので，不適切な属性となりMORとともにINCOMもコードされる。

　さらに「スフィンクス」や「ヌエ」など，神話や物語に出てくる対象で，不調和な結合が当然と考えられる対象も，INCOMとコードしないで，内容を(A)とコードする。

　なおINCOMとなるのは，Ⅷ図D1を「足のある魚」というように，通常，1つの知覚対象に本来帰属しない特徴を帰属させる反応である。これに対し後述する混交反応（CONTAM）は，同じ領域に2つ以上の対象を知覚し，二重写しのように視覚的に融合し，現実に存在しない新しい知覚対象を形成する時であり，その知覚対象は造語となることが多い。Ⅷ図D1を「魚の顔をしたトラ」というのは，「魚の顔」と「トラの胴体と4本足」を結合した反応でINCOM2である。しかしD1に，「トラ」と「魚」を視覚的に融合してとらえ，「トラ魚」と存在しない動物を造語で答えるのはCONTAMである。しかし

INCOM2とCONTAMは，被検者によっては明確に区別できないこともある。例えばIX図D3（∨）を「ナスとニンジンがいっしょになっている」と答えた被検者が，「ニンジンのような根のあるナス」というのはINCOM2である。しかし，「新しい野菜。ナスニンジンみたい」と，「ナス」と「ニンジン」を視覚的に融合していうのはCONTAMである。CONTAMについては後述する。

　INCOMの種類は次の3つに大別できる。

1）形の不調和結合

　1つの対象を知覚し，その属性として不適切な形態を帰属させ，不調和な圧縮を行った反応である。例えば「コウモリ。羽があって，ここが触角」というように，コウモリの属性でない触角をコウモリに結合した反応である。なおエクスナーによると，「チョウのヒゲ」「イヌの手」「鳥の顔」などもINCOMとコードされる。これは文化による言葉の違いから生じるもので，イヌやネコには「脚（paw）」があっても，「手（hand）」や「足（foot）」はないから，「イヌの手」はINCOMとなる。しかしわが国では「イヌ」がお手をするし，「ネコ」の手を借りるというし，日常生活でイヌや猫の前脚を手と呼んでも不自然ではない。さらに「カタツムリの角」もエクスナーはINCOMとしているが，わが国では「カタツムリの角」と呼ぶのは不自然ではない。さらに日本語の性質として，慣用的に，動物や昆虫の器官を口，手，足，尻，しっぽなどということが多く，これらが不適切で不調和とはいえない。したがってわれわれは日常生活で，慣用的に用いられている言葉の結合はINCOMとコードしていない。この理由で「コウモリのつばさ」はINCOMとしないが，「チョウのつばさ」や「コウモリのしっぽ」は不適切でありINCOMとコードしている。

　なおエクスナー自身も，解釈の際にはINCOMの内容を検討し，その文化で不適切でなければ問題にしないでよいと述べているので，コード化の段階で考慮する方が適切だと思われる。

2）色彩・濃淡の不調和結合

　1つの対象の属性として不調和な色彩や時には濃淡を，対象の形態に帰属させる反応である。例えば「青色のクモ」や「緑色のひげ」のように，形態と色彩などの不調和な圧縮が述べられる時はINCOMをコードする。

3）運動の不調和結合

　1つの対象を知覚し，その対象の属性ではない運動を帰属させた反応であり，「ウサギが踊っている」などはINCOMとコードする。しかし「月の中でウサ

ギが踊っている」と答え,「おとぎ話に出てくるウサギ」と説明する時は, INCOM のコードは用いず, 内容を(A)とコードする。

　INCOM1 は被検者がインクブロットの特徴を正確にとらえた上での, 単純な非現実的結合であり, 検査者は誤りの理由を容易に理解でき, 比較的出現しやすい反応である。例えば「コウモリの触角」(コウモリの足や手)「チョウのつばさ」(チョウの羽)「牙のあるウシの顔」(角のあるウシの顔)「トンボ。ここが蜜を吸う所」(トンボ。ここが口)などのほか, Ⅰ図とⅤ図の W に生じやすい「羽のある人」も INCOM1 である。また「ピンクのトラ」「緑色のクマ」「青い人間」などは INCOM1 である。

　INCOM2 は奇妙さが目立ち, 出現することがまれな反応である。例えば「顔から足の出た人」「カタツムリの顔をしたコウモリ」「吸盤でぶらさがっているコウモリ」「魚が手を出して歩いている」「ひげのあるカエル」「目と口のあるビオラ」「魂の踊り」「電波を角から出しているチョウ」「ワニ。顔がここで, 角がその上にある」「羽広げて泳いでいる角のある天使」「湖が真中にある四国」「コウモリのコンダクターが指揮している」などである。

2. 作話的結合（Fabulized Combination : FABCOM）

　作話的結合（FABCOM）とは, インクブロットの2つ以上の領域に見られた異なる対象の間に, あり得ない非現実的関係を知覚した場合である。FABCOM は複数の対象が答えられる点で INCOM と区別される。なお作話的結合には,「体の中の心臓が見えている」のように, 現実に見えるはずがない対象が透けて見えるという答も含まれる。さらに「ウサギが互いに挨拶しあっている」など, あり得ない非現実的な動物の人間的運動には, 決定因子を M, 内容を A, 特殊スコアに FABCOM をコードする。なお動物の擬人化された運動については, 第4章決定因子の運動反応を参照されたい。また「神様と悪魔が握手している」「握手しながら, 足でけりあって血が出ている」など, 対象間の関係が, あり得ない非現実的関係の場合も FABCOM とコードする。

　しかし被検者が「ディズニーの映画のようです」など自発的に説明したり,「物語のウサギが杵で餅をついているよう」など神話や物語の動物が, 何かの対象と非現実的関係にあることを述べた場合, FABCOM とコードしないし, 決定因子の多くは FM, 内容は(A)となる。このような反応ではなく, 被検者が FABCOM とコードされる反応を反応段階で答え, 質問段階で取り消しても

DV や INCOM と同じように，FABCOM のままとする。

　FABCOM1 の例としては，「話し合っているイヌ」「2 匹のクマが手をとって踊っている」「2 羽のヒヨコがいっしょにボールをもっている」「ウサギがシーソーをして遊んでいる」「槍をもって戦う 2 匹のカブトムシ」「王冠をかぶった魚」「コグマが相撲をとっている」「動物の祭りでみんなが踊っている」「背中にリボンをつけた昆虫」「人形が 2 つ。しゃべっている」などがある。

　また FABCOM2 の例としては，「悪魔と天使がささやいている。いっしょに明るい世界を作ろうと」「アヒルがスリッパで鏡を拭いている」「ウサギが人間を食べている」「大きなタコが魔法使いを吸い込んでいる」「クモがヒツジを振り回している」「ゴキブリがネズミを追いかけている」「仲良く手品をして握手しながら，足でけりあい血を流している 2 人」「肺の中の心臓が透き通って見える」「富士山を登るモグラ 2 匹」「マントで宮殿をおおっているお化けの王様」「目からアオムシを出しているウサギ」などがある。

3. 混交（Contamination : CONTAM）

　混交（CONTAM）は 2 つの対象を視覚的に融合し，写真の二重写しのように，2 つの対象を同じインクブロット領域に知覚する反応である。CONTAM は明らかに現実を無視した，奇異な反応であり，まれにしか見られず，レベル 1 とレベル 2 の区別をしない。またある反応に CONTAM の特殊スコアがコードされる時は，既述のように 6 つの重要な特殊スコアの他のコード（DV, DR, INCOM, FABCOM, ALOG）が該当してもコードはしない。CONTAM の古典的な例として Ⅳ 図全体に「昆虫の顔」と「ウシの顔」を見て「昆虫ウシの顔」という反応があるように，CONTAM は対象の記述に造語などの特異な言語表現を含みやすい。CONTAM の形態水準は一定ではなく，反応によっては普通反応（o）であって平凡反応（P）がコードされることもあるとエクスナーは述べている。

　CONTAM も既述の INCOM2 も，1 つの知覚概念を述べる点は同じであるが，INCOM はインクブロットのいくつかの領域への意味づけを圧縮し混合して述べるのに対し，CONTAM はまったく同じ領域に 2 つ以上の対象を知覚し，明らかに現実を無視した仕方で，1 つの概念に融合している。このように同一領域に 2 つ以上の概念を知覚して，それを 1 つの概念に融合する CONTAM の出現は少なく，INCOM2 と区別する必要がある。

例えばⅠ図Wを「人面チョウ」と答えた被検者は，DdS（内部の空白領域）を人の目と口と見て，Wを「人の顔」と知覚し，同時にWに「チョウ」を知覚し，両者を融合して，造語のように「人面チョウ」と答えたのでCONTAMとコードされる。同じようにⅠ図Wを「鬼の顔」と「チョウ」と二重写しに見て，「鬼チョウ」という言語表現もCONTAMとコードされる。また「合いの子」という反応は，被検者が2つの概念を完全に融合し，二重写しとして知覚している時はCONTAMであるが，そうでない場合はINCOM2とコードする。例えばⅠ図を「カニとクモの合いの子」と答えた被検者が，「全体がカニの形で，ここ（D4）あたりがクモのかっこうだから，カニとクモの合いの子」と答えたことがある。これは「人間，でも顔は鳥だから，人間と鳥の中間」と同じように，CONTAMよりもINCOM2のコードが適切である。しかしⅠ図を「カニグモ」と答えた被検者が，質問によっても「カニ」と「クモ」を二重写しとして知覚している時はCONTAMとコードする。またⅣ図Wの「いかりランプ」（いかりと同時にランプを知覚している）などもCONTAMの例である。

第4節　不適切な論理（Inappropriate Logic : ALOG）

　不適切な論理（ALOG）は，①自分の答を正当化するために，②明らかに不自然で，慣習からはずれた，こじつけや無理な理由づけを，③自発的に述べた場合のコードである。ALOGは，「……であるから（理由・根拠），……だ（結論）」という言語表現の中で，その推論（論理）が奇妙であり，理解できない言語表現にコードする。ALOGは被検者自身が自分の理由づけと結論との因果関係が自然であると思っている反応であるから，「無理に想像すれば（いえば）……といえる」と，不適切な論理を意識して答えるのはALOGではない。またALOGは反応段階と質問段階の最初の方に，自発的に述べられた言語表現をコードするのであり，質問段階での質問によって生じた不自然な理由づけをALOGとはしない。われわれはALOGを次のように分けている。

1．位置反応

　ある概念の意味づけを図版上のインクブロットの位置や，インクブロット相互の位置関係で意味づけた反応であり，ALOGの典型的な反応である。位置反応のALOGには，Ⅱ図D3「下にあって赤いから生理の血」，Ⅲ図D7「卵

巣（D3）の下にあるから子宮」，Ⅷ図Dd24「ここは一番上にあるから北極です」，Ⅷ図W「これ（W）は世界地図。ここ（D2）はオーストラリア，これ（左側のD1）はイギリス。そうするとこっちはアメリカです（右側のD1）」などがある。

2. インクブロットの大きさによる理由づけ

インクブロット領域の大きさによって，反応を正当化しようとする言語表現である。これには，Ⅴ図W「紙いっぱいに描かれているから，とても大きなチョウです」，Ⅹ図D9とD2「これ（D9）はタツノオトシゴ。ここ（D2領域）はタツノオトシゴより小さいから，小さいライオンです」などがある。

3. インクブロットのその他の属性からの不自然な理由づけ

1）色彩・濃淡に基づく個人的理由づけ

エクスナーはALOGの例として，「黒いから邪悪」「真っ黒だから炭坑で働く人に違いありません」などをあげている。色彩や濃淡による個人的理由づけがALOGかどうかの決定は，被検者の態度や健常成人での出現頻度によらざるをえない。われわれの資料では，「色がとけているから雨」「黒と赤があるから共産党になりかけている人」「4色だから虹ですね」「ちょうちん。この色はちょうちんに違いない」「肥った人。ここが白いから女の人」「葬式。黒と白があるから葬式です」などが見られた。

2）インクブロットの領域の数による不自然な理由づけ

数に注目したALOGはまれであり，Ⅰ図4カ所の空白を「鬼みたいな人が4人いるから，四天王です」などがある。

3）インクブロットの対称性からの不自然な理由づけ

Ⅱ・Ⅲ・Ⅶ図にかなり出現する反応に「男と女」の答がある。この時，「こっちが男だから，こっちは女になる」「男と女はいっしょにいるから」「2人いるから夫婦」などと答えるのはALOGとコードする。しかし単に「男と女」「お茶会で男と女が話し合っているよう」などと答えるのは，必ずしも不自然な理由づけといえないのでALOGとはしない。ただし，われわれはこのような反応を後述するSD（special description：特異な答え方）とコードしている。

4）その他の理解困難な理由づけ

本来，ALOG は理解困難な論理であり，前述のように分類できない反応が多い。例えばⅦ図 W を反対に見て「兄弟。2 人の頭がくっついているから兄弟 2 人」，Ⅶ図 W を「ここ（Dd28）に人がいて，煙（W）があがっているからエジプト」，Ⅸ図 D5 を「まっすぐだから直腸」などの多くの ALOG が見られる。さらにⅥ図 W に「ウサギ」と答え，次いで W として「オオバコ」と答えた被検者が，質問段階で「オオバコ」の説明を求めると，自発的にただちに「ウサギはオオバコを食べるからオオバコです」と断定的に答えたのは，反応段階で答えた ALOG ではないが，ALOG とコードできる反応である。

第 5 節　その他の特殊スコア

これまで述べた DV，DR，INCOM，FABCOM，CONTAM，ALOG は，重要な 6 つの特殊スコアとして認知のずれや思考の歪みを表すコードである。次にそれ以外の特殊スコアをあげる。

1．固執（Perseveration：PSV）

固執（PSV）の特殊スコアは特定の内容へのとらわれを示す言語表現であり，次の 3 つの型がある。

1）同一図版内の固執（Within Card Perseveration）

ある図版のある領域に「チョウ」（W　Fo　A　C　1.0）と答え，次の反応として，同じ領域に「コウモリ」（W　Fo　A　P　1.0）と答えるなど，同一図版の中で同じ領域に連続して同じコードに分類できる内容を答える被検者がいる。この時，連続した反応が，①同じ領域，②同じ発達水準（DQ），③同じ決定因子（運動反応の場合は a や p も同じ），④同じ形態水準（FQ），⑤同じ反応内容，⑥Z スコアがある時は同じ Z スコアの数値の場合，同一図版内の固執として特殊スコアに PSV をコードする。なおこの場合，特殊スコアや平凡反応（P）は合致しなくてもかまわない。例えばⅠ図で「コウモリ」と答えた反応が「Wo1　Fo　A　P　1.0」とコードされ，次に「鳥にも見える」と答え「Wo1　Fo　A　1.0」とコードされるならば，鳥の反応に特殊スコアとして PSV をコードする。なお，さらに続けて「チョウ」と同じコードの反応をすれば，この反応にも PSV をつけるように，連続する場合は PSV をコードし続ける。

2）内容の固執（Content Perseveration）

内容の固執は同一図版内でも他の図版でも生じ，被検者が知覚した内容を，それ以前のインクブロット領域に見た内容と同じだと明確に述べる場合である。例えばⅠ図Ｗを「チョウが飛んでいる」と答え，Ⅷ図D5を「最初に見たチョウが死んでしまって色が変わっています」とか，Ⅳ図Ｗに「貝」と答えた被検者が，Ⅶ図D4に「貝，さっきの貝がここにある」と答えたりした場合，後の方の反応のコードの特殊スコアにPSVを用いる。

3）機械的固執（Mechanical Perseveration）

機械的固執とは，Ⅰ図を「チョウ」と答え，Ⅱ図にもⅢ図にも「チョウ」と答えるような場合である。同じ反応内容を機械的にくり返し答えることは，幼児や知的障害者や神経学的障害のある人によく生じるが，健常成人にも見られる。

同じ内容を連続して何枚の図版に答えた場合に，機械的固執と呼ぶかについては，エクスナーは明確な基準をあげていないので，われわれは次の基準に合致した場合を機械的固執としてPSVS（Perseveration Stereotyped）をコードすることにしている。これはPSVの一部であるが，われわれが明確にした基準によっているので，区別するためにPSVSとした。

① 連続した3枚の図版に，同一の反応内容を答えた時（各図版での出現順序は考慮しない），3番目の同一内容の反応に特殊スコアとしてPSVSをコードする。例えばⅠ図Ｗ，Ⅱ図D6，Ⅲ図D7に「コウモリ」と答えた時，Ⅲ図のコウモリの反応の特殊スコアとしてPSVSをコードする。なおPSVSはまったく同じ内容の言語表現に対するコードであり，例えば「人間」なら「人間」という言葉を3枚続けて答えた時であり，同じHの内容コードに分類されても，「コンダクター」「太鼓を叩く人」などと答えた場合はPSVSとはしない。「チョウ」や「花」の場合も同じであり，「アゲハチョウ」や「カンナの花」などと答えた時はPSVSのコードを用いない。

② 機械的固執のPSVSに関係するのは，同一の反応内容という点だけであり，領域，決定因子，P，Zスコアなどは考慮しない。また連続した3枚以上の図版に出現することが条件であり，2枚の図版に同一内容を連続して答え，その次の図版に出現しなくて，その次の図版に同じ内容を答えてもPSVSをコードしない。

③同一内容の言語表現を連続した3枚の図版に答え，さらに連続して4枚目以下の図版にも同一内容を答えた場合，その反応が続く間，PSVSをコードし続ける。

2．抽象的内容（Abstraction：AB）

抽象的内容（AB）は抽象的概念（情緒，経験，感覚，他の概念）を象徴するために，インクブロットの特徴を用いた反応である。したがって単なる「抽象画」という言語表現や，知覚した対象が厳密にはインクブロットと同じでないという意味で，被検者が「コウモリを象徴します」などと答えた反応もABとはコードしない。なお被検者が新しい図版を見て「黒色，気持ち悪い色」「きれいな色で落ち着いた」などと答えるのは，「わー，カラフル」「暗い色が続くね」と同じように，被検者の単なる感想のことがあるので，ABとコードできるかどうかを確かめるため，既述のように感想なのか反応なのかを質問することで確かめねばならない。ABは次の2つに分けられる。

1）Hxがコードされた反応

人間の感情や感覚や経験を表すHxを伴う反応であり，DQがvであり，Mnone（無形態運動反応）と色彩などの決定因子を伴う反応である。「赤色が怒りを表している」「この絵は憂うつを示している」「苦労と楽しさ。濃い色が苦労というか，気分の重さを。黄色が楽しさを表します」「憎悪が灰色で示されている」「甘酸っぱい味」「セミの声。声に聞こえる」「この黒色は悪寒です」「腹痛ですね」のような反応は，特殊スコアにABがコードされる。

しかし時には「ファッションショーですね。ものすごく夢のある絵。綺麗な色彩で描いてある。幸福を表しています」「パーティ。2人の人がいて，周りのいろいろな色が愛と喜びを表現しています」のように，他の反応内容とHxが結合していて，特殊スコアにABがコードされることもある。なおビグリオンは，「この人は幸福です。微笑している」のように，人間の感情や経験を表す時に，具体的な視覚的根拠によっているのは内容がHxではあるが，ABをコードしないと述べている。

2）特定の象徴表現が具体的に表れた反応

①明確な形態を見て，それが特定の概念を象徴するという言語表現であり，「王様の顔。夢の国を象徴している」「ヒットラーの姿が見える，この絵はナチスを表している」「この旗は支配を示している」「不吉。コウモリが黒

くて不吉を表わすのです」などは AB とコードされる。
　②形態を意味づけるのではなく，色彩そのものが何かを象徴するという反応であり，「いろいろな色彩が天国（地獄・桃源郷）を表す」「いろいろな色は遊園地を表している」「違う色彩で春と冬を表しています」「戦争。赤と黒は戦争を意味しています」「平和。3色の調和が平和を象徴しています」などと表現することはかなり見られ，AB とコードされる。
　さらに「たくさんの人が何かをしている。派手な色がお祭りを表している」「虫の集まり。それにいろいろな色がざわめきなど，にぎやかなことを表している」と他の決定因子とともに C や C'などを用いて，何かを象徴させることも生じる。

3）ALOG を伴う象徴反応

　インクブロットのある領域を「これは怨念です。ここは変な場所にあるから，怨念を表している」などの理解しにくい AB が ALOG とともに生じることもまれに見られる。

3．攻撃的運動（Aggressive Movement : AG）

　攻撃的運動（AG）の特殊スコアは，現在の攻撃的な運動（M，FM，m）の言語表現に与えられる。「争う」「言い争う」「威嚇している」「撃ちあっている」「獲物をねらっている」「怒っている顔」「（獲物を）襲う」「喧嘩している」「口論している」「壊す」「引き裂く」「怒鳴る」など，現在生じている攻撃的な行動は AG とコードされる。
　AG のコードの決定は，運動だけではなく，反応全体を考慮しなければならない。例えば「爆発」「原爆の爆発」自体は AG ではないが，「戦場で爆発した所」「爆弾が爆発して破壊されていく建物」などは AG とコードされる。また「2人が引っぱり合いをしている」という言語表現は，共同作業をしているのか，取りあいをしているのかによって COP か AG とコードが異なってくる。同じように「2人がにらみあっている」の場合，にらめっこ遊びをしているのか，敵意を抱いてにらんでいるのかによって，COP か AG かコードが違ってくる。このような場合，被検者の知覚の仕方を知るために，検査者は必要な質問を行わねばならない。
　なお包括システムでは使ってはいないが，ガコーノら（Gacono, C., & Meloy, J., 1994）は，被検者の攻撃性をよりよく把握するために，① AgC（矢，

ピストル，火山など危害を加える危険な内容)，② AgPot（攻撃的な行動がまさに起ころうとしている状態)，③ AgP（つぶされた虫のように，過去に攻撃的行為が起こったり，攻撃の目標になっている対象)，④ SM（攻撃的あるいは不快な内容が，被検者によって快の感情を伴って述べられている対象）をも AG の付加的コードとして考慮している。

4．協力的運動（Cooperative Movement：COP）

　協力的運動（COP）の特殊スコアは，明らかに肯定的か協力的な相互関係のある運動（M，FM，m）の言語表現に与えられる。協力的関係とは，共通の目的のためにいっしょに行動することであり，そうすることが心地よく満足できる関係で，相互関係が明白でなければならない。

　AG と同じように，COP も運動だけでなく反応全体との関係でコードしなければならない。単に「見ている」「話している」「手をあわせている」という言語表現だけでは COP とならない。しかし「井戸端会議をしている2人の女」「パーティで話しあっている2人」「握手している」「手をつないでいる。愛しあっている2人ですね」などは COP とスコアする。COP の例としては「いっしょに太鼓を叩いている」「2人で荷物を持ち上げている」「2匹のウサギが餅をついている」「曲芸をしている人間と動物」などがある。かなりよく見られる協力的運動に「踊っている」の答があり，1人で踊るなど協力関係を積極的に否定する表現がなければ，COP のコードを用いる。また「にらめっこ遊びをしている」「かくれんぼうをしている子どもたち」「シーソーをこいでいる2人」などの遊びや「じゃれあっている」と答えた場合は当然 COP となるが，単に「2人が遊んでいる」という答も，別々に遊んでいると述べないかぎり COP とコードする。また「握手をしている」や「2人で何かを持っている」なども，共通の目的のために同じ運動を同時に行っているので，COP とコードする。

　COP とコードすべきかどうかがあいまいな反応には，間接的な質問によって，被検者の知覚を確かめることが必要である。なお COP がコードされる反応の発達水準は + か v/+ である。

5．損傷内容（Morbid Content：MOR）

　損傷内容（MOR）の特殊スコアは，①対象が死んだり，破壊されたり，腐

第8章　特殊スコア　171

ったり，けがをしたり，傷つけられたように，対象が破壊されている反応内容と，②希望のない家，悲しんでいる木，不幸な人，泣いている人，憂うつなど，明白に不快な感情や特徴を有する反応内容に用いられる。

1）破壊された反応内容

　MORの大多数は，知覚された対象が本来の状態を失った状態を表す言語表現である。例えば「頭のない天使」「頭の欠けた地蔵」「足がない人」「指のない手」「羽に穴のあいたチョウ」「落ち葉」「枯枝（葉・草）」「切り株」「傷ついたクマ（血を流している動物はMORがコードされることが多い）」「口の欠けた壺」「崩れたヘアブラシ」「痔の出血」「死体」「事故現場」「ちぎれた皮」「つぶされた虫」「つぶれた果実」「胴体のないトンボ」「動物の死骸」「燃えている家」「破れた旗」などである。

　ただしⅠ図D4で「人間。頭は描いてありません」といったり，「人間。ここが体（D4）です。(D4上部の空白部分を丸くかたどり）頭がここにあるとして」と答えたりした場合は，本来存在するものが破壊されたのではないのでMORをコードしない。また「毛皮」自体はMORではないが，「頭を切られた毛皮」「ぼろぼろになっている毛皮」などはMORをコードする。他方，「幽霊」「墓石」「人魂」などは，「妖怪」「化け物」と同じように，それだけではMORとコードしない。そして「ウシの骨」を「砂漠に散らばっている骨」と答えた時はMORをコードし，「客間の飾り」はMORとしないように，同じ言葉でも被検者の知覚の仕方を表す言語表現に注意しなければならない。

2）不快な感情をもつ対象

　対象自体が恐れ，憂うつ，苦悩，悲しみなどの不快な感情や特徴を有することが明白な言語表現にはMORをコードする。例えば「おびえているイヌ」「巨人にとらえられそうな不幸な少女」「苦しんでいるおじいさん」「泣いている人」「憂うつな顔」「疲れた顔つきの人」「呪っている顔」などである。

　われわれの資料には，「嫌なガ」「陰気な顔」「気持ち悪い人」「気味悪い鳥」「グロテスクなコウモリ」「不吉なクモ」「不気味な塔」のように，「陰気」「不気味」「グロテスク」などの言語表現がかなり見られる。これらは対象が不快な感情を持っているとは断言できないので，その理由を尋ねることが望ましい。その結果，「羽がボロボロになっているから，グロテスクといったのです」「顔つきが暗いので，陰気な人といったのです」など，不快な特徴を対象自体が有すると述べた時はMORとコードする。そうではなく，「ガ。大嫌いです」「コ

ウモリ。私には気持ちが悪い」「人間。不気味な感じがします」のように，対象が不快な感情を有しているのでなく，被検者自身の不快な感情を述べている場合は，定義に合わないので MOR とコードしない。われわれはこうした被検者の感情の言語表現には，後述する SD を用いている。

6．人間表象反応（Human Representational Responses）

人間表象反応は包括システムにおいて新しく採用された変数であり，被検者の他者知覚や対人関係に関連すると考えられている。人間表象反応のコードを与える反応は次のどれかに該当する反応であり，良質人間表象反応（GHR：Good Human Representational Responses）か貧質人間表象反応（PHR：Poor Human Representational Responses）のどちらかに分類され，特殊スコアの最後に記載する。

1）人間表象反応に該当する内容

人間表象反応に該当する内容は次のいずれかである。
①人間反応内容に属する H，(H)，Hd，(Hd)，Hx のいずれかを含む反応
②決定因子の M を含む反応
③特殊スコアとして COP もしくは AG を含む FM 反応

2）GHR もしくは PHR と人間表象反応を分類するためのステップ

上記の①②③のいずれかに該当する反応を取り上げ，その反応を次の基準の上から順に検討し，該当した段階で GHR か PHR と決定する。
①反応内容が H（人間全体反応）であり，次の条件すべてを満たす反応は GHR とする。
　（1）形態水準が +，o，u のいずれかである。
　（2）認知に関する重要な 6 つの特殊スコアの DV 以外のコード，すなわち DR，INCOM，FABCOM，CONTAM，ALOG がついていない反応。
　（3）特殊スコアの AG もしくは MOR がついていないこと。
②次のいずれかを伴う反応は PHR とする。
　（1）形態水準が – もしくは無形態の場合。
　（2）形態水準が +，o，u のいずれかであっても，ALOG，CONTAM，レベル 2 の重要特殊スコアがつく場合。
③残りの人間表象反応のうち，COP がつき AG のついていない反応は GHR

④残りの人間表象反応のうち，次のいずれかに該当するものは PHR とする。
　（1）特殊スコアとして FABCOM あるいは MOR がついている場合。
　（2）反応内容が An である。
⑤残りの人間表象反応のうち，Ⅲ，Ⅳ，Ⅶの各図版で P がコードされているものは GHR とする。
⑥残りの人間表象反応のうち，次のいずれかは PHR とする。
　（1）特殊スコアとして AG, INCOM, DR のいずれかがつく。
　（2）Hd とコードされるもの。(Hd)ではないことに注意。
⑦残りすべての人間表象反応は GHR とする。

　エクスナーは上記の⑤のⅢ，Ⅳ，Ⅶの次にⅨ図を入れているが，日本人の資料ではⅨ図には P となる反応がないので，Ⅸ図を除いてある。

7. 個人的内容（Personalized Answers : PER）

　PER（個人的内容）は，被検者が自分の反応を正当化したり明確化するために，直接的，時には間接的に，被検者個人の経験や知識に言及した言語表現である。一般的知識として誰もが共有している事実を述べた言語表現には PER をコードしない。
　「お化けのQ太郎，テレビで見ていたからな」「コウモリ，子供の時に竹で落としました」「テレビのドラキュラで見たコウモリみたい」「レントゲン写真。見せてもらったことがある」などは，被検者個人の直接的経験から，知覚対象に間違いがないと述べているので PER とコードする。また「置物。こんなのが家にもあります」「剥製。親戚が玄関に飾っているのに似ている」などは間接的であるが，個人的経験を述べているので PER とコードする。
　しかし「歌舞伎では，このような着物を着ています」「紅白歌合戦で着る衣服」「図鑑にある花」「教科書にのっている動物」「デパートの売り場にあるような家具」「テレビに出てくる怪獣」「宝塚歌劇を思い出します」「テレビのドラキュラに出てくるコウモリ」「教科書にあるでしょう」などの表現は，一般的な事実を説明しているので PER をコードしない。
　なお「岩。こういう形の岩があったからね」というような反応は，「岩。こ

ういう形です」という説明なのか,「私はこういう形の岩を見た（から間違いない)」という意味なのか明確でないので,コードを決めにくい場合は質問を行い,被検者の意図を明らかにすべきである。また「セーター。私の兄がよく着ていました」は,知覚したセーターと同じようなセーターを兄が着ていたと述べていないので PER とコードしない。さらに「パパイヤ。おいしいと思って食べたけど,まずかったなあ」「シーツに落としたしみ。子供の時にコーヒーをこぼしたことを思いだします。うるさい母親でした」「イヌ。家に可愛いイヌがいました。コロという名前でした」などは,被検者の知覚対象を正当化するために,「私が見ているこのような……を」と被検者の経験を間接的に述べたというよりも,知覚対象からの連想なので PER とコードしない。なおこれらの反応は課題から逸脱した言語表現として DR がコードされる。

8. 色彩投影（Color Projection : CP）

色彩投影（CP）は,被検者が無彩色の図版や無彩色の領域に,有彩色に彩色された反応を答えた場合であるが,その出現はまれである。例えばⅠ図を「枯葉。茶色だから」,Ⅳ図を「緑の木の葉」,Ⅴ図を「黄色いチョウ」「青い鳥」,Ⅵ図 Dd22 を「太陽光線の色スペクトル」などは CP がコードされる。この場合の決定因子は色彩反応ではなく,被検者の言語表現によって形態反応か濃淡反応かをコードする。なお「黄色いチョウ」と答え,質問段階で「黄色いチョウではなく,黒いチョウです」と訂正した時は DV の特殊スコアもつけられる。

9. 特異な答え方（Special Description : SD）

以上が現在包括システムで用いられている特殊スコアである。しかしこれ以外にも,健常成人では出現しなかったり,比較的出現の少ない言語表現があり,被検者のパーソナリティ理解に役立つものがある。われわれはこれを「特異な答え方」として SD のコードを用いている。SD はわれわれの試案であるが,①過度の特殊化,②自己言及,③対象への感情投影,④インクブロットの特徴への過度の言及,⑤知覚対象の名前の想起困難,⑥知覚対象の説明困難などが考えられる。SD の有する解釈上の意味は今後の検討課題であるが,ロールシャッハ・テストの解釈における内容分析や系列分析への手がかりとなるかと思われる。したがって現在のところ,構造一覧表の特殊スコアの合計の計算には

含めない。

1）過度の特殊化

インクブロットへの H（人間反応）として，単に「人」「人間」と答えるだけでなく，「男」「子供」「顔」「アメリカ先住民」「黒人」「力士」「踊り子」などと推敲して答えるのは，通常見られる反応である。しかし，Ⅳ図 W を「石川五右衛門」というように，過度に特殊化する被検者が時に見られる。例えばⅥ図 D4 を「内閣総理大臣大平正芳の顔」と答え，続けて「私は自民党支持ですからね」と言及した被検者がいた。このように知覚した理由の説明が奇妙であったり，答から逸脱していったりして，明らかに思考の歪みを示す言語表現の場合は DR がコードされる。同じように，Ⅱ図 DS5 を「琵琶湖。今年は渇水ですからね。放流しなければよかったのです」と答えたのも，DR とコードされる。これらはラパポート（Rapaport, D., 1968）がいう「インクブロットからの距離が増大した反応」であり，空想化傾向の表れであるが，単に単語だけを答えた場合は DR とならない。そこでⅣ図 W を「孔子」といったり，Ⅱ図 DS5 を「カスピ海」と答えるように，過度に特殊化した言語表現が見られた場合，われわれは SD という特殊スコアをコードすることにしている。次に過度の特殊化の例をいくつかあげるが，統合失調症者には固有名詞による特殊化が多く見られるので，①固有名詞による特殊化と，②その他の特殊化に分類している。

①固有名詞による特殊化

「阿波踊り」「芥川に出てくるカッパ」「アンデルセンの兵隊」「石坂浩二の顔」「石川啄木のカニ」「二見浦の夫婦岩」「笠岡にあるカブトガニの化石」「瀬戸大橋」「高村光雲の老猿」「大地真央の踊り」「名古屋の金のしゃちほこ」「南アメリカの海岸線」「私の母親」「女房の尻」「病院の小村さん」などである。

なおⅡ図 D1「四国」「オーストラリア」，Ⅹ図 D11「エッフェル塔」など形態水準が o となるほど出現頻度が高い反応は，SD をコードしない。

②その他の特殊化

年齢，性別，地名，国名について次のような特殊化が見られる。

「アメリカ先住民の魔術師。60 歳の女」「小学 6 年生の女の子」のように，年齢を明確に述べた場合は SD をコードする。したがって「赤ん坊」「子ども」「おじいさん」「年寄り」「中年の女」など，年齢があいまいな場合は SD をつけない。

性別に関して，単に「男」「女」と性別を述べた時はSDをつけない。しかしⅡ図・Ⅲ図・Ⅶ図などで「男と女」「雄と雌」「夫婦」などと答える場合は，過度の特殊化としてSDをコードする。また「男の胸」とわざわざ性別に言及した反応にはSDをつける。なお「男がいるから，こちらは当然女です」のように答えた時は，ALOGをコードする。

地名や国名に関しては，既述のようにⅡ図D1の「四国」「オーストラリア」など以外はSDをコードする。

2）自己言及

「コウモリが私に手を伸ばしている」「オオカミに見える。私を見つめている」など，知覚対象と被検者自身との関係に言及するのは，健常成人群にも見られるが，統合失調症群に目立つ。ウイルソン（Wilson, S., 1944）は自己言及の出現率は少ないが，思考障害に関連しているようだと述べている。

3）対象への感情投影

対象への感情投影は，対象への好悪の感情からの連想・逸脱を示すDRや，明白に不快な感情や性質をもつ対象を答えるMORと，明確に区別しにくい言語表現である。しかしDRやMORの定義に合わず，コードできない言語表現の場合で，被検者が知覚対象に否定的感情あるいは肯定的感情を述べている時，SDをコードする。例えば「悪魔。こわそうな悪魔」「意地悪そうなキツネ」「陰険な目つきのウサギ」「枝が下がりすぎて，かわいそうな木」「気持ちの悪いナマコ」「グロテスクな顔」「塔。不気味な感じ」「不吉な感じのネコ」「何となくいやな人です」などは，明らかに被検者の否定的感情が投影されているので，DRとコードしない場合はSDとコードする。とくに「気味（気持）の悪い」「グロテスクな」「不気味な」という言語表現はSDとコードしてよい場合が多いが，被検者の言語表現の意味の説明を求めることが望ましい。また「おいしそうなアイスクリーム」「気持が落ち着く花」などの肯定的感情の投影もSDとコードする。

4）インクブロットの特徴への過度の言及

被検者の中には，Ⅰ図Wを「コウモリ。ここに穴があいているのはなぜか分かりません」，Ⅱ図D6を「白い所がなければ四国です」，Ⅱ図Wで「人間2人。質問をしてよろしいか。なぜ赤い色がついているのですか」，Ⅳ図Wを「サンタクロース。でも黒いサンタクロースはいませんね」「怪獣。なぜか分かりませんが，この穴のあいた所が異様です」，Ⅷ図D1を「シロクマ。シ

ロクマは赤くはないけれど」などと答える者がいる。これらの反応はインクブロットの特徴や属性に過度に捉えられた表現である。われわれはこれらを SD とコードしている。

5）知覚対象の名前の想起困難
　インクブロットに対象を知覚しながら，その名称を想起できない被検者も見られる。例えばV図Wを「チョウチョウ。これは何でしたか（触角の名前の想起不能）。羽はこれですが」「あの何といったかな。それ，夜になると飛んでくる動物いるでしょう。えーと。フクロウでなくて，ネズミでなくて。何だったかな」など知覚した対象の名前（コウモリ）を想起できない答である。われわれはこれも SD に分類している。

6）知覚対象の説明困難
　質問段階で反応段階の答に関する説明を求めても，質問に答えられず，検査者が理解しにくい答には SD をコードする。これには「いったかも分からんが，なぜか分からん」「コウモリだからコウモリといっただけ」などのほか，「貝。何となくそう見えるから」「バースデーケーキ。直観で分かる」「第六感ですね」など，対象を知覚した理由を適切に説明できない場合である。

第9章 構造一覧表の作成

包括システムによるロールシャッハ・テストの解釈は，被検者の記録（プロトコル）に基づいた構造分析・内容分析・系列分析などを総合することで行われる。本章ではパーソナリティの特徴や機能についての解釈仮説を導き出すために，包括システムで用いる構造一覧表（Structural Summary）を作成する手続きについて述べる。

第1節 コード化のチェック項目

表9－1に示した構造一覧表を作成するには，前章までに取り上げた確実なコード化が必要であり，これまで各章でも述べてきたが，コード化の際に誤りやすい点についての注意事項をあげる。

① COP の場合，DQ は + か v/+ となる。
② AG と COP がコードされるのは，決定因子が運動反応の場合である。
③ DR と DV が同時にコードされることはなく，両者が見られる反応は DR のみコードする。
④ CONTAM がコードされている場合，DV，DR，INCOM，FABCOM，ALOG のコードはつけない。
⑤ Na と Ls あるいは Bt が含まれる反応は，いずれか1つをコードする。この場合，Na は Ls や Bt よりも優先する。
⑥ DQ が v あるいは v/+ の場合，形態は二次的になる（CF，TF などである）。
⑦ 無彩色図版や無彩色の領域に色彩の決定因子はコードされない。無彩色図版や無彩色の領域に色彩を含む反応が答えられた場合は，特殊スコアの CP をコードする。
⑧ 同じ型の決定因子が2つ以上コードされることはない（FC と CF あるいは FT と TF ……などはありえない）。
⑨ 反射反応（Fr と rF）にペア (2) がコードされることはない。

⑩ FM がコードされている場合，反応内容には動物関連のコードを伴う。
⑪ M がコードされていて反応内容に人間関連のコードがない場合，特殊スコアに FABCOM や AB などがつけられる。
⑫絵画・写真・彫刻などで Art がコードされた運動反応には，積極的運動反応（a：active movement）はコードしないで消極的運動反応（p：passive movement）をコードする。
⑬ AG と MOR がブレンドとなることはまれである（同一の言葉や言語表現を2度コードしていないかを調べる必要がある）。
⑭ FD と展望反応（FV，VF，V）がブレンドとなることはまれである（同一の言葉や言語表現を2度コードしていないかを調べる必要がある）。
⑮ Art と Ay，あるいは Art と AB がともにコードされることはまれである。第6章で述べたような場合のみである。
⑯ F のブレンドはきわめてまれである。

第2節　構造一覧表上部の記入法

1．Location Features（反応領域の特徴）

構造一覧表の左の部分に領域の特徴を記入するが，組織化活動（Z スコア），領域の頻度，発達水準（DQ）に分けられる。

1）組織化活動
① Zf：Z スコアがコードされた反応の個数である。
② ZSum：Z スコアがコードされた反応個々に与えられた Z スコアの値を合計する。
③ ZEst：重みづけられた ZSum の期待値であり，Zf に対応する Zest の値を表9－2の「Zf に期待される重みづけられた ZSum の値」によって記載する。

2）領域の頻度
① W，D，W+D，Dd：プロトコルを調べ，それぞれのコードを合計して記載する。なお WS，DS，DdS はそれぞれ W，D，Dd に含める。
② S：S の合計，すなわちプロトコルにある WS，DS，DdS を合計した値である。

3）DQ（発達水準）
① +，o，v/+，v：プロトコルを調べ，該当する DQ のコードの個数を記入

表9－1　構造一覧表

LOCATION FEATURES	DETERMINANTS BLENDS	DETERMINANTS SINGLE	CONTENTS		APPROACH
			H =		I
Zf =		M =	(H) =		II
ZSum =		FM =	Hd =		III
ZEst =		m =	(Hd) =		IV
		FC =	Hx =		V
W =		CF =	A =		VI
D =		C =	(A) =		VII
W+D =		Cn =	Ad =		VIII
Dd =		FC' =	(Ad) =		IX
S =		C'F =	An =		X
		C' =	Art =		
		FT =	Ay =		
DQ		TF =	Bl =		
+ =		T =	Bt =		**SPECIAL SCORINGS**
o =		FV =	Cg =		Lv1　Lv2
v/+ =		VF =	Cl =		DV =　x1　x2
v =		V =	Ex =		INC =　x2　x4
		FY =	Fd =		DR =　x3　x6
		YF =	Fi =		FAB =　x4　x7
		Y =	Ge =		ALOG =　x5
	FORM QUALITY	Fr =	Hh =		CON =　x7
		rF =	Ls =		Raw Sum6 =
	FQx　MQual　W+D	FD =	Ma =		Wgtd Sum6 =
+	= 　 = 　 =	F =	Mu =		
o	= 　 = 　 =		Na =		AB =　GHR =
u	= 　 = 　 =		Sc =		AG =　PHR =
–	= 　 = 　 =		Sx =		COP =　MOR =
none	= 　 = 　 =	(2) =	Xy =		CP =　PER =
			Id =		PSV =
			PSVS =		SD =

比率，パーセント，数値

			感情		対人知覚	
R =	L =		FC:CF+C = :		COP =　AG =	
EB = :	EA =	EBPer =	Pure C =		GHR:PHR =	:
eb = :	es =	D =	SumC':WSumC = :		a:p =	:
	Adj es =	Adj D =	Afr =		Food =	
			S =		Sum T =	
FM =	SumC' =	SumT =	Blends:R = :		Human Cont =	
m =	SumV =	SumY =	CP =		Pure H =	
					PER =	
					Isol Indx =	

	思考		認知的媒介	情報処理	自己知覚	
a:p =	:	Sum6 =	XA % =	Zf =	3r+(2)/R =	
Ma:Mp =	:	Lv2 =	WDA % =	W:D:Dd = : :	Fr+rF =	
2AB+Art+Ay =		WSum6 =	X-% =	W:M = :	Sum V =	
MOR =		M- =	S- =	Zd = :	FD =	
		Mnone =	P = C =	PSV =	An+Xy =	
			X+ % =	DQ+ =	MOR =	
			Xu % =	DQv =	H:(H)+Hd+(Hd) =	:

☐ PTI=　　☐ DEPI=　　☐ CDI=　　☐ S-CON=　　☐ HVI=　　☐ OBS=

(Exner, J. 2003 を改訂)

表9－2　Zfに期待される重みづけられたZSumの値

Zf	Zest	Zf	Zest	Zf	Zest	Zf	Zest
1		14	45.5	27	91.5	40	137.5
2	2.5	15	49.0	28	95.0	41	141.0
3	6.0	16	52.5	29	98.5	42	144.5
4	10.0	17	56.0	30	102.5	43	148.0
5	13.5	18	59.5	31	105.5	44	152.0
6	17.0	19	63.0	32	109.5	45	155.5
7	20.5	20	66.5	33	112.5	46	159.0
8	24.0	21	70.0	34	116.5	47	162.5
9	27.5	22	73.5	35	120.0	48	166.0
10	31.0	23	77.0	36	123.5	49	169.5
11	34.5	24	81.0	37	127.0	50	173.0
12	38.0	25	84.5	38	130.5		
13	41.5	26	88.0	39	134.0		

(Exner, J. 2003による)

する。

2．Form Quality（形態水準）

プロトコルを調べ，次の3つの点から，+，o，u，-，noneに該当するFQのコードの出現頻度を記入する。

① FQx（全体形態水準）：すべての反応の形態水準の出現頻度である。
② MQual（人間運動反応形態水準）：Mとコードされた反応の形態水準の出現頻度である。
③ W+D：W反応とD反応の形態水準の出現頻度を合計した値である。

3．Determinants（決定因子）

① Blends（ブレンド）：プロトコルの出現順に，M.FC，その下にCF.mというように，ブレンドの決定因子をそのまま記入する。運動反応のaとpはつけない。
② Single（シングル）：決定因子が1つだけの反応について，各決定因子の出現頻度を記入する。なおブレンド欄に記入した決定因子はここに計上しない。シングルの最後の(2)はペア反応の合計である。

4．Contents（反応内容）

反応内容が出現した数を，一次的内容か二次的内容かにかかわらず，合計して記入する。

5．Approach（アプローチ）

Ⅰ図からⅩ図までの反応領域のアプローチ（例えば，Ⅰ　WS.D.W　Ⅱ　W.D など）を記入する。

6．Special Scorings（特殊スコア）

① 特殊スコアの記入：構造一覧表に記載されている6つの重要な特殊スコアのカテゴリーについて，レベル1（Lv1）とレベル2（Lv2）に分けて，該当する特殊スコアの個数を記入する。
② Raw Sum6：上記6つの特殊スコアの合計であり，レベルに関係なく，特殊スコアの個数の合計を記入する。
③ Wgtd Sum6（WSum6）：上記6つの特殊スコアに重みづけた値の合計（レベル1とレベル2に記入した特殊スコアに1倍～7倍まで重みづけをした値の合計）を記入する。

7．その他の特殊スコア

構造一覧表上部の右下に記載された AB，AG ……… PER，PSV の特殊スコアについて，プロトコルに出現した数を調べて記入する。

またわれわれが用いている PSVS と SD についても同様に記入する。

第3節　構造一覧表下部の記入法

構造一覧表の下部の作成は，おもに上部の数値に基づいて行われる。なお決定因子の個数については，Single（1つだけの決定因子）欄と Blends（ブレンド）欄に記載されたものをすべて合計する。

1．核となる部分

下部左上部にある次の変数である。
① R（反応数）：反応の総数を記入する。
② L（ラムダ）：純粋形態反応（F）とそれ以外の反応との関係を表し，

L = F/(R − F) によって計算する。ただし(R − F) = 0 の場合は L=F とする。
③ EB（体験型）: SumM と WSumC（重みづけた色彩反応）の比である。左辺は M の総数を記入する。右辺の WSumC の値は（0.5 × FC）+（1.0 × CF）+（1.5 × C）によって計算するが，Cn は含めない。
④ EA（現実体験）: 上記の EB の左辺の SumM の数値と右辺の WSumC の数値を合計する。

　なお体験型は，
（1）EA が 4 以上で，EA が 10.0 以下なら，EB の両辺の差が 2.0 以上の時
（2）EA が 10.5 以上なら，EB の両辺の差が 2.5 以上の時
次のようになる。
SumM > WSumC　内向型
SumM < WSumC　外拡型
（3）EA が 3.5 以下か，（1）にも（2）にも該当しない場合　両向型
　エクスナーは体験型を求めるにあたり，L が 1.0 以上の被験者を，別に回避型としている。しかしわれわれの研究では日本人の L は高く，L が 1.2 を基準とすべきだと考えている。したがって現段階で体験型を決定するにあたり，われわれは，L が 1.0 未満という条件を除いている。

⑤ EBper（体験型固定度）: 体験型の可塑性ないし固定度を示す数値であり，次のように計算する。
（1）EA が 4 以上
（2）ハイラムダではない（④で述べたようにエクスナーは L < 1.0 とするが，日本人の L は高く，L < 1.2 が妥当のようだが，構造一覧表の EBper の計算にあたっては，われわれは一応エクスナーの基準に従っている）
（3）EA が 10.0 以下で，EB の両辺の差が 2 以上か，EA が 10.5 以上で，EB の両辺の差が 2.5 以上

　上記の（1）（2）（3）の基準のすべてを満たす時，EB の大きい方の値を小さい方の値で割る（小さい方の値が 0 あるいは 0.5 の場合，小さい方の値を 1.0 として計算する）。その結果の値を記入するが，EBper の値が 2.5 以上であれば，その体験型の固定度があると判断する。
　上記のようにハイラムダスタイルの場合，EBper は計算しない。EBper を計算しなかった場合は N/A（Not Applicable）と記入する。

表9-3　EA-es から D スコアへの換算表

(EA-es) の粗点			Dスコア	
+13.0	～	+15.0	+5	
+10.5	～	+12.5	+4	
+8.0	～	+10.0	+3	
+5.5	～	+7.5	+2	
+3.0	～	+5.0	+1	
-2.5	～	+2.5	0	
-3.0	～	-5.0	-1	
-5.5	～	-7.5	-2	
-8.0	～	-10.0	-3	
-10.5	～	-12.5	-4	
-13.0	～	-15.0	-5	(D＜-5, +5＜D もあり得る)

(Exner, J. 2003 による)

⑥ eb（基礎体験）：M 以外の運動反応と，すべての濃淡反応と無彩色反応の比である。すなわち FM+m：SumC'+SumT+SumY+SumV である。SumC' は FC'，C'F，C' の総計であり，以下，T，Y，V も同様である。

⑦ es（刺激体験）：eb の両辺の合計であり，FM+m+Sum C'+ SumT+ SumY+SumV である。

⑧ D：D スコアは EA と es の差（Difference）の関係を表している。D スコアは EA から es を引き，その値を表9-3の「EA-es から D スコアへの換算表」の（EA-es）の粗点の該当欄にあてはめて，D スコアを求め，正負の符号もつけて記入する。

⑨ Adj es（修正 es）：es に m や Y が含まれている時，1つの m と1つの Y（FY，YF，Y を含む）を残し，他のすべての m と Y を es から引いた数値である。すなわち m や Y がない場合は，0のままとし，ある場合は個数にかかわらず，それぞれ1として，es と同じように計算する。

⑩ Adj D（修正 D スコア）：EA と Adj es の差を求め，その値について表9-3の「EA-es から D スコアへの換算表」により D スコアを求め，これを Adj D として，正負の符号もつけて記入する。

2．思考のクラスター

構造一覧表下部に「思考」の見出しがつけられているクラスターを構成する変数である。

① a：p（積極的運動反応：消極的運動反応）：決定因子がM，FM，mとコードされた場合，a（積極的運動反応）かp（消極的運動反応）がつけられるが，すべての運動反応でaがコードされた個数と，pがコードされた個数の比率である。なお運動反応の合計が4以上なければ解釈に妥当性がないといわれている。a-pのコードの場合は，aとpともに左右両辺に加算する。

② Ma：Mp（人間運動反応のaとpの比率）：M（人間運動反応）のみを対象にして，aとpの比率を求める。なおMが2以上なければ解釈に妥当性がないといわれている。

③ 2AB＋Art＋Ay（知性化指標）：構造一覧表上部右下方のSpecial Scorings（特殊スコア）のABの個数を2倍し，これにContents（内容）欄のArtとAyの個数すべてを加算する。

④ MOR（損傷内容）：上部右下方に記入したのと同じ数値を記入する。

⑤ Sum6（6つの重要な特殊スコア）：上部右下方のRaw Sum6に記入した数値を転記する。

⑥ Lv2（レベル2）：上部右下方のレベル2の個数を記入する。

⑦ WSum6（重みづけた6つの重要な特殊スコア）：上部右下方のWgtd Sum6に記入した数値を転記する。

⑧ M−（不良人間運動反応）：Mの中で形態水準が−とコードされた反応の数を記入する。

⑨ Mnone（無形態人間運動反応）：上部の形態水準のMQualの無形態（none）の数値を転記する。

3．感情のクラスター

構造一覧表下部の中央上方「感情」の見出しのついたクラスターを構成する変数である。

① FC：CF＋C（形態色彩反応：色彩形態反応＋純粋色彩反応）：FCの個数とCF＋Cの個数の比である。ここでのCはCn（色彩名反応）を含めるので，右辺はCF＋C＋Cnである。

② Pure C（純粋色彩反応と色彩名反応）：CとCnを加えた数値である。

③ SumC'：WSumC（無彩色反応：重みづけた色彩反応）：左辺のSumC'はFC'＋C'F＋C'の個数であり，右辺のWSumCは「核となる部分」で

計算した重みづけられた色彩反応である。
④ Afr（感情比率）：Ⅷ図からⅩ図の反応数を，Ⅰ図からⅦ図の反応数で割った数値である。
⑤ S（空白反応）：構造一覧表上部左のSの数値を転記する。
⑥ Blends：R（ブレンド反応の総数：反応数）：上部のBlendsの合計を左辺に記入し，構造一覧表下部最初のRを右辺に転記する。
⑦ CP（色彩投影）：上部の右下方にあるCPの数を転記する。

4．認知的媒介のクラスター

構造一覧表下部の「思考」の横にある「認知的媒介」のクラスターを構成する変数である。
① XA％（全体適切形態反応）：上部左の形態水準欄にある＋とoとuを合計した数値を総反応数Rで割った数値である。
② WDA％（WとDにおける適切形態反応）：上部の形態水準欄のW＋Dの欄の＋とoとuを合計した数値をWとDの反応数の合計で割った数値である。
③ X-％（不良形態反応）：上部の形態水準のFQxの欄にある-をRで割った数値である。
④ S-（不良空白反応）：すべてのSの中で形態水準が-とコードされたSの個数を記入する。
⑤ P（平凡反応）：Pとコードされた反応の個数である。
⑥ C（共通反応）：Cとコードされた反応の個数である。
⑦ X+％（良形態反応）：上部のFQxの欄の＋とoの合計をRで割った数値である。
⑧ Xu％（稀少形態反応）：上部のFQxの欄のuをRで割った数値である。

5．情報処理のクラスター

「認知的媒介」の右にある「情報処理」のクラスターを構成する変数である。
① Zf：上部のZfを転記する。
② W：D：Dd（領域の比率）：上部左の領域の頻度にあるWとDとDdの数値をそれぞれ転記する。
③ W：M（WとMの比率）：左辺にWの総数を右辺にMの総数を記入

④ Zd（情報処理の効率）：上部の ZSum から ZEst を引いた数値を，正負の記号をつけて記入する。
⑤ PSV（固執）上部右下方にある PSV の数値を転記する。その際，PSVS の数値を加算して転記する。
⑥ DQ+：上部左の DQ の欄にある + の数値を転記する。
⑦ DQv：上部左の DQ の欄にある v の数値を転記する。

6．対人知覚のクラスター
「感情」の右にある「対人知覚」のクラスターを構成する変数である。
① COP：上部右下方にある COP の数値を転記する。
② AG：上部右下方にある AG の数値を転記する。
③ GHR：PHR（人間表象反応の比率）：上部右下方にある GHR の数値を左辺に，PHR の数値を右辺に転記する。
④ a：p（積極的運動反応：消極的運動反応）：下部左方の「思考」のクラスターに記載された数値を転記する。
⑤ Food（食物反応）：上部 Contents の中央あたりに記載されている Fd（食物反応）の数値を転記する。
⑥ Sum T（材質反応）：下部左の「核となる部分」の下方に記載されている Sum T の数値を転記する。
⑦ Human Cont（Human Contents：人間反応内容の合計）：H + Hd + (H)+(Hd)であり，これは Hx を除いた人間反応内容，すなわち上部の Contents の上方にある H, Hd, (H), (Hd)の数値を合計して記入する。
⑧ Pure H（人間全体反応）：上部の Contents の上方にある H の数値を転記する。(H)は含まない。
⑨ PER（個人的内容）：上部右方の下にある PER の数値を転記する。
⑩ Isol Index（孤立指標）：Bt + 2Cl + Ge + Ls + 2Na/R の数値である。これは上部の Contents にある Bt（植物反応）と Ge（地図反応）と Ls（風景反応）の数値と，2 倍した Cl（雲反応）と Na（自然反応）の数値の合計を R（総反応数）で割った数値を記入する。

7．自己知覚のクラスター

「対人知覚」のクラスターの下方にある「自己知覚」のクラスターを構成する変数である。

① 3r＋(2)/R（自己中心性指標）：上部の決定因子にある Fr と rF（反射反応）の数値を3倍した数値とペア反応（重みづけをしない）の数値の合計を R（総反応数）で割った数値を記入する。
② Sum V（展望反応）：下部左の「核となる部分」の下方に記載されている Sum V の数値を転記する。
③ FD（形態立体反応）：上部の決定因子にある FD の数値を転記する。
④ An＋Xy（解剖反応とエックス線反応）：上部の Contents 欄の An と Xy の数値の合計である。
⑤ MOR（損傷内容）：上部右下に記載された MOR の個数を転記する。
⑥ H：(H)＋Hd＋(Hd)（人間反応の比率）：人間全体反応とそれ以外の人間反応との比率であり、「対人知覚のクラスター」の Human Cont の数値によって記入できる。

第4節　構造一覧表の特殊指標

構造一覧表の一番下の欄には、PTI（知覚と思考の指標），DEPI（抑うつ指標），CDI（対処力不全指標），S-CON（自殺の可能性），HVI（警戒心過剰指標），OBS（強迫的様式指標）の6つの特殊指標がある。これらの指標の作成は、表9－4の「特殊指標の布置」によって行われる。作成の方法は被検者の構造一覧表の数値を，各指標を構成する個々の変数の数値と比較し，該当する時は各変数の前にある□の中にチェックする。PTI，DEPI，CDI，S-CON についてはチェックされた数を，構造一覧表の該当する特殊指標に記入する。さらに各布置記録表に記載されているように，一定数以上チェックされた場合は，その指標のもつ意味の可能性があるので，構造一覧表の該当指標の□にチェックする。また HVI と OBS については，該当すれば YES，該当しなければ NO と記入する。

なお＊がついている変数は，被検者が児童の場合，年齢によって修正するための分割点（cutoff values）が異なることを表している。すなわち被検者が児童の場合，PTI の WSum6（重みづけた重要な6つの特殊スコア），DEPI の 3r＋(2)/R（自己中心性指標），DEPI と CDI の Afr（感情の比率）の4つに

表9−4　特殊指標の布置

S-Constellation（Suicide Potential）：自殺の可能性
□ 8項目以上に該当　　　　　　　　　　　注：15歳以上のみに適用
　□ FV ＋ VF ＋ V ＋ FD ＞ 2
　□ Col-Shd Bl ＞ 0
　□ 3r+(2)/R ＜.31 あるいは ＞.44
　□ MOR ＞ 3
　□ Zd ＞＋ 3.5 あるいは Zd ＜－ 3.5
　□ es ＞ EA
　□ CF ＋ C ＞ FC
　□ X+ %＜.70
　□ S ＞ 3
　□ P ＜ 3 あるいは ＞ 8
　□ Pure H ＜ 2
　□ R ＜ 17

PTI（Perceptual-Thinking Index）：知覚と思考の指標
　□ （XA %＜.70）かつ（WDA %＜.75）
　□ （X-%＞.29）
　□ （LVL2 ＞ 2）かつ（FAB2 ＞ 0）
＊□ （R ＜ 17 かつ WSum6 ＞ 12）あるいは（R ＞ 16 かつ WSum6 ＞ 17）
　□ （M-＞ 1）あるいは（X-%＞.40）

DEPI（Depression Index）：抑うつ指標
□ 5項目以上に該当
　□ （FV+VF+V ＞ 0）あるいは（FD ＞ 2）
　□ （Col-Shd Blends ＞ 0）あるいは（S ＞ 2）
＊□ （3r+(2)/R ＞.44 かつ Fr+rF ＝ 0）あるいは（3r+(2)/R ＜.33）
＊□ （Afr ＜.46）あるいは（Blends ＜ 4）
　□ （SumShading ＞ FM+m）あるいは（SumC' ＞ 2）
　□ （MOR ＞ 2）あるいは（2AB+Art+Ay ＞ 3）
　□ （COP ＜ 2）あるいは（Isol Indx ＞.24）

CDI（Coping Deficit Index）：対処力不全指標
□ 4項目以上に該当
　□ （EA ＜ 6）あるいは（AdjD ＜ 0）
　□ （COP ＜ 2）かつ（AG ＜ 2）
　□ （WSum C ＜ 2.5）あるいは＊（Afr ＜.46）
　□ （Passive ＞ Active ＋ 1）あるいは（Pure H ＜ 2）
　□ （Sum T ＞ 1）あるいは（Isol Indx ＞.24）あるいは（Food ＞ 0）

HVI（Hypervigilance Index）：警戒心過剰指標
□ 項目（1）に該当し，かつ，項目（2）〜（8）の4項目以上が該当（YES）
　□（1）FT+TF+T ＝ 0　　　□（2）Zf ＞ 12　　　□（3）Zd ＞ +3.5
　□（4）S ＞ 3　　　　　　□（5）H+(H)+Hd+(Hd)＞ 6
　□（6）(H)+(A)+(Hd)+(Ad)＞ 3　□（7）H+A：Hd+Ad ＜ 4：1
　□（8）Cg ＞ 3

OBS（Obsessive Style Index）：強迫的様式指標
　□（1）Dd ＞ 3　　　　　　□（2）Zf ＞ 12　　　□（3）Zd ＞＋ 3.0
　□（4）Populars ＞ 7　　　□（5）FQ+ ＞ 1

□下記の1項目以上が該当（YES）
　□上記の（1）から（5）の項目全てが該当
　□上記の（1）から（4）の項目の内2項目以上該当し，かつ（FQ+＞3）
　□上記の（1）から（5）の項目の内3項目以上該当し，かつ（X+％＞.89）
　□（FQ+＞3）　かつ　（X+％＞.89）

＊児童の場合は修正する（Exner, J. 2003による）

表9-5　年齢による自己中心性指標の修正

年齢	3r+(2)/R が下記より小さい場合	3r+(2)/R が下記より大きい場合
5	.55	.83
6	.52	.82
7	.52	.77
8	.48	.74
9	.45	.69
10	.45	.63
11	.45	.58
12	.38	.58
13	.38	.56
14	.37	.54
15	.33	.50
16	.33	.48

表9-6　年齢による WSum の修正

Rが17以上の場合
5～ 7歳	WSum＞20
8～10歳	WSum＞19
11～13歳	WSum＞18

Rが17未満の場合
5～ 7歳	WSum＞16
8～10歳	WSum＞15
11～13歳	WSum＞14

表9-7　年齢による Afr の修正

5～ 6歳	Afr＜.57
7～ 9歳	Afr＜.55
10～13歳	Afr＜.53

（表9-5～7はいずれも Exner, J. 2003による）

については，表9-5から表9-7の「年齢による修正」によって，年齢に応じた修正を行わねばならない。

　ロールシャッハ・テストを被検者に実施しプロトコルを作成するまでの過程は，検査者の手作業によって行われるが，プロトコルに基づき「コードの系列」を作成し，構造一覧表を作成するにあたっては，コンピュータによって行うことが可能である。しかし構造一覧表の意味する所を理解するためにも，本テストを実施し始めた人は，いくつかの事例については，面倒でもプロトコルから「コードの系列」（229頁）と「構造一覧表」（180頁）を手作業で行うことが望ましい。

第10章 エクスナーと異なるコード

　知能テストにかぎらず，すべての心理テストの適用には，文化の違いを考慮すべきであり，ロールシャッハ・テストも同じであることは，すでにアベル (Abel, M., 1973) やワイナー (Weiner, I., 2003) も述べている。これまでのわが国のロールシャッハ・テストの研究者も，同じインクブロットの知覚の仕方が文化によって異なることについて，さまざまな報告を行ってきている。われわれは，今日，ロールシャッハ・テストに関する世界の共通語となりつつある包括システムを，できるだけそのままの形で実施したいと思っていた。しかしわれわれが包括システムをわが国の多くの被検者に適用してきた結果，実施法やコードのごく一部ではあるが，わが国に適した形にする方が，包括システムの解釈理論によく適合し，わが国の被検者への心理臨床に役立つことに気づいた。これらの変更については前章までの該当箇所で記述した。それらと重複するが，本章では現在のエクスナー (Exner, J., 2003) の著書に述べられている包括システムを，わが国の被検者の資料を基にして基準を明確にしたり，一部を修正して用いている主要な点をまとめた。

第1節　実　施　法

1. 始発反応時間の記録

　エクスナーは始発反応時間を記録していないが，多くの研究者や臨床家は，特定図版に対する始発反応時間の遅れになんらかの意味があることに注目している。包括システムを用いる臨床家も，この事実を否定しないで，いちじるしい遅れがある図版についての記録が望ましいといっている。われわれは始発反応時間の多少の遅延は意味をもたないにしても，いちじるしい遅れには意味があると考え，被検者に気づかれないように，秒針付きの腕時計によって始発反応時間を大まかに記録している。それでも被検者に何らの影響がありそうな場合は，時計を見ないで心の中で数え，始発反応時間がいちじるしく遅れた図版を記録にとどめ，解釈に役立てるようにしている。

2. 少ない反応数や拒否図版のある場合の再テスト

エクスナーは反応数が13以下の場合や拒否図版がある記録は，解釈の妥当性が低いという理由で，ロールシャッハ・テスト以外の心理テストを用いることを勧めている。そしてどうしてもロールシャッハ・テストの実施が望ましい場合は，もう一度初めからテストを実施しなおしている。しかし実際の臨床場面でただちに再テストを行うことは，クライエントとのラポールを妨げることもあり，われわれはこの方法をとらず，得られた記録をそのまま用いている。そして特定の反応が強調されたり，特異な言語表現がないかなど，記録を読んで解釈可能な点を取り上げることにしている。

第2節　領　域

1. Dd40台のコード

エクスナーは彼の資料でよく出現するDd領域に番号を与え，それらに該当しないDd領域をDd99とコードしている。われわれが，わが国の被検者について検討したところ，Dd99のコードに該当する領域であるが，多くの被検者が同じ内容を意味づける領域があることから，これらにDd40台の番号をつけている。すなわちⅠ図はDd40，Ⅲ図はDd40，DdS41，Ⅵ図はDd40，Dd41，Ⅷ図はDd40，Ⅸ図はDd40，Ⅹ図はDd40，Dd41，Dd42の計10個である。これらは基本的にエクスナーのDd99と変わらず，Dd99を単に細分化したに過ぎず，解釈という点からはDdとして同じである。ただ今後の検討によって，わが国の場合，例えばⅢ図Dd40などが，出現頻度からD領域になる可能性も考えられる。

2. Ⅹ図のDdS22

Ⅹ図DdS22の領域は「顔」「歌舞伎の顔」など，通常，空白部分を含めて答えられることが多く，DdS22とコードされる。しかし被検者の中には，この領域を「花」「花たば」「風景」などと答え，空白部分をまったく無視する者がいる。このような反応に対しては，われわれはDdS22ではなく，Dd22をコードすることにしている。

3. WとWSのコード

DやDdの領域は1つだけではないので領域番号がつけられているが，W

とWSはそれぞれ1つの領域しかないので，領域番号をつける必要はない。しかしわれわれはコンピュータに入力する必要上，便宜上，W1とWS1と番号をつけている。

第3節　決定因子

1．運動の種類

　運動反応の肩文字としてaとpがコードされるが，われわれは便宜上aあるいはpを肩文字の代わりに運動反応の後に付加している。またaないしpとコードするための参考となる「主要な積極的運動反応と消極的運動反応の表」については，日本人の被検者の資料によっている。もちろん運動反応の種類を決定する場合，この表を機械的に適用してはならない。

第4節　形態水準

1．W, DとDdのoを決定する出現率

　エクスナーはoの根拠となる「ロールシャッハ形態水準ポケットガイド（改訂版）」（1995）を作成しており，ある領域に知覚した対象の形態水準を決定する根拠としている。ここに掲載された反応や出現頻度は，文化を異にする日本の被検者の反応と合致しないものも多い。われわれはわが国の健常成人400人の反応と，その出現頻度を基にして「ロールシャッハ形態水準表：包括システムのわが国への適用」（2002）を作成し，形態水準を決定する根拠としている。そしてWとDのoを決定するにあたり，エクスナーと同じように，2％の出現頻度に基づいている。しかしDdに関してエクスナーは，9,500人の被検者の中で50人以上の被検者がその領域を用い，その2/3以上が同じ領域に同じ対象を見た反応をoとしているが，われわれはDdについても2％の出現頻度としている。

2．oと決定する基準

　またエクスナーは，oを決定する基準として出現頻度以外に，知覚対象とインクブロットの形態が理論的に合致する反応であり，知覚された対象がインクブロットに実在するライン（輪郭）を含んでいることと定義しているが，われわれはoについて出現頻度以外の条件をつけていない。

3．形態水準表におけるoの細分化とuの細分化

われわれの形態水準表にoとした反応内容は，第5章で述べたように，2％以上の出現率の反応内容を基礎にしている。ただし厳密には2％以上にならないが，2％以上の出現率でoとコードされる反応を組み合わせた反応や，oとなる反応を構成する領域の一部を答えた時は，→oという記号で，oと決定された反応内容と類似していて補外法としてoとコードできるものは，(o)として形態水準表に明示している。実際のコード化においては，これらすべてがoとコードされる。またわれわれはuの中で出現頻度が2％未満1％以上の反応内容に，uのコードを用いている。実際のコード化においてはuもuもuとしてコード化する。

第5節　反応内容

反応内容のコードについては，わが国の被検者に多く生じる音楽反応（Mu：Music）と仮面反応（Ma：Mask）の2つを，包括システムの26の内容コードに加えて28個としている。これらに属しない場合，Idを用いるのはエクスナーと同じである。

最近，エクスナー自身は，構造一覧表において反応内容を一次的内容と二次的内容と区別しなくなり，かつてCgとコードしていたⅦ図D5の「羽」をArtとコードするなど，反応内容のコード化をかなり修正している。われわれは構造一覧表で反応内容を一次的内容と二次的内容に分けることが解釈に役立つと考えてはいるが，現行の包括システムに従って，この区別をしないこととした。さらに(H)や(A)の定義など，包括システムのいくつかの反応内容のコード化について，われわれの見解もあるが，できるだけ現行の包括システムに従うことにした。しかし反応内容のいくつかのコードに関して，日本人の反応を考慮して，エクスナーと異なる用い方をしている。主なものは次の内容である。

１．人間と動物

① 「道化師」「ピエロ」は，(H)ではなくHのコードを用いる。
② 「人のシルエット」「人の影」はエクスナーに従い(H)とコードし，「ゴリラの影」などは(A)とコードする。ただしわれわれは単なる影にはIdをコードし，木の影はBt,Idとコードする。

③「能面」「舞踏会のマスク」には Ma のコードのみを用い，「鬼の面」「天狗の面」などは Ma,(Hd)とコードする。
④「かつら」「義歯」は Hd,Art とコードする。
⑤「動物の面」は Ma,(Ad)をコードする。

2. 芸術
①前述のようにエクスナーは従来 Cg のコードを用いていた内容で，「イヤリング」「羽飾り」など装飾的な内容を Art としている。したがって，われわれも「ネックレス」「リボン」などは Art としたが，「スカーフ」「ネクタイ」「バックル」などは被検者が装飾的な表現をしないかぎり Cg としている。
②「赤色」などの色彩名，「絵の具」「しみ」などは Art ではなく，Id とコードしている。

3. 衣服
①「ブラジャー」「ビキニ」「バタフライ」などの下着には性的意味合いがあるので，Cg のコードとともに二次的内容として Sx をコードする。
②「鎧」「かぶと」「甲冑」は Cg ではなく Ay のみをコードする。

4. 食物
エクスナーは「リンゴ」を Fd,Bt に変更したが，われわれはこれまで通り食物反応は Fd のみをコードしている。

5. 音楽
わが国の被検者では，Ⅵ図「弦楽器」の出現率は「毛皮」よりも高いので，われわれは音楽反応（Mu）のコードを用いている。エクスナーは「楽器」は Sc，「音符」を Art としているが，われわれはともに Mu とコードしている。

6. 仮面
わが国の被検者では「面」「仮面」の出現率が高いので，われわれは Ma のコードを用いている。

7. その他の反応内容

エクスナーが Sc とする「建造物」や，Bt とする「鳥の巣」などは Id としている。

第6節　平凡反応

平凡反応（P）は文化の影響を受けやすく，エクスナーの基準と異なる内容が見られる。これまでわが国の研究者は平凡反応（P）を6人に1人の出現率と定める者が多かったが，包括システムでは3人に1人の出現率を P としている。われわれは包括システムの定義に従って P を決定したが，6人に1人の出現率の内容を共通反応（Common Response：C）とコードしている。なお解釈上，P と C に大差はない。

次に平凡反応について，根拠となる数値として，わが国の健常成人400人における出現頻度を示す。

I 図

エクスナー（2003）では I 図の P は，W の「コウモリ」と「チョウ」であるが，われわれの資料からは，P に該当するのは W の「コウモリ」（400人中195人）だけであり，C とコードされるのは WS の「動物の顔」（「イヌの顔」「オオカミの顔」など121人），W の「チョウ」（111人），W の「ガ」（80人）である。

わが国では従来「チョウまたはガ」を P とすることが多いが，「チョウまたはガ」と分類すれば191人が答えることになり，P の基準に達する出現率となる。このほか「動物の面」は12人に答えられている。

なお高橋・西尾（1994）では「動物の顔」は220人中75人であったので P としていたが，今回は400人中121人であり134人に達していないので C とした。

II 図

エクスナーの II 図の P は D1 の「動物の頭部か上半身か全身」であるが，われわれの資料からは D1 を「動物の全身」と答えた場合のみを P とし，「頭部や上半身」の出現率は低いので，これらは P とコードしない。すなわち D1 の領域に「動物1匹」もしくは D6 の領域に「動物2匹」を答えた場合が P であ

る。この場合，動物の全身像のみをPとコードする。さらにWをHとして「人間2人」と答えた反応もPとコードする。

なおWをHとして「人間2人」と答えた者は148人であり，その中で「ピエロ2人」と答えた者は13人であり，これを仮に除いても134人を超えていて，Pの基準に達している。またPではない「こびと2人」「魔法使い2人」「魔女2人」など(H)を答えた者は13人であった。またD1を「動物1匹」，D6を「動物2匹」と答えた者はそれぞれ21人，145人であった。他方PとしていないD1やD6を「動物の上半身（頭）」と答えた者はD1には出現せず，D6に「上半身2つ」として10人が答えただけであった。

Ⅲ図

エクスナーのⅢ図のPはD9の「人間，または人形や漫画などで人間を表すもの」である。われわれはD9の「人間」あるいはD1の「人間2人」と答えた場合（いずれもDd32を頭部と見る）をPとコードしている。わが国の被検者はD7に「太鼓」「臼」「荷物」などを含めたD1の領域を「人間2人と何か」と答えたり，D1をやや漠然と見て「人間2人」と答える者も多い。D9を「人間」と答えた者は103人，D1を「人間2人と何か」と答えたり，やや漠然と「人間2人」と答えてD1を指で囲んだりする者は191人，Wを「人間2人と火と太鼓など」と答えた者は36人であり，これらはすべてPをコードする。D9を「人形」と答える者は3人であり，「人の絵」が1人見られた。なお「人形」「漫画」「壁画」などはH,Artのコードとなるので，これらの内容もPをコードする。

Ⅳ図

わが国の被検者でⅣ図のWかD7に「人間もしくは人間類似のもの」を答える者は138人であり，Ⅳ図のPはエクスナーと同じであり，動物の姿はPとコードしない。なおWもしくはD7に「怪獣」あるいは「毛皮」と答えた場合は，エクスナーのコードにはないCをコードする。この領域に「怪獣」と答える者は75人，「毛皮」を答える者は79人であった。

Ⅴ図

Ⅴ図のPはエクスナーと同じように「チョウ」と「コウモリ」であり，「ガ」

はPとコードしない。わが国の被検者で「チョウ」と答える者は235人,「コウモリ」と答えた者は148人,Pとしない「ガ」と答えた者は50人であった。

Ⅵ図

Ⅵ図のPの「毛皮」はエクスナーと同じである。しかしわが国の被検者はWの領域に「弦楽器」を答える者が多く,3人に1人以上の出現率であるので,この内容にもPをコードする。

なおWあるいはD1の領域にAdやAd,Hdとしての「毛皮」を答える者は145人であり,「弦楽器」を答える者は154人であり,わが国の被検者は「毛皮」と同じように「弦楽器」を答える者が多い。「ギター」「三味線」「バイオリン」「琵琶」など具体的な名前を述べる者は94人であり,単に「楽器」「弦楽器」と答える者は60人であった。

Ⅶ図

エクスナーはⅦ図のPを「D9が人間の頭か顔で,D1,D2,Dd22に含まれることが多い」と述べている。しかしわれわれは第7章で述べたように,特定領域に対し同じ反応内容が出現した比率によってPを定めるべきだと考えている。したがってわが国の被検者でWを「人間2人」と答える者は139人であるので,われわれはⅦ図のPを「Wとして人間2人」を答えた反応としている。なおPとしていないⅦ図D9に「人間の顔」を答えた者は5人,D1に「人間の顔」を答えた者は39人,D2に「人間の上半身(顔を含む)」を答えた者は56人であった。

Ⅷ図

エクスナーのPは「動物の全身像であり,通常,イヌ科,ネコ科,げっ歯類」であり,われわれも同じである。Ⅷ図に対しては単に「動物」と答える者が104人であり,個々の動物について見ると,クマ(シロクマを含む)34人,ヒョウ31人,カメレオン25人,イタチ21人,ネコ(ヤマネコを含む)19人,ネズミ16人,トラ14人,オオカミ・タヌキ・トカゲが各9人……の順に出現している。エクスナーによると「ネズミ」「ライオン」などの形態水準はoであり,「カメレオン」「トカゲ」などをuとコードしているが,上述のようにわが国の被検者はⅧ図D1を「カメレオン」「トカゲ」と答える者が多く,形

態水準は o となる。

IX図

エクスナーの D3 の「人間か人間類似のもの」は，わが国では P に達しないので，IX図には P 該当の反応内容は存在しない。

X図

エクスナーの D1 の「カニ」と「クモ」はいずれもわが国では P に達しないので，X図には P 該当の反応内容は存在しない。

第7節　特殊スコア

1．不調和結合（INCOM）

エクスナーによると，「イヌ」や「ネコ」には「脚（paw）」があっても「手（hand）」や「足（foot）」がないから，「イヌの手」は INCOM とコードされ，「チョウのヒゲ」「イヌの手」「鳥の顔」なども INCOM とコードされている。これは文化による言葉の違いから生じるものであり，わが国では「イヌ」がお手をするし，「ネコ」の手を借りるというし，日常生活でイヌや猫の前脚を手と呼んでも不自然ではない。またエクスナーは「カタツムリの角」を INCOM とコードするが，わが国では「カタツムリの角」と呼ぶことが多い。また日本語の使い方として，慣用的に，動物や昆虫の器官を，口，手，足，尻，しっぽなどということも多く，こういうことが不適切であるとか不調和とはいえない。したがってわれわれは日常生活で，慣用的に用いられている言葉の結合には INCOM のコードを用いない。したがって「チョウのつばさ」は不適切な結合で INCOM とするが，「コウモリのつばさ」や「鳥の尻」は INCOM としない。

2．固執（PSV）

包括システムの固執のうち，機械的固執に関してはコードの基準が述べられていないので，われわれは連続した3枚の図版に，同一の表現内容を答えた時を機械的固執として PSVS のコードをつけることにしている。PSVS は定義を明らかにした機械的固執であるという意味であり，解釈上は PSV に含まれる。

3. 損傷内容（MOR）

「陰気な顔」「不気味な建物」「グロテスクなコウモリ」などは，不快な感情や特徴が対象の属性として明白に知覚されているのか，被検者自身の対象への感情なのかが明白でない。このような場合，われわれは被検者に質問を行い，対象自体の特徴を述べている時は MOR をコードし，対象に対する被検者自身の感情を述べている時は MOR とコードしないで，SD をコードしている。

4. 人間表象反応（HR）

「IX図の P がコードされている反応は GHR とする」という項目は，わが国では IX図に P がないことから除いている。

5. 特異な答え方（Special Description：SD）

われわれは，現在，特殊スコアとコードされる言語表現以外にも，健常成人には比較的出現しないある種の言語表現が，被検者のパーソナリティ理解に役立つ可能性があると考え，これらを「特異な答え方」として SD のコードを用いている。これはまだ試案であって確定したコードではない。第8章に述べたように，SD には，①過度の特殊化，②自己言及，③対象への感情投影，④インクブロットの特徴への過度の言及，⑤知覚対象の名前の想起困難，⑥知覚対象の説明困難などが考えられる。

以上がエクスナー（2003）と異なる主要な点である。これらの点においても，両者は本質的にはまったく同一のものであり，包括システムをわが国の被検者に適用できるように，わが国の被検者の反応を基にして基準を明確にし，補足したものである。

付録

1　領域図　………………………………………202

2　反応内容のコード例　………………………222

3　ロールシャッハ・テスト記録用紙　……………226

I図　P（W：コウモリ）
　　　C（W：チョウ・ガ・動物の顔）
　　　ZW=1.0　ZA=4.0　ZD=6.0　ZS=3.5

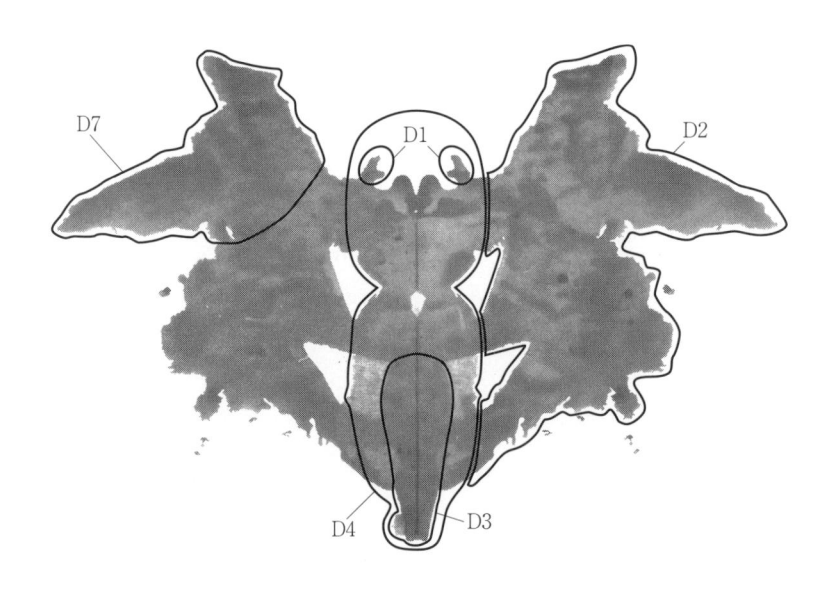

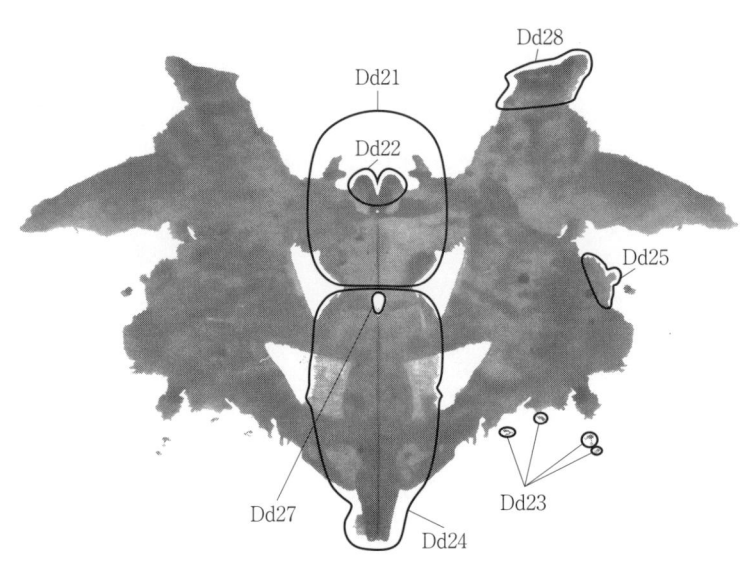

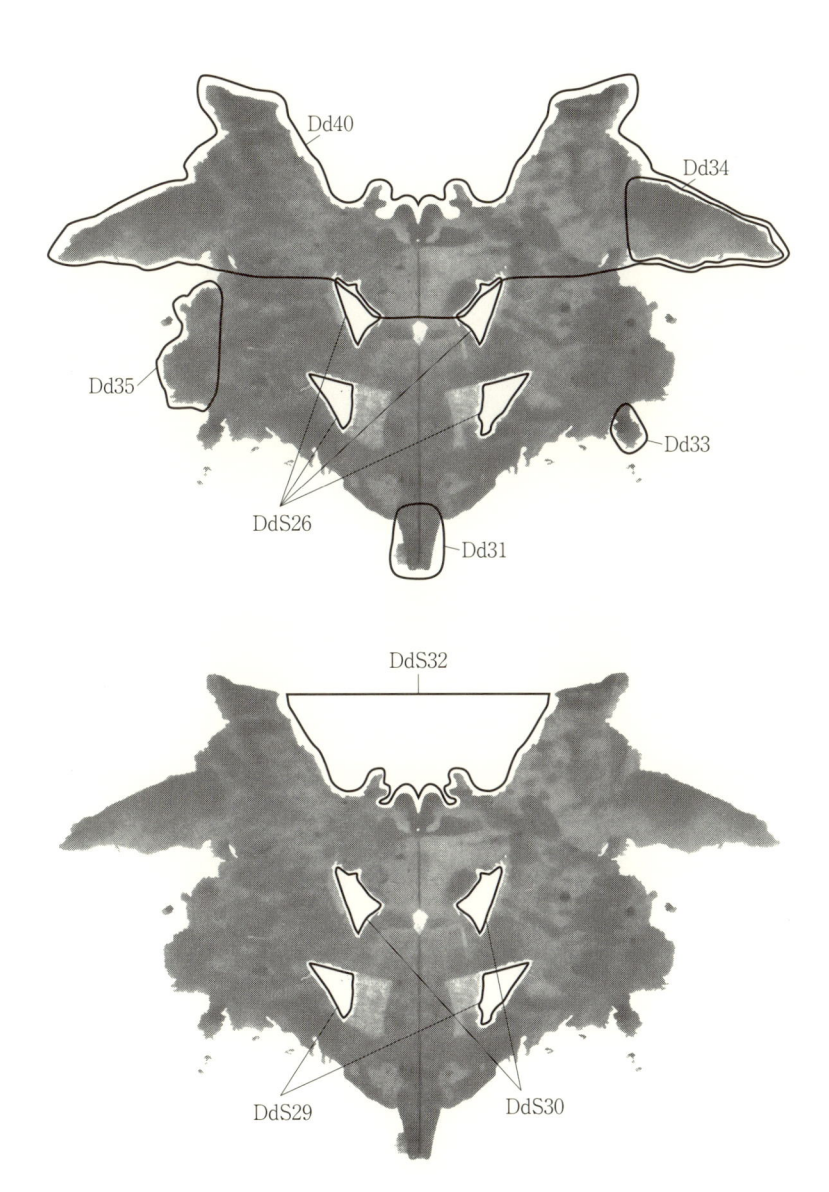

付録1　領域図　203

Ⅱ図　P（W：人間2人　D1：動物1匹　D6：動物2匹）
ZW=4.5　ZA=3.0　ZD=5.5　ZS=4.5

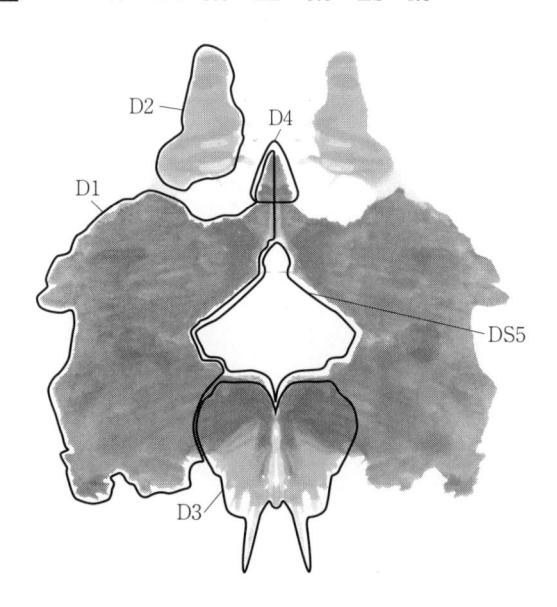

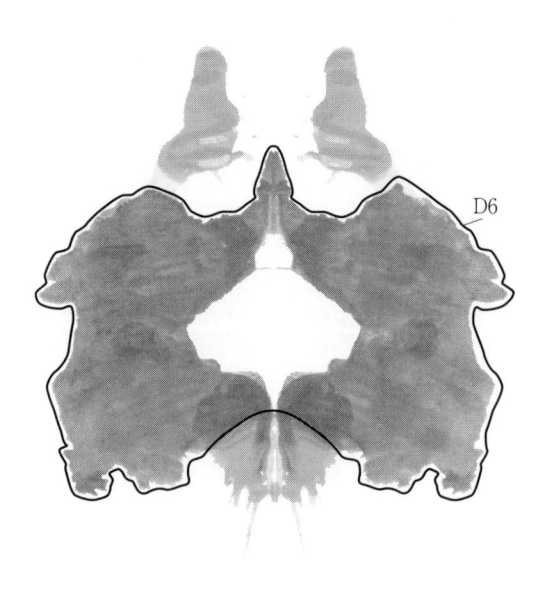

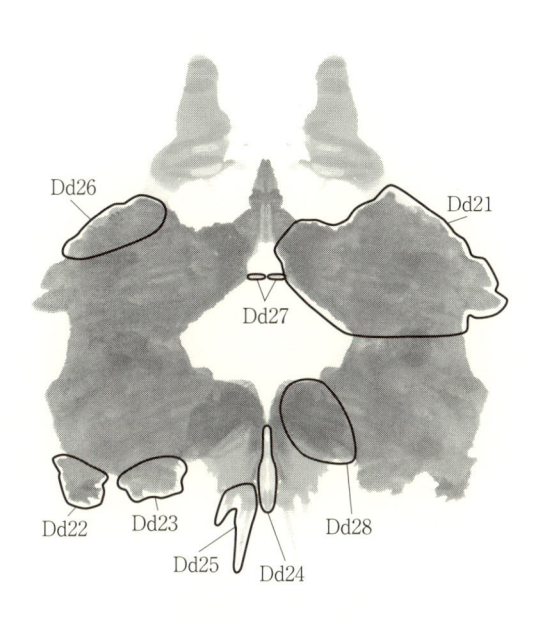

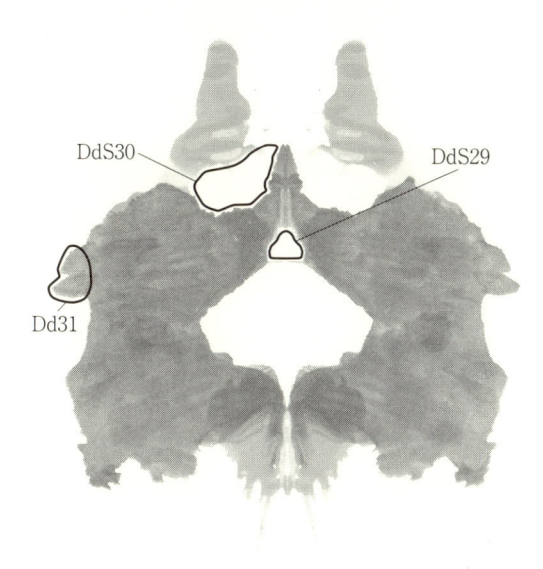

付録1　領域図　205

206

Ⅲ図　P（Wか D1：人間2人　D9：人間1人）
ZW=5.5　ZA=3.0　ZD=4.0　ZS=4.5

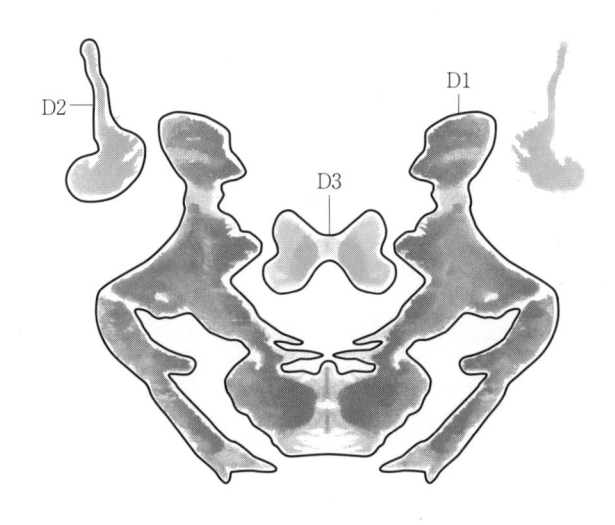

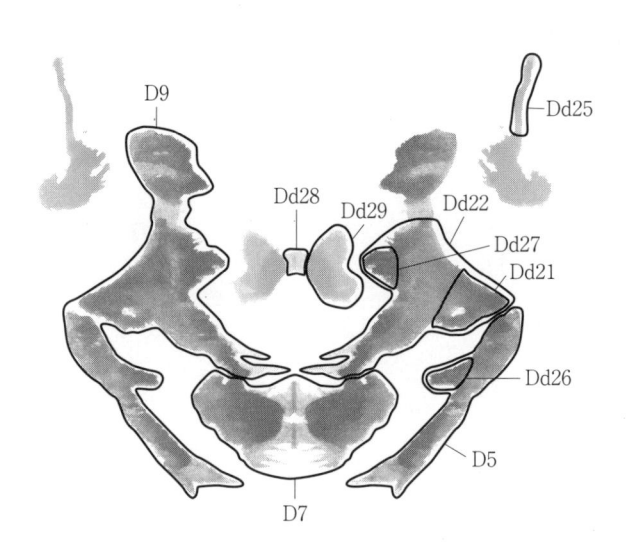

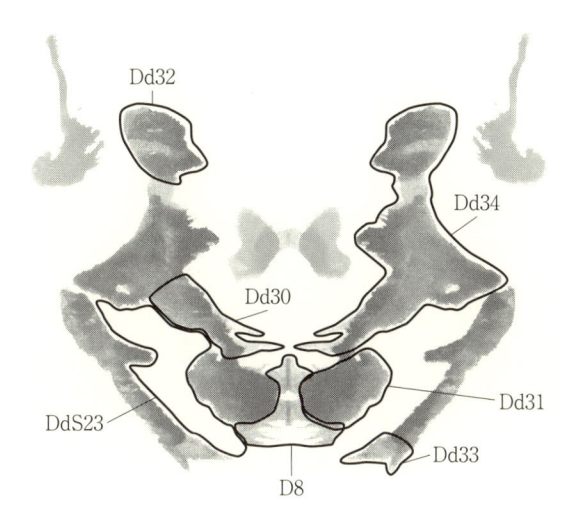

付録1　領域図　207

Dd32
Dd34
Dd30
Dd31
DdS23
Dd33
D8

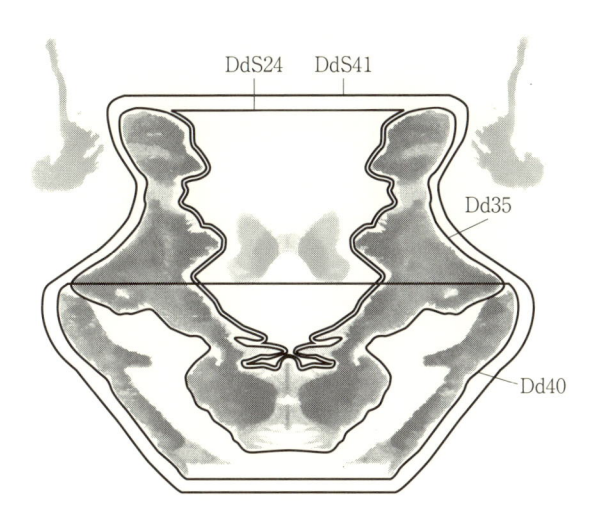

DdS24　DdS41
Dd35
Dd40

Ⅳ図　P（WかD7：人間か人間類似のもの）
C（WかD7：怪獣　WかD7：毛皮）
ZW=2.0　ZA=4.0　ZD=3.5　ZS=5.0

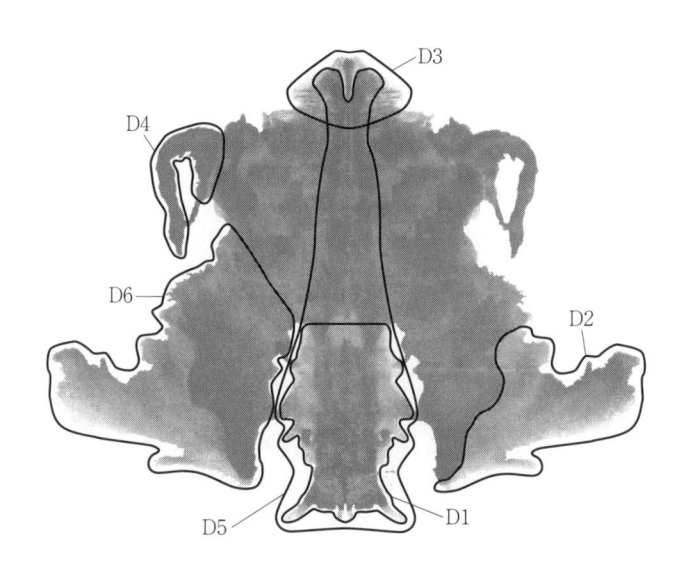

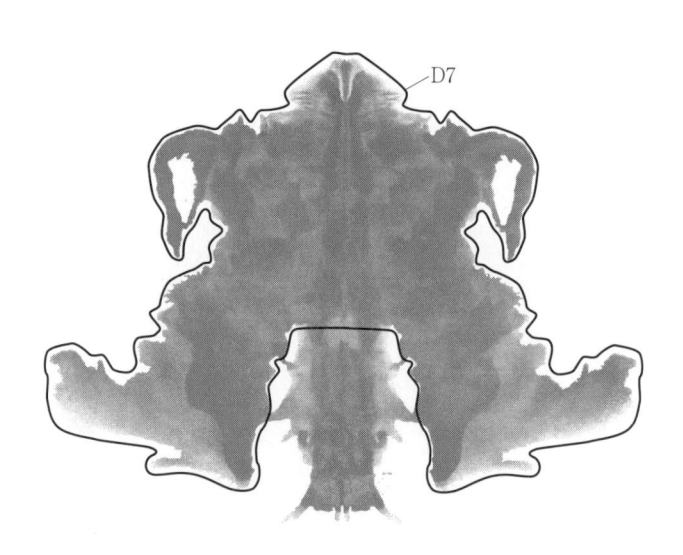

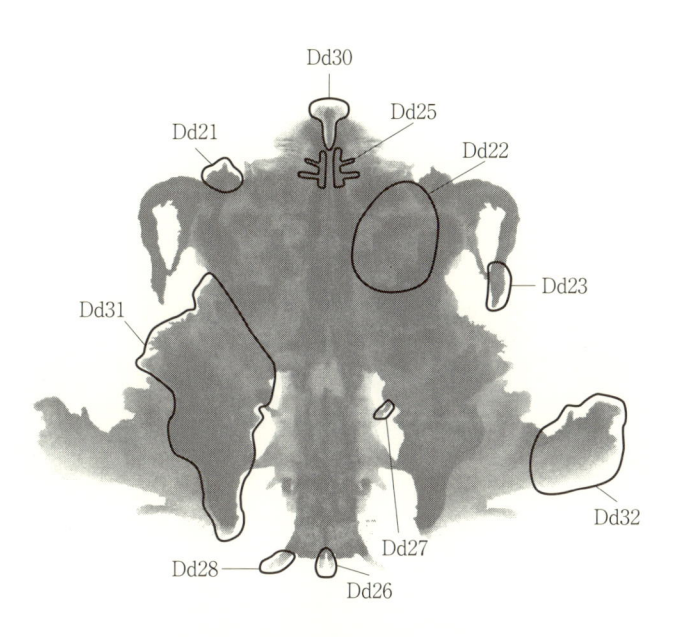

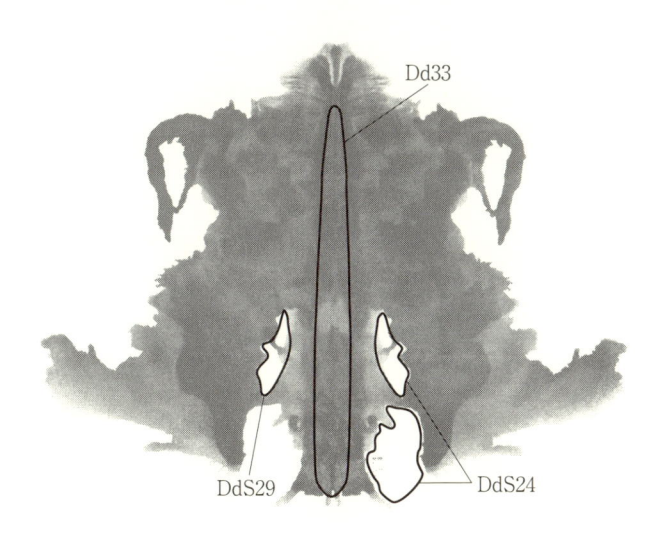

付録1　領域図　209

V図 P（W：チョウ　W：コウモリ）
ZW=1.0　ZA=2.5　ZD=5.0　ZS=4.0

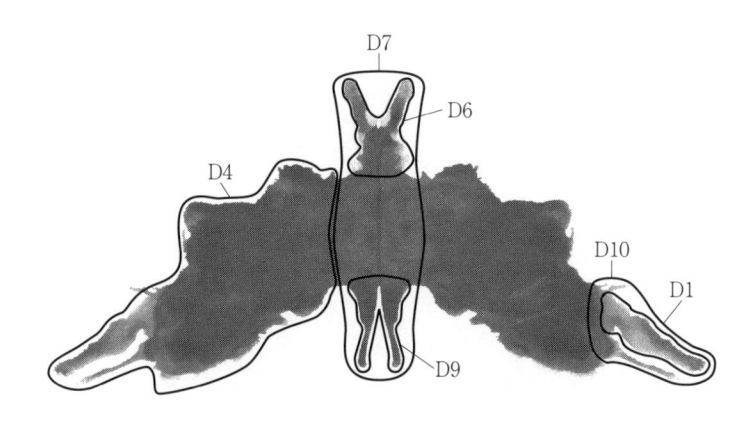

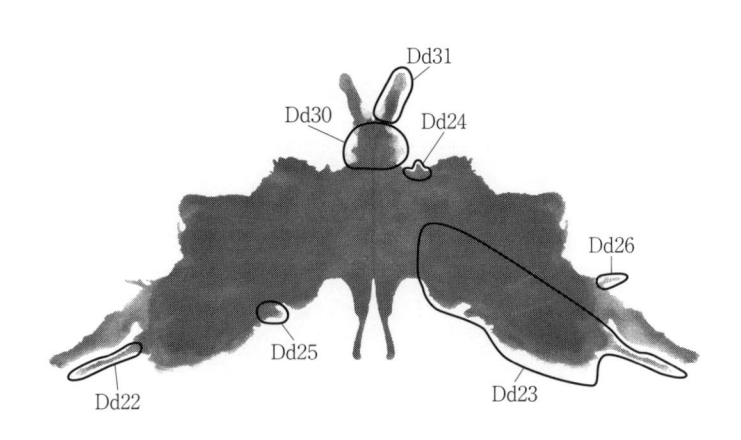

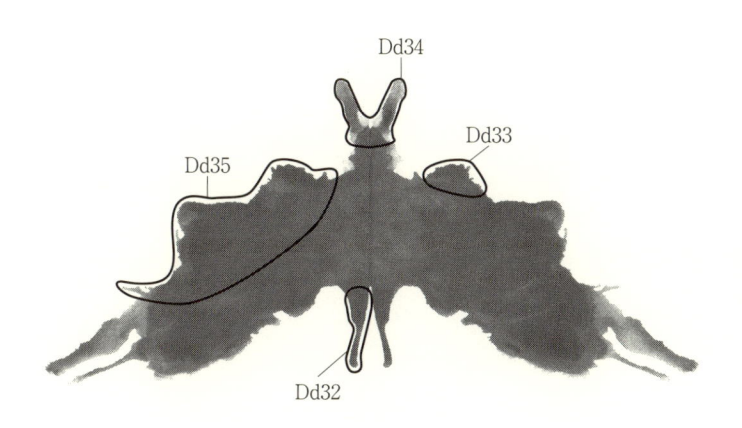

付録1　領域図　211

Dd34
Dd33
Dd35
Dd32

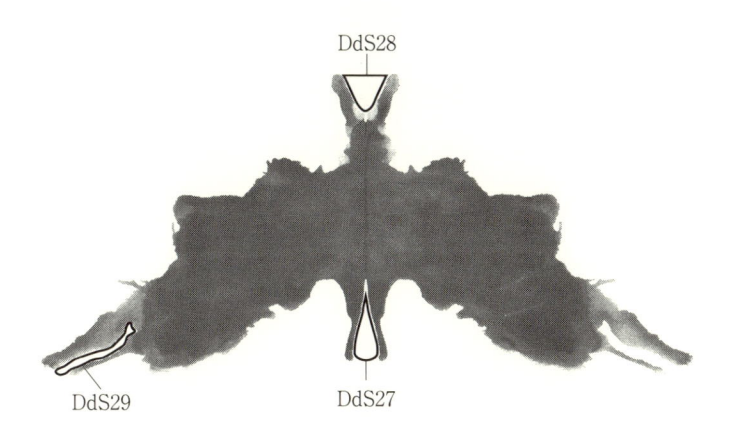

DdS28
DdS29　DdS27

Ⅵ図　P（WかD1：毛皮　W：弦楽器）
ZW=2.5　ZA=2.5　ZD=6.0　ZS=6.5

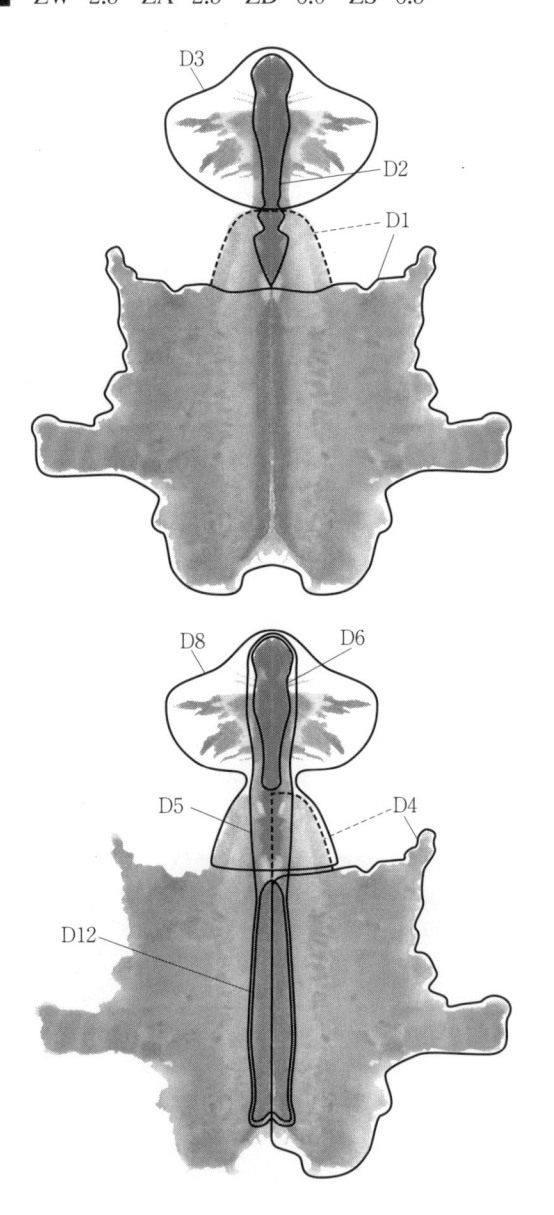

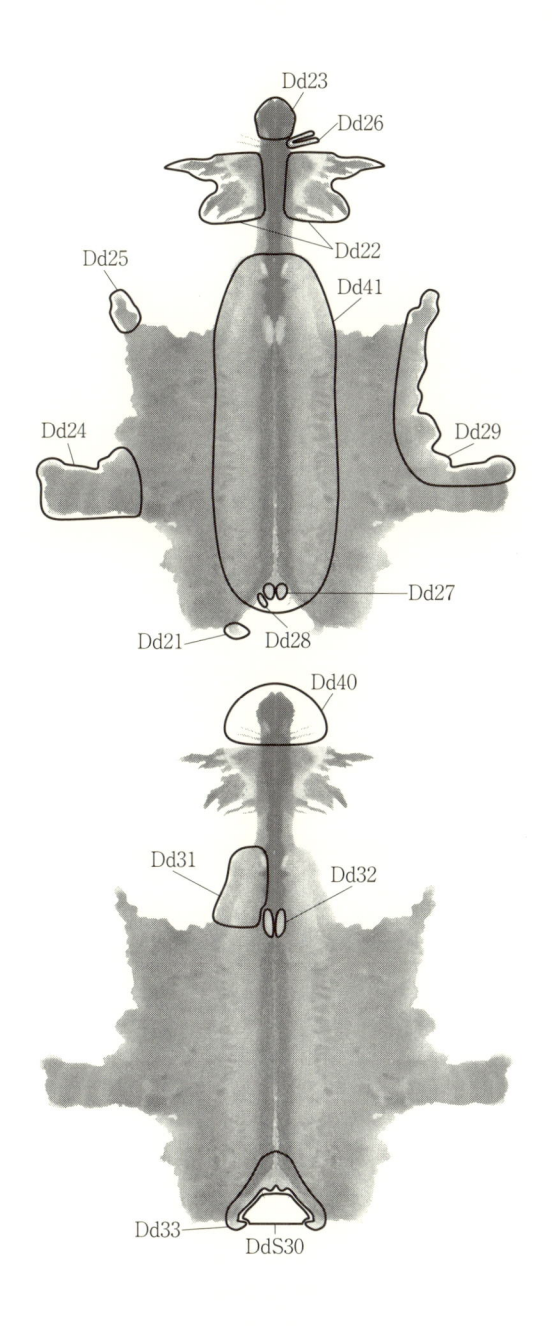

付録1　領域図　213

VII図

P（W：人間2人）
ZW=2.5　ZA=1.0　ZD=3.0　ZS=4.0

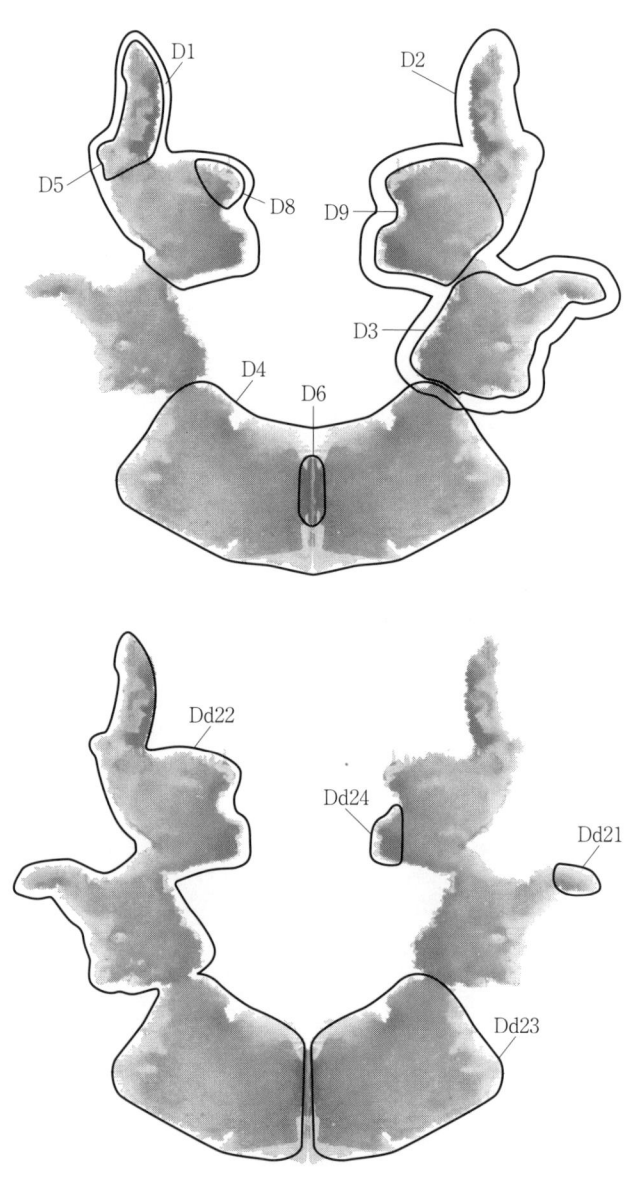

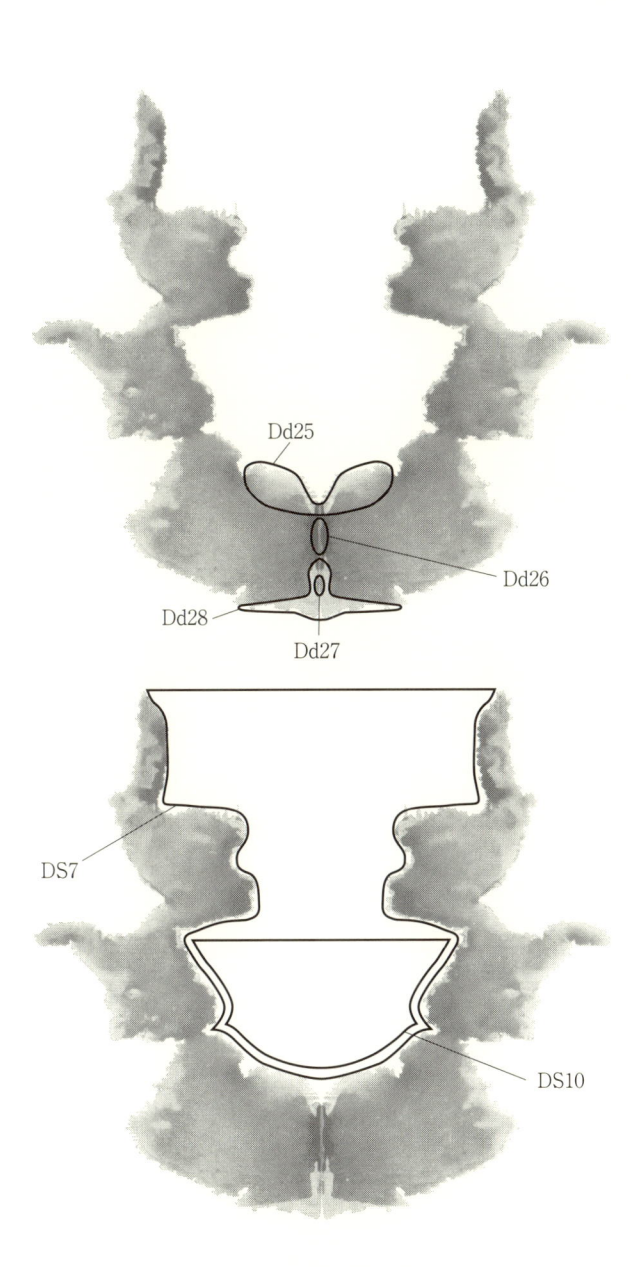

付録1　領域図　215

Dd25

Dd26

Dd28

Dd27

DS7

DS10

Ⅷ図　P（D1：4本足の動物）
ZW=4.5　ZA=3.0　ZD=3.0　ZS=4.0

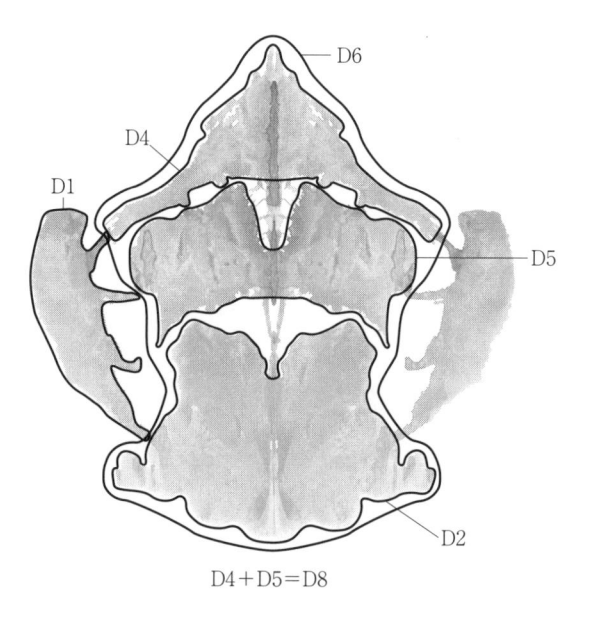

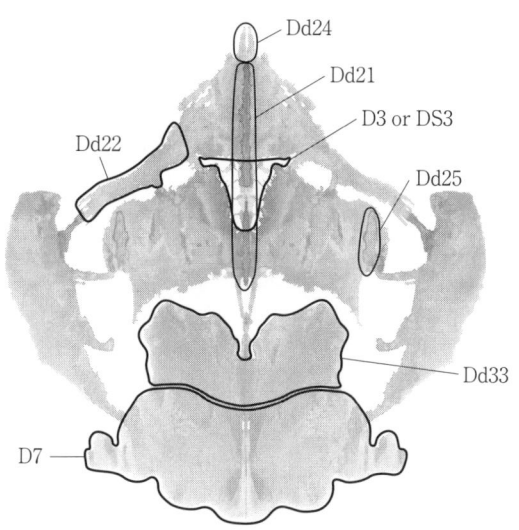

D6
D4
D1
D5
D2

D4＋D5＝D8

Dd24
Dd21
Dd22
D3 or DS3
Dd25
Dd33
D7

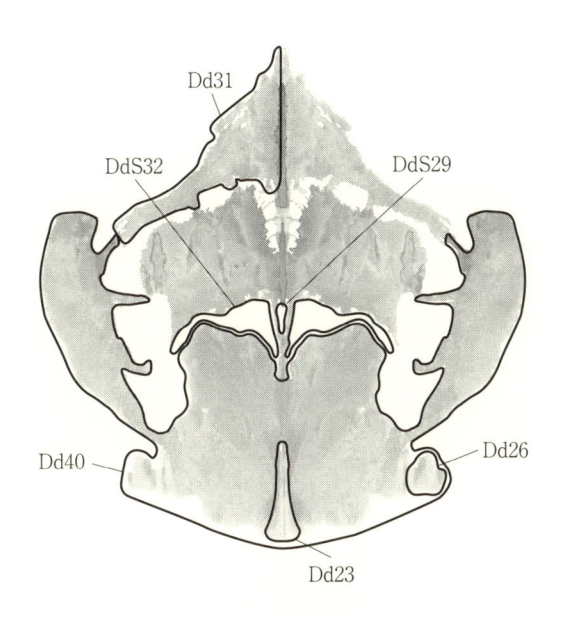

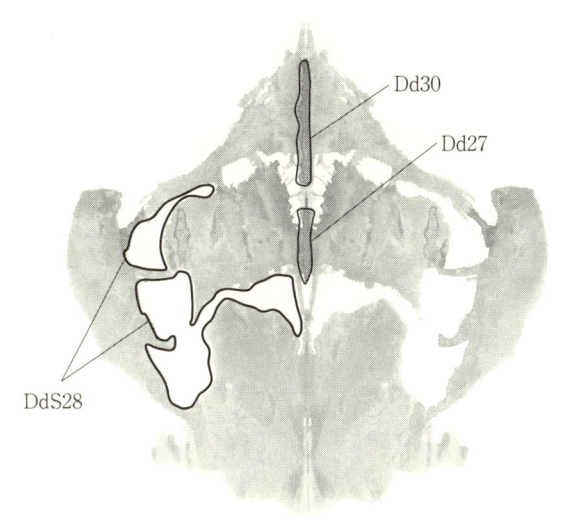

付録 1　領域図　217

218

IX図 P なし
ZW=5.5　ZA=2.5　ZD=4.5　ZS=5.0

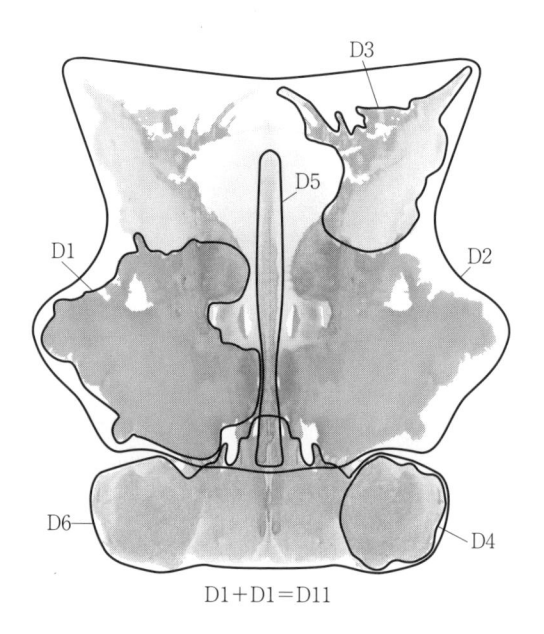

D3
D5
D1
D2
D6
D4
D1+D1=D11

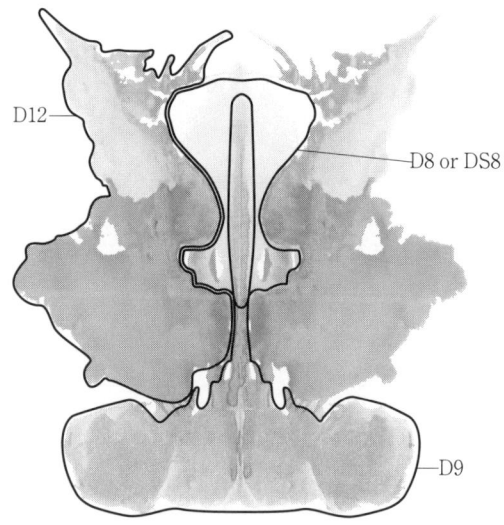

D12
D8 or DS8
D9

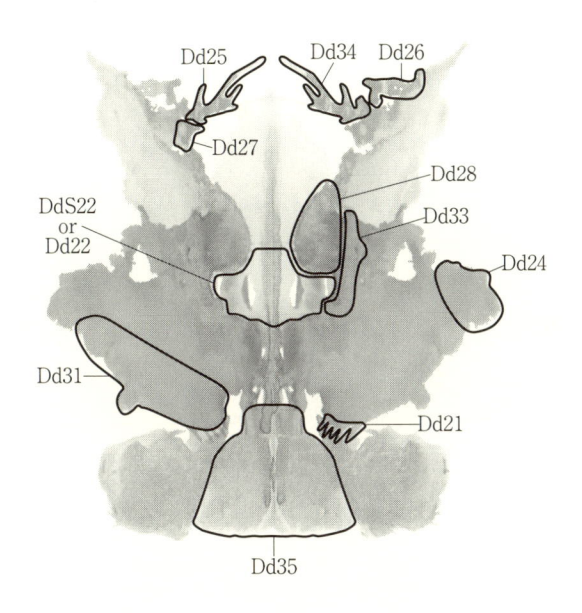

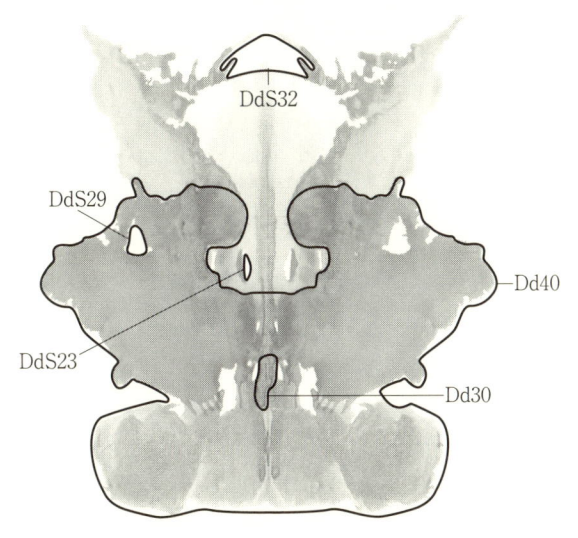

付録1　領域図　219

X図 P なし
ZW=5.5 ZA=4.0 ZD=4.5 ZS=6.0

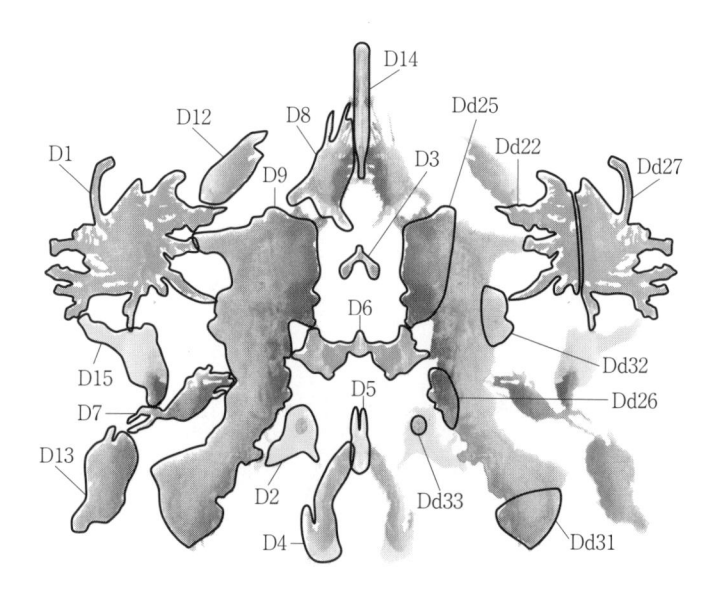

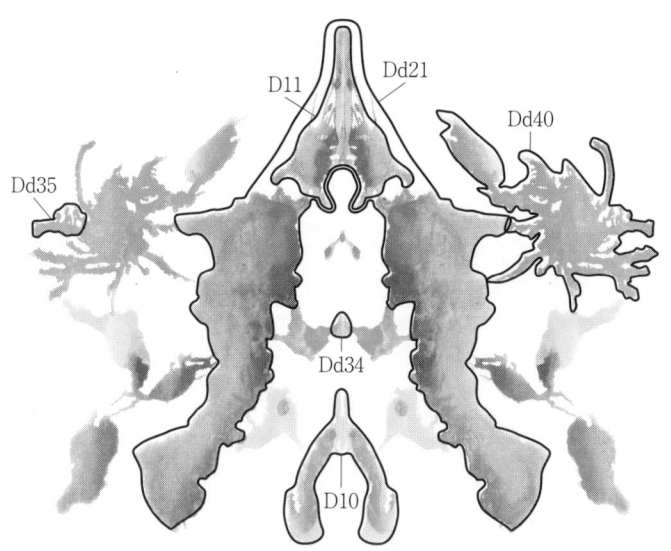

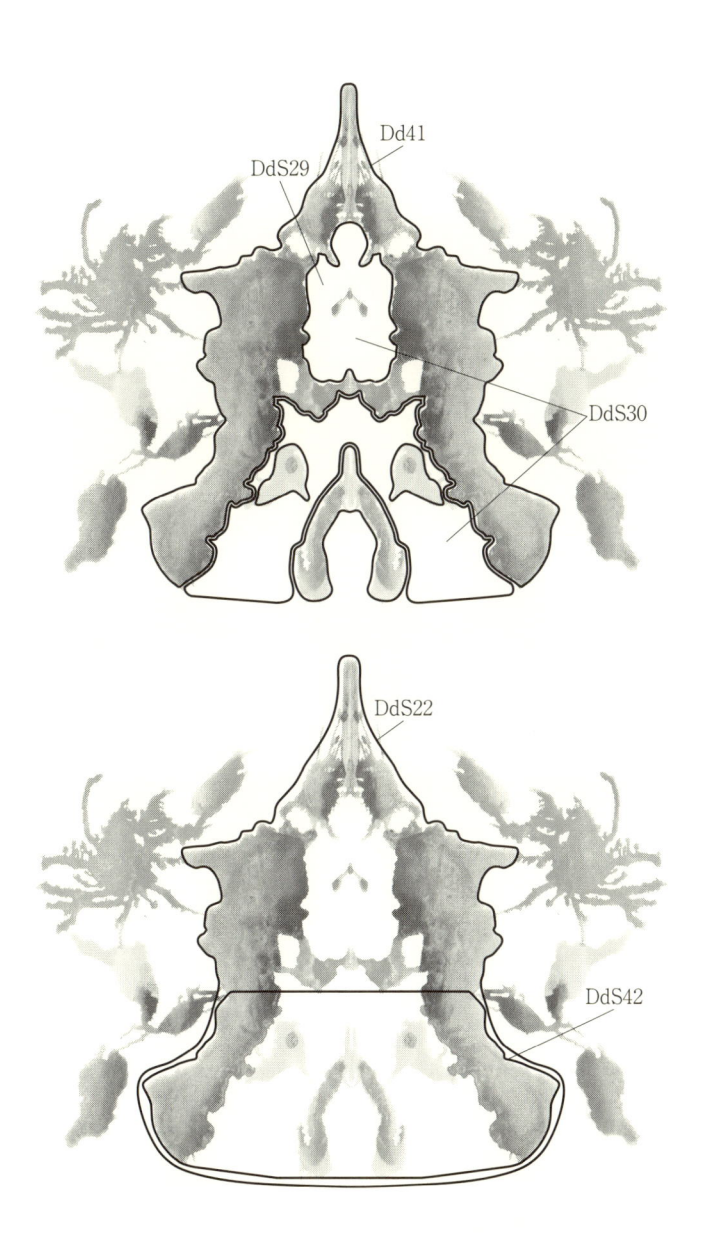

付録1　領域図　221

反応内容のコード例

　反応内容のコードの定義については第6章の通りであるが，既刊の「ロールシャッハ形態水準表」（高橋・高橋・西尾，2002）の内容コード一覧表を改訂したコードを含め，コード化に迷いやすい，いくつかの例をあげる．

（あ）

- 足跡————Id
- 頭のない人————Hd
- アポロン————(H)
- アメーバ————A
- アルコールランプ——Hh

（い）

- 家————Id
- イカの塩辛————Fd
- 池————Na
- 生け花————Bt
- 石————Ls
- 石灯籠————Art
- 椅子————Hh
- 異星人————(H),Sc
- 犬の影————(A)
- いも判————Id
- イヤリング————Art
- 入歯（義歯）————Hd,Art
- インク————Id
- 隕石————Na
- インベーダー————(H),Sc

（う）

- ウサギの頭蓋骨————An
- 臼————Hh
- うちわ————Hh
- 宇宙————Na
- 宇宙船————Sc
- ウニの殻————Id
- 海————Na
- 海の底————Ls
- 海（湖）の見える風景-Na

- 海辺————Ls
- ウルトラマン————(H),Sc

（え）

- 餌————Fd
- エッフェル塔————Sc
- 絵の具————Id
- エビ天————Fd
- 円盤————Sc
- 鉛筆————Id
- エンブレム————Art
- えんまの顔————(Hd)

（お）

- 王冠————Art
- 王様————H
- 大きな男————H
  - （大男・巨人は(H)）
- 置物————Hh
- 押し花————Bt,Art
- 鬼の面————Ma,(Hd)
- お祭り————Id
- 温度計————Sc
- 音符————Mu

（か）

- 貝————Id
- 海藻————Bt
- 海藻サラダ————Fd
- 海中の風景————Ls
- 解剖図————An,Art
- 怪物————(A)あるいは(H)
- がいこつ————An
  - （踊るがいこつも An）
- かかし————(H),Art

- 鏡————Hh
- 影（シルエット）————Id
  - （人・動物の影は別）
- ガスバーナー————Sc,Fi
- 化石————Ay
- 刀————Sc
- 花壇————Bt
  - （風景を強調すればLs）
- カッパ————(H)
- かつら————Hd,Art
- 鐘————Mu
- カビ————Id
- 花瓶————Hh
  - （装飾を強調すればArt）
- 歌舞伎の顔————Hd
- 歌舞伎の連獅子————H,Ay
- かぶと————Ay
- カボチャの顔————(Hd)
- カボチャの馬車————Id
- 鎌————Sc
- 紙————Id
- 雷————Na
- 家紋————Art
- 川————Na
- 看板————Id
- 冠————Art

（き）

- キウイの芯————Id
- キウイの実————Fd
- 機関銃————Sc
- 義歯————Hd,Art
- 記章————Art
- キツネの顔をした人——H
  - （INCOM がつく．空想な

ら(H))
キツネの面————Ma,(Ad)
木の形の影————Bt,Id
宮殿————Id
峡谷————Ls
胸像————Hd,Art
キョウリュウ————A,Ay
巨人————(H)
霧————Na
キリスト————H,Ay
キングコング————(A),Sc

(く)

釘————Sc
果物の皮————Id
果物の断面————Fd
果物の断面図————Fd,Art
靴————Cg
クマの彫刻————A,Art
クモの糸————Id
クモの巣————Id
勲章————Art
軍配————Id

(け)

渓谷————Ls
毛皮のコート————Ad,Cg
毛皮の敷物————Ad,Hh
毛皮のジャンパー————Ad,Cg
結晶————Na
煙————Fi
剣————Sc
原始人————H,Ay

(こ)

校章————Art
肛門————Hd
香炉————Hh
　(装飾を強調すればArt)
氷————Na
こけし————(H),Art
五重塔————Ay
ゴジラ————(A),Sc
コマ————Id

コルク栓————Hh

(さ)

細菌————A
サイドミラー————Sc
細胞————An
サナギ————Id
侍————H,Ay
サングラス————Sc
サンゴ————Id
珊瑚礁————Ls
サンゴ虫————A
三輪車————Sc

(し)

シーソー————Id
シール————Art
寺院————Id
子宮————An,Sx
茂み————Bt
　(風景を強調すればLs)
始祖鳥————A,Ay
舌————Hd
CT画像————Xy
死人・死体————H
しみ（汚れ）————Id
釈迦————H,Ay
しゃちほこ————(A),Art
シャンデリア————Art
照明器具————Hh
燭台————Hh
尻————Hd
　(性的示唆があればHd,Sx)
城————Id
陣羽織————Cg,Ay

(す)

巣（鳥の巣，蜂の巣）————Id
水晶球————Art
スズメの焼き鳥————Fd
砂————Ls
スヌーピー————(A)
スパイダーマン————(H),Sc
スフィンクス————Ay

スモッグ————Cl

(せ)

性器————Hd,Sx
生理の血————Bl,Sx
石炭————Ls
石器時代の鏃————Ay
セミの抜け殻————Id
洗濯ばさみ————Hh

(そ)

ゾウのぬいぐるみ————A,Art
空————Na

(た)

体温計————Sc
胎児————H
　(初期の胎児は(H))
太陽————Na
滝の流れる風景————Na
凧————Art
建物・建造物————Id
種の断面図————Bt,Art
ダンボ————(A)

(ち)

血のしみ————Bl
乳房————Hd
　(性的示唆があればHd,Sx)
彫像————H,Art
チョウのシルエット————(A)
チョウの標本————A,Art
ちょんまげ————Hd,Ay

(つ)

杖————Id
土ショウガ————Bt
つぶれたハエ————A
壺————Hh
つらら————Na
つり針————Sc

(て)

蹄鉄————Id

デスマスク————Ma,(Hd)
鉄塔————Sc
テラノドン————A,Ay
電球————Sc
天狗の面————Ma,(Hd)
天狗のうちわ————Id
天使————(H)
テント————Sc

(と)

ドアの取っ手————Id
塔————Id
洞窟————Ls
灯台————Sc
動物の影————(A)
動物の面————Ma,(Ad)
動物のぬいぐるみ——A,Art
トーテムポール————Ay
土偶————Ay
　(HやH)をつけることあり)
トリの巣————Id
トロフィー————Art
泥————Ls
トンボの死骸————A

(な)

ナイフ————Hh
ナウマンゾウ————A,Ay
長靴————Cg
ナスカの地上絵————Ay
何か————Id
鍋————Hh
ナポレオン————H,Ay
ナポレオンの帽子——Cg,Ay
波————Na

(に)

庭————Ls
人形————H,Art
　(様式化された場合は
　　(H),Art)
人間の絵————H,Art
人間の彫刻————H,Art
忍者————H,Ay

(ぬ)

ぬいぐるみの動物——A,Art

(ね)

ネクタイ————Cg
ネックレス————Art

(の)

能面————Ma
ノシイカ————Fd
ノッカー————Id
のどちんこ————Hd

(は)

歯————Hd
バーベル————Sc
ばい菌————A
バイキンマン————(H)
羽織（おでんち）————Cg
墓————Id
バクテリア————A
羽子板の羽根————Id
ハサミ————Sc
橋————Sc
　(小川の橋は Id)
旗————Art
はたき————Hh
ハチの巣————Id
バックル————Cg
バットマン————(H),Sc
花火————Ex
埴輪————Ay
　((H)や(A)がつくことあり)
羽飾り————Art
羽つきの帽子————Art
羽の生えた人————H
　(INCOM がつく。空想な
　ら(H))
ハマグリ————Id
パラソル————Id
パレット————Id
ハロウイーンのカボチャ
　————(Hd)

ハングライダー————Sc

(ひ)

ピエロ————H
ビキニ————Cg,Sx
飛行機————Sc
ピストル————Sc
微生物————A
人魂————Id
人の影————(H)
火の玉————Id
ひょうたん————Hh
標本————Art
ピラミッド————Ay
ピンセット————Sc
瓶のふた————Hh

(ふ)

ブーケ————Bt
風鈴————Mu
武器————Sc
仏像————H,Art
船————Sc
ブラジャー————Cg,Sx
噴水————Art
　(単純なものは Id)

(へ)

ヘアブラシ————Hh
ベルト————Cg
ヘルメット————Cg
ペンダント————Art
ペンチ————Sc

(ほ)

棒————Id
帽子————Cg
　(装飾された帽子は Art)
包丁————Hh
ボール————Id
墨汁————Id
星————Na
ボタン————Hh
ホラ貝————Id

ボルト————————Sc
ポンポン——————Art

(ま)

マーク————————Art
マグマ————————Fi
マスク————————Cg
松ぼっくり——————Bt
祭——————————Id
まとい————————Ay
窓——————————Id
マフラー————————Cg
魔法のランプ—————Id
漫画の人間——————H,Art
マンモス————————A,Ay

(み)

ミイラ————————Ay
御輿（みこし）————Art
ミサイル————————Sc
水——————————Na
湖——————————Na
水たまり————————Na
水飲みをするトリの玩具
　　　　　　　　　——A,Art
道——————————Ls
ミッキーマウス————(A)

(む)

むしろ————————Id

(め)

迷路——————————Id
眼鏡——————————Sc
メトロノーム——————Mu
メリーゴーラウンド——Id
面——————————Ma
　（「鬼の面」などは別記）

(も)

モスク————————Ay
モスラ————————(A),Sc
もや——————————Na
森——————————Bt
　（風景を強調すればLs）
森と湖————————Na
紋章の動物——————A,Art

(や)

山——————————Ls
ヤマタノオロチ————(A),Ay
山と湖————————Na
槍——————————Sc

(ゆ)

優勝カップ——————Art
夕日——————————Na
UFO—————————Sc
雪——————————Na
雪だるま————————(H),Na
雪の結晶————————Na
指輪——————————Art
ゆりかご————————Hh

(よ)

溶岩——————————Fi
　（固形ならLs）
鎧——————————Ay

(ら)

落書き————————Art
ランプ————————Hh
　（装飾を強調するとArt）

(り)

リボン————————Art
リュウ————————(A)
リンゴの皮——————Id

(れ)

レース————————Art
歴史上の人物—————H,Ay

(ろ)

ろうそく————————Hh
ロケットの火（噴射）—Fi
ロケット発射台————Sc
ロボット————————(H),Sc
　（人間の姿ならH,Sc）

(わ)

ワカメ————————Bt
割り箸————————Hh

ロールシャッハ・テスト記録用紙

氏名		男・女	検査日	年　月　日	番　号	
					検査者	
			生年月日	年　月　日	年齢	歳　月

| 学歴 | | 在学 中退 卒業 | 職業 | | 結婚 | 未婚 既婚 （　　　　） |

| 備考 | |

他の心理検査

生活史

所見

付録3　ロールシャッハ・テスト記録用紙　227

領域図

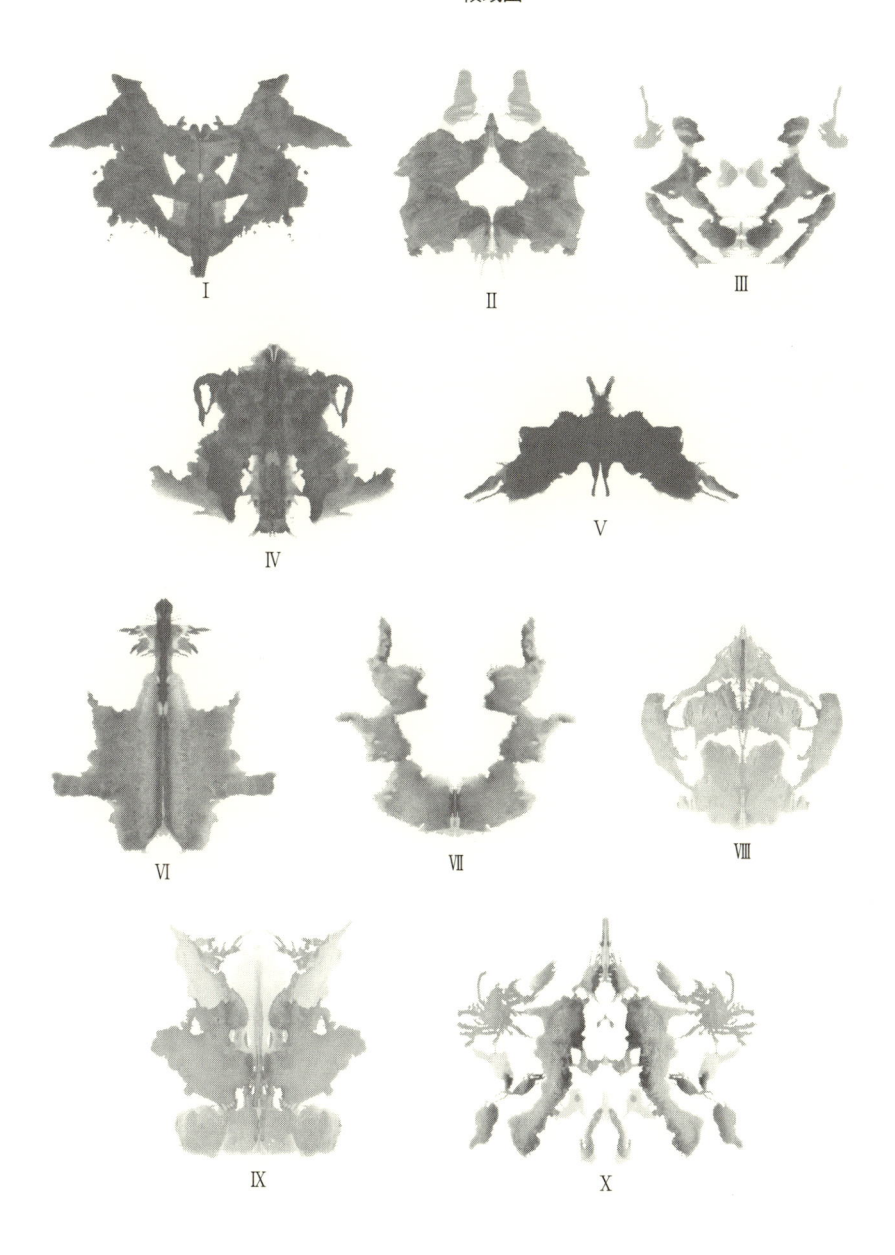

Ⅰ

Ⅱ

Ⅲ

Ⅳ

Ⅴ

Ⅵ

Ⅶ

Ⅷ

Ⅸ

Ⅹ

図版	反応段階	質問段階	コード

コードの系列

図	NO	領域	決定因子	(2)	内容	P-C	Z	特殊スコア

アプローチの要約

Ⅰ：　　　　　　　　　Ⅵ：
Ⅱ：　　　　　　　　　Ⅶ：
Ⅲ：　　　　　　　　　Ⅷ：
Ⅳ：　　　　　　　　　Ⅸ：
Ⅴ：　　　　　　　　　Ⅹ：

参考文献

Abel, T.（1973）Psychological testing in cultural contexts. College & University Press Services, N.Y. 高橋雅春・空井健三・上芝功博・野口正成共訳（1980）文化と心理テスト．サイエンス社

足利学・稲垣小利・井渕ひとみ（1992）ロールシャッハ・テストにおける積極的運動─消極的運動の単語研究．関西大学大学院「人間科学」38, 71-82

Exner, J.（1986）The Rorschach：A comprehensive system Vol.1 (2nd ed.). John Wiley & Sons, N.J. 高橋雅春・高橋依子・田中富士夫監訳（1991）現代ロールシャッハ・テスト体系（上），秋谷たつ子・空井健三・小川俊樹監訳（1991）現代ロールシャッハ・テスト体系（下）．金剛出版

Exner, J.（1991）The Rorschach：A comprehensive system Vol.2 (2nd ed.). John Wiley & Sons, N.J.

Exner, J.（1995）Rorschach form quality pocket guide. Rorschach workshops, N.C. 中村紀子・津川律子・店網永美子・丸山香訳（2002）ロールシャッハ形態水準ポケットガイド（改訂版 第3刷）．エクスナージャパン・アソシエイツ

Exner, J.（1997, 2003）The Rorschach：A comprehensive system Vol.1 (4th ed.). John Wiley & Sons. N.J.

Exner, J.（2000）A Primer for Rorschach interpretation. Rorschach Workshops, N.C. 中村紀子・野田昌道監訳（2002）ロールシャッハの解釈．金剛出版

Exner, J.（2001）A Rorschach workbook for the comprehensive system (5th ed.). Rorschach Workshops, N.C. 中村紀子・西尾博行・津川律子監訳（2003）ロールシャッハ・テスト　ワークブック（第5版）．金剛出版

Gacono, C., & Meloy, J.（1994）The Rorschach assessment of aggressive and psychopathic personalities. Lawrence Erlbaum, N.J.

Klopfer, B. et al.（1954）Developments in the Rorschach technique. Ⅰ. Technique and theory. World Book, N.Y.

Meloy, R., Acklin, M., Gacono, C., Murray, J. & Peterson, C.（1997）Contemporary Rorschach interpretation. Lawrence Erlbaum, N.J.

Rapaport, D., Gill, M., & Schafer, R.（1946）Diagnostic psychological testing Ⅱ. Year Book, Chicago.

Rapaport, D., Gill, M., & Schafer, R.（1968）Diagnostic psychological testing (revised ed.). International University Press, N.Y.

Rorschach, H.（1921）Psychodiagnostik：Methodik und Ergebnisse eines Wahrnehmungs-diagnosischen Experiments. Hans Huber, Bern. 鈴木睦夫訳（1998）精神診断学．金子書房

高橋雅春（1964）ロールシャッハ解釈法．牧書店

高橋雅春・北村依子（1981）ロールシャッハ診断法Ⅰ・Ⅱ．サイエンス社

高橋雅春・西尾博行（1994）包括的システムによるロールシャッハ・テスト入門—基礎編—．サイエンス社

高橋雅春・高橋依子・西尾博行（1998）包括システムによるロールシャッハ解釈入門．金剛出版

高橋雅春・高橋依子・西尾博行（2002）ロールシャッハ形態水準表—包括システムのわが国への適用—．金剛出版

高橋依子（2000）包括システムによるロールシャッハ・テストの特殊スコアの検討．包括システムによる日本ロールシャッハ学会誌，4(1)：50-73．

高橋依子（2003）日米間で共通したロールシャッハ反応内容．甲子園大学紀要（人間文化学部編），7, 63-99．

Viglione, D.（2002）Rorschach coding solutions. Donald Viglione, California.

Weiner, I.（2003）Principles of Rorschach interpretation (2nd ed.). Lawrence Erlbaum Associates, N.J.

Wilson, S.（1994）Interpretive guide to the comprehensive Rorschach system. (5th revision). Stuart Wilson Ph D., California.

事項・人名索引

[ア]

足利学 80, 230
アプローチ 182
アベル 111, 191, 230
位置反応 164
一次的内容 106, 121
一貫性の原則 28, 77, 85, 89
一般部分反応 (D) 34
逸脱言語表現 (DV) 153
逸脱反応 (DR) 155
稲垣公利 80, 230
衣服 (Cg) 137, 195
衣服を着た人 68
井淵ひとみ 80, 230
ウイルソン 176, 231
迂遠反応 157
運動反応 75
運動の不調和結合 161
エクスナー 3, 11, 12, 13, 16, 17, 18, 19, 28, 32, 34, 77, 80, 106, 110, 111, 114, 121, 123, 126, 127, 128, 131, 135, 139, 141, 142, 144, 145, 146, 148, 150, 161, 165, 167, 173, 183, 191, 192, 193, 194, 195, 196, 197, 198, 199, 200, 230
エックス線写真 (Xy) 142
音楽 (Mu) 142, 195

[カ]

回避型 183
解剖 (An) 134
外拡型 183
科学 (Sc) 140
拡散形態反応 (FY) 96
拡散反応 96
ガコーノ 169, 230
家財道具 (Hh) 139
形の不調和結合 161
仮面 (Ma) 142, 195
感情のクラスター 185
感情比率 (Afr) 186
感想 24
キーワード 27, 28, 88, 93
機械的固執 167, 199
稀少形態反応 (Xu%) 186
稀少反応 (u) 118
基礎体験 (eb) 184
北村依子 231
教示 13, 21
共通反応 (C) 143, 186, 196
協力的運動 (COP) 170,
拒否 16, 192
記録用紙 12, 226-229
空白と部分 (ZS) 107, 108,
空白反応 (S) 37, 186,
雲 (Cl) 137
クロッパー 3, 24, 32, 94, 121, 123, 230
形態拡散反応 (FY) 96
形態材質反応 (FT) 94
形態色彩反応 (FC) 87
形態水準 (FQ) 110, 181
形態展望反応 (FV) 95, 188
形態の質 20
形態の必要性 61
形態反射反応 (Fr) 99
形態反応 (F) 74
形態無彩色反応 (FC') 92,
形態立体反応 (FD) 97, 188
芸術 134, 195
血液 (Bl) 136
限界吟味段階 29
現実体験 (EA) 183
攻撃的運動 (AG) 169
コード 11,
コード化 11, 20, 25, 31,
固執 (PSV) 166, 187, 199
個人的内容 (PER) 173,187
個人的連想 157,
個性記述的内容 (Id) 142
孤立指標 (Isolation ; Isol Index) 121, 140, 187,
混交 (CONTAM) 163

[サ]

材質形態反応 (TF) 94
材質反応 93, 187
シェーファー 3, 230
作話的結合 (FABCOM) 162
色彩形態反応 (CF) 86
色彩投影 (CP) 174, 186
色彩・濃淡の不調和結合 161
色彩反応 85
色彩名反応 (Cn) 85
刺激体験 (es) 184
思考のクラスター 184
思考奔逸 157
自然 (Na) 140
質問段階 20
始発反応時間 18, 19, 191

修正 22
修正Dスコア (AdjD) 184
修正 es (Adjes) 184
消極的運動反応 (p) 80, 185, 187
植物 (Bt) 136
食物 (Fd) (Food) 138, 187, 195
シングル 181
自己知覚のクラスター (Egocentricity Index) 187
自己中心性指標 (3r+(2)/R) 188
重要な6つの特殊スコア 151
純粋拡散反応 (Y) 96
純粋材質反応 (T) 94
純粋色彩反応 (C) 86
純粋展望反応 (V) 95
純粋無彩色反応 (C') 92
準統合反応 (DQv/+) 65
準備段階 12
情報処理のクラスター 186
情報処理の効率 (Zd) 187
人類学 (Ay) 136
スコア 11
スコアリング 11
ステップダウンの原理 87
座り方 13
性 (Sx) 141
積極的運動反応 (a) 80, 185, 187
接触している部分 (ZA) 107, 108
切断全体反応 (W) 32
Zスコア 106-110
全体形態水準 (FQx) 181

全体適切形態反応 (XA%) 186
全体反応 (W) 33
想像上あるいは架空の動物の全体〔(A)〕 133
想像上あるいは架空の動物の部分〔(Ad)〕 134
想像上あるいは架空の人間の全体〔(H)〕 129, 194
想像上あるいは架空の人間の部分〔(Hd)〕 130
組織化活動 (Z) 106, 179
損傷内容 (MOR) 170, 185, 188, 200
造語 153

[タ]

体験型 (EB) 183
体験型固定度 (EBper) 183
対人知覚のクラスター 187
高橋雅春 49, 112, 124, 143, 196, 230, 231
高橋依子 49, 111, 112, 151, 230, 231
逐語的記録 13, 19
知性化指標 (2AB+Art+Ay) 126, 185
抽象的内容 (AB) 168
重複性 155
地理 (Ge) 139
定形 62, 88, 90
Dスコア 184
Dd40台 35, 192
展望形態反応 (VF) 95
展望反応 95, 188
統合反応 (DQ+) 64, 106
特異な言語表現 152
特異な答え方 (SD) 174, 200

特殊指標の布置 188
特殊部分反応 (Dd) 35
動物運動反応 (FM) 78
動物の全体 (A) 131
動物の部分 (Ad) 132

[ナ]

内向型 183
内容の固執 167
西尾博行 50, 112, 124, 143, 196, 230, 231
二次的内容 106
人間運動反応 (M) 76
人間運動反応形態水準 (MQual) 181
人間的体験 (Hx) 77, 131
人間の全体 (H) 124, 194
人間の部分 (Hd) 128, 195
人間表象反応 (HR) 172, 187, 200
認知的媒介のクラスター 186
濃淡反応 93

[ハ]

ハイラムダ 183
漠然反応 (DQv) 62
爆発 (Ex) 137
発達水準 (DQ) 60, 179
発達の質 20
離れた部分 (ZD) 108
反射形態反応 (rF) 99
反射反応 98
反応時間 19
反応数 (R) 15, 17, 182, 192
反応段階 14,
火 (Fi) 138
貧質人間表象反応 (PHR) 172, 187
ピグリオン 80, 127, 135,

154, 168, 231
ピオトロウスキー　3
風景 (Ls)　139,
付加記号　24, 32
副分類　24, 32
不調和結合 (INCOM)
　159, 199
普通・詳細反応 (+)　113
普通反応 (DQo ; o)　61
普通反応 (FQo ; o)　61, 110
不定形　62, 63, 90
不適切な結合　159
不適切な語句　156
不適切な論理 (ALOG)　164
不良空白反応 (S-)　186
不良形態反応 (X-%)　186
不良人間運動反応 (M-)
　185
ブレンド反応 (.)　105,
　186

ブレンド　27, 105, 181
平凡反応 (P)　143, 186, 196
ベック　3, 33, 34, 106, 121,
　123
ペア反応 (2)　99
ヘルツ　3
忘却　22

［マ］

マイナス反応 (−)　118
無形　63
無形態人間運動反応
　(Mnone)　77, 185
無彩色形態反応 (C'F)　92
無彩色反応　92
無生物運動反応 (m)　79

［ラ］

ラパポート　3, 150, 175,
　230

ラムダ　182
領域図　34, 201
良形態反応 (X+)　186
両向型　183
良質人間表象反応 (GHR)
　172, 187
レベル 1　151-152, 182
レベル 2　151-152, 182,
　185
連想弛緩　157
ロケーター　85, 90, 97
ロールシャッハ　3, 14, 32,
　111, 121, 143, 230

［ワ］

ワイナー　16, 111, 123,
　136, 191, 231

コード・略字索引

[A]

A　131
(A)　133
a　80, 83, 84, 185, 187
AB　168
Ad　132
(Ad)　134
AdjD　184
Adjes　184
Afr　186
AG　169, 187
ALOG　165
An　134
An+Xy　188
a-p　84
a：p　185, 187
Art　134, 195
Ay　136

[B]

Bl　136
Blends：R　186
Bt　136

[C]

C（色彩反応）　86, 185
C（共通反応）　143, 144, 186, 196
CF　86, 185
Cg　137, 195
Cl　137
Cn　85, 185
CONTAM　163
COP　170, 187
CP　174, 186

C'　92
C'F　92

[D]

D（領域）　34
D（スコア）　184
Dd　35
DdS　37
DQo　61, 66-69
DQv　62, 187
DQv/+　65
DQ+　64, 68, 187
DS　37
DV　153

[E]

EA　183
EB　183
eb　184
EBper　183
es　184
Ex　138

[F]

F　74
FABCOM　162
FC　87, 185
Fc　94
FC：CF+C　185
FD　97, 188,
Fd（Food）　138, 187, 195
Fi　138
FM　78
Formless　M　77
FQx　181
Fr　99

FT　94
FV　95
FY　96
FC'　92

[G]

Ge　139
GHR　172, 187

[H]

H　124, 194
(H)　129, 194
H：(H)+Hd+(Hd)　188
Hd　128
(Hd)　130
Hh　139
HR　172, 187, 200
Human Cont　187
Hx　131

[I]

Id　142
INCOM　159, 199
Isol Index　121, 187

[L]

L　182
Ls　139

[M]

M　76
m　79
M—　185
Ma　142, 195
Ma：Mp　185
Mnone　77, 185

MOR   170, 185, 188, 200
MQual   181, 185
Mu   142, 195

[O]

o   110, 194
→o   113, 194
(o)   113, 194

[P]

P   143, 144, 186, 196
p   80, 185, 187
PER   173, 187
PHR   172, 187
PSV   166, 187, 199
PSVS   167, 187, 199
Pure C   185
Pure H   187

[R]

R   182
Raw Sum6   182
rF   99

[S]

S   37, 186
S-   186
SD   174, 200
SumC' : WSumC   185
SumT   184, 187
SumV   184, 188
SumY   184
Sx   141

[T]

T   94
TF   94

[U]

u   118
u̲   119

[V]

V   95
VF   95

[W]

W   33
W̌   32
WDA %   186
W : D : Dd   186
W : M   186
WS   37
WSumC   183
WSum6   182, 185

[X]

X+   186
X-   186
XA   186
Xu   186
Xy   142

[Y]

Y   96
YF   96

[Z]

Z   106
ZA   108
ZD   108
Zd   187
ZEest   179
Zf   179, 186
ZS   108
ZSum   179
ZW   107

2   99
2AB+Art+Ay   126, 185
3r+(2)/R   188
+   113
−   118
.   105

著者略歴
高橋雅春（たかはし・まさはる）
1950 年　京都大学文学部哲学科心理学専攻卒業
現在　関西大学名誉教授
［主な著訳書］
「ロールシャッハ解釈法」1964 年，牧書店
「ロールシャッハ診断法Ⅰ・Ⅱ」（共著）1981 年，サイエンス社
「現代ロールシャッハ体系（上）」（監訳）　1991 年，金剛出版
「包括システムによるロールシャッハ・テスト入門：基礎編」（共著）　1994 年，サイエンス社
「包括的システムによるロールシャッハ解釈入門」（共著）　1998 年，金剛出版
「ロールシャッハ形態水準表―包括システムのわが国への適用」（共著）　2002 年，金剛出版，他

高橋依子（たかはし・よりこ）
1974 年　京都大学大学院文学研究科心理学専攻博士課程修了
現在　甲子園大学人文学部教授
［主な著訳書］
「ロールシャッハ診断法Ⅰ・Ⅱ」（共著）1981 年，サイエンス社
「現代ロールシャッハ体系（上）」（監訳）　1991 年，金剛出版
「臨床心理学序説」（共著）　1993 年，ナカニシヤ出版
「包括システムによるロールシャッハ解釈入門」（共著）　1998 年，金剛出版
「ロールシャッハ形態水準表―包括システムのわが国への適用」（共著）　2002 年，金剛出版，他

西尾博行（にしお・ひろゆき）
1974 年　関西大学社会学部卒業
1992 年　関西大学大学院社会学研究科社会心理学専攻臨床心理学専修博士課程修了
現在　文京学院大学人間学部教授
［主な著訳書］
「現代ロールシャッハ体系（上）」（共訳）　1991 年，金剛出版
「包括的システムによるロールシャッハ・テスト入門：基礎編」（共著）　1994 年，サイエンス社
「包括システムによるロールシャッハ解釈入門」（共著）　1998 年，金剛出版
「ロールシャッハ形態水準表―包括システムのわが国への適用」（共著）　2002 年，金剛出版
「ロールシャッハ・テスト　ワークブック（第 5 版）」（監訳）　2003 年，金剛出版

ロールシャッハ・テスト実施法(じっしほう)

2006年4月30日　発行
2022年9月1日　6刷

著　者　高橋　雅春／高橋　依子／西尾　博行
発行者　立石　正信
印刷・平河工業社　製本・誠製本
発行所　株式会社　金剛出版
〒112-0005　東京都文京区水道1-5-16
電話 03-3815-6661　振替 00120-6-34848

ISBN978-4-7724-0910-0 C3011　　Printed in Japan ©2006

ロールシャッハ・テスト
解釈法

[著]＝高橋雅春　高橋依子　西尾博行

●A5版　●上製　●210頁　●定価 **3,740**円

わが国の健常成人400人の資料に基づき、
パーソナリティを理解するための統合的な心理テストである、
ロールシャッハ・テストの解釈法。

ロールシャッハ・テスト
形態水準表

[著]＝高橋雅春　高橋依子　西尾博行

●A5版　●並製　●150頁　●定価 **3,410**円

前著『ロールシャッハ形態水準表』から、
日本人健常成人の対象を大幅に増やし、
原典での基準の変更なども踏まえ
全面改訂された新版。

ロールシャッハ・テストによる
パーソナリティの理解

[著]＝高橋依子

●A版　●上製　●240頁　●定価 **3,740**円

ロールシャッハ・テストのデータから
対象者のパーソナリティを理解するための手順と注意点を、
具体的事例に即して懇切丁寧に解説。

価格は10％税込です。